KB175796

임동석중국사상100

안자춘추

晏子春秋

編者未詳 / 林東錫 譯註

晏子(晏嬰). 顧沅《古聖賢傳像》

象犀珠玉怪珍之物有悅於人之耳目而不適於用金石草木絲麻五穀六材有適於用而用之則弊取之則竭求之則竭求之則竭人之耳目而不適於用之則弊取之則竭

不適於珠玉怪珍之物有悅
於用而用之金石草木絲麻
五穀六材有
悅於人之耳目而
不適而

不分才力不得
不同而求無不
獲者惟書乎

目肖之所用
而適於用之則弊
而其不弊則取之
則竭人之耳目而
通

不分才力不同而求無不獲者惟書乎

丁亥菊秋錄東坡李氏山房藏書記　丘堂呂元九

"상아, 물소 뿔, 진주, 옥. 진괴한 이런 물건들은 사람의 이목은 즐겁게 하지만 쓰임에는 적절하지
않다. 그런가 하면 금석이나 초목, 실, 삼베, 오곡, 육재는 쓰임에는 적절하나 이를 사용하면
닳아지고 취하면 고갈된다. 그렇다면 사람의 이목을 즐겁게 하면서 이를 사용하기에도 적절하며,
써도 닳지 아니하고 취하여도 고갈되지 않고, 똑똑한 자나 불초한 자라도 그를 통해 얻는 바가
각기 그 자신의 재능에 따라주고, 어진 사람이나 지혜로운 사람이나 그를 통해 보는 바가 각기
그 자신의 분수에 따라주되 무엇이든지 구하여 얻지 못할 것이 없는 것은 오직 책뿐이로다!"

《소동파전집》(34) 〈이씨산방장서기〉에서 구당(丘堂) 여원구(呂元九) 선생의 글씨

책머리에

이 세상에서 말을 가장 아름답게 한 사람을 찾으라면 나는 안자를 들겠다. 그 어떤 상황에서도 남이 상처를 받지 아니하게 하면서 설득시킬 수 있는 재치와 긍정적인 결과도출 능력은 안자를 따라갈 사람이 없을 것 같다. 더구나 지존의 임금을 모시면서 그 임금으로 하여금 덕과 인의를 근본으로 하도록 하는 모습은 아름다움을 넘어 성인의 경지라 할 것이다.

게다가 제이인자의 아름다움을 맘껏 엿볼 수 있는 것이 바로 이 《안자춘추》이다. 세상에는 누구나 제일인자가 되고자 한다. 그러나 이인자의 가치가 발휘될 수 있고, 존재가치가 인정되는 세상이야말로 살맛이 나는 인간세상임을 이 《안자춘추》의 내용이 우리에게 시사하고 있다.

안자는 "세 임금을 섬기되 세 가지 마음이 아닌, 한 마음으로 모신 인물"이라고 흔히 한 마디로 규정한다. 그러나 내용을 읽어 보면 그보다는 제이인자로되 도리어 세상 제일인자가 덕과 지혜를 가질 수 있도록 임무를 삼는 것이 얼마나 아름다운 것인가를 우리에게 일러 주고 있다고 말할 수 있다.

세상의 모든 것은 어느 좌표에 있건 그 존재와 있음의 당위성이 있다. 그러한 당위성을 인정하고 들어가 보면 천하는 아름다움으로 가득 차 있고, 또한 내가 할 일, 내가 하는 일, 우리가 추구해야 할 일들이 시간이 모자랄 정도로 널려 있다. 그것도 아름다운 광채를 띠며 우리를 기다리고 있다.

딱딱하려니 하는 선입견의 고전, 그것도 문학작품도 아닌, 옛날 한 인간의 고사를 두고 감성적이거나 직관적인 어휘들로 표현하는 것은 격에 맞지 않을지 모르나, 실제로 안자의 행동이나 일처리하는 모습과 발상, 그 밑바닥에 깔린 순수한 본질을 만나 보면서 그렇게 느끼지 않는다면 오히려 이상한 것이 아닌가 한다.

더구나 사마천司馬遷조차도 《사기史記》 안자열전晏子列傳의 찬贊에서 "가령 안자가 지금 다시 있다면, 나는 비록 그를 위해 채찍을 잡는 일을 한다 해도 기쁨과 흠모로 모시리라假令晏子而在, 余雖爲之執鞭, 所忻慕焉"고 극찬을 아끼지 않았음에랴!

세상에 촌철살인의 해학들이 아무리 많다 해도 안자의 기발한 대처 능력이나 번뜩이는 재치는 차라리 고전이라기보다 미래형의 "인간적 난제 해결의 전본典本"이라고 할 만하다. 이유는 그 바탕이 선하고 긍정적이며, 인간적이고 나아가 주객 누구도 상처받지 아니하며, 어느 상대이건 인정하며, 시공을 넘어 그 누구라도 수긍하며 결과는 둘 모두 승리하도록 결말이 나는, 기지機智와 해학 이외의 것은 한 가지도 없기 때문이다.

그리고 그 주제는 바로 내가 져 주고, 밑지고, 손해 보고, 양보하고, 검소하며, 욕심을 줄이고, 자랑하지 아니하며, 공을 남에게 돌릴 줄 알며, 나의 우월감을 내세워 남을 설득하려 들지 않으며, 정직과 진실이 가장 확실한 무기이며, 가장 낮은 곳이 가장 높은 것이라는, 이를테면 얼마만큼 비우면 더 행복할까 하는 욕심의 역지향逆指向에 있으니, 이는 바로 내면의 욕심이며 아름다움의 역산逆算이다.

유가의 고전들 중에 형이상학적 관념세계에 대한 무거운 질감의 언어 투성이로 이루어진 것이 경經이라면, 이 《안자춘추》의 내용은 한편의 간결한 드라마같이 줄거리가 있고 교훈이 있으며, 쓴웃음 끝에 감동의 무게가 실린 그러한 것들로, 당장 내 스스로 경행景行할 만한, 몸 가까이 벌어지는 사건들에 대한 맑고 밝은 해결 방법이 제시되어 있다. 그 때문에 안자의 사상에 대한 주제 분류에서 질서유지와 경을 근간으로 하는 유가儒家에 넣기도 하고,

검약과 박애를 근본으로 하는 묵가墨家의 반열에 넣기도 하여, 결국 유묵겸통儒墨兼通의 독특한 윤리세계를 이루고 있는 것이다.

그러나 실제로 어디에 속하건 그것은 중요하지 않다. 도리어 인간 본연의 한 단계 높은 지선至善과 아름다움을 궁행한 모습을 발견하면 그것으로 족할 것이다.

몇 해 전 겨울 중국의 산동 지역만을 주제로 여행할 기회가 있어 치박시淄博市 임치臨淄를 답사하게 되었다. 이 임치라는 곳은 바로 고대 안자가 활동한 곳이며, 춘추전국을 통틀어 제齊나라 수도 그곳이다. 주초周初 강태공姜太公이 이 땅을 봉지로 받아, 기원전 11세기부터 기원전 221년까지 무려 천년 동안의 그 강성했던 제후국의 문화를 간직한 고도古都의 자리로, 다시 지금까지 2천년을 지켜온 지역이다. 춘추오패의 제환공齊桓公과 그를 통해 "九合諸侯, 一匡天下"한 재상 관중管仲, 그리고 사마양저司馬穰苴·손무孫武·손빈孫臏· 순우곤淳于髡·전단田單·맹상군孟嘗君이 활동했던 곳이며, 공자와 맹자가 달려와 웅변을 토하고, 소진蘇秦을 비롯한 수많은 책사들이 찾아와 꿈을 키우며 명멸했던 곳이다. 전국시대에는 일시에 70만의 장정壯丁을 징집할 수 있었다고 했으며, 안자의 말을 빌리더라도 "거리에 사람이 얼마나 많은지 사람들이 소매를 들면 휘장을 두른 것처럼 캄캄하고, 그들이 일시에 이마의 땀을 손으로 흩뿌리면 비가 오는 것 같다"(張袂成陰, 揮汗成雨. 149)라 한 곳이기도 하다.

벌써 아득히 지난 과거사를 그대로 보기는 어렵지만, 그곳엔 제국비사궁齊國秘事宮이라 하여 제국齊國 임치성臨淄城의 일부를 복원하여 박물관으로 쓰고 있었다. 그 속에서 밀랍 모형으로 안자와 경공의 숱한 고사를 재현하여 놓은 것을 보며, 상상 속의 2천 5백 년 전의 세계로의 시간 여행에 흠뻑

젖을 수 있었다. 그리고 더욱 놀라운 것은, 제국고성의 동북쪽에 있는 순마갱(殉馬坑, 1982년 발견)의 모습이었다. 남북 26미터, 동서 23미터에 말을 묻은 뼈가 가지런히 놓여 있는 그대로였다. 지금은 106필만 발굴하였지만 이를 근거로 추산하면 약 6백 필 이상이 묻힌 상태라는 것이었다. 이는 바로 안자가 모셨던 경공(기원전 547~490)이 58년 간 재위에 있으면서, 얼마나 말을 좋아했던지 "궁실 꾸미기를 좋아하였고, 개와 말을 모아 길렀으며(好治宮室, 聚狗馬), 말이 4천 마리나 되었다"(有馬千駟.《論語》季氏篇)를 근거로 바로 이 경공 때 벌어진 기사奇事가 아닌가 고증하고 있다.

그 외에 환공대桓公臺와 "공자가 제나라에 가서 소韶라는 음악을 듣고, 석 달 고기 맛을 잊었다"(子在齊聞韶, 三月不知肉味.《論語》述而篇)는 "孔子聞韶處"며 관중묘管仲墓와 바로 이《안자춘추》의 주인공인 안자의 무덤인 안영묘晏嬰墓는 풀과 나무가 무성한 그대로였다. 또한《안자춘추》내편 간하(049)의 내용 그대로인 삼사총三士塚, 그리고 그 뒤로 아물거리는 그리 높지 않은 우산牛山·직산稷山·우공산愚公山이며 고서에 그렇게도 인용되어 대단히 큰 강물인 줄로 여겼던 치수淄水 등, 옛 기록에서 상상 속의 어느 다른 세계의 지명인 양 알았던 곳들이 사실대로 눈앞에 펼쳐져 나타났다. 참으로 묘한 감회 속에 발길이 떨어지지 않았었다.

각설却說하고 나는 이《안자춘추》를 역주하면서 내 자신 속에 꽉 찬 욕심의 쓰레기를 덜어내기 위한 약으로 써 보아야겠다고 감흥을 느끼곤 했다. 채움이라는 것이 거북한 것이요, 위선을 낳는 독약이라면 비움은 청정한 것이요, 원하지 않아도 선해지는 묘약이 아닌가 한다. 또 나아가 인간관계에서의 문제해결에 기지와 해학을 밑바탕에 깔고 임해 보면, 천하에 그 어떤 난제도

풀어낼 수 있고, 상대를 패자敗者로 만들지 않으면서도 서로가 승리할 있다는 사실을 터득하게 되었다. 참으로 신기한 법칙이다. 이에 소박하게도 이 시대에 있어서 몸은 이인자로되 덕은 일인자인 안자 같은 푸근한 인물들이 있어 나와 동시대를 사는 이웃이고, 그들이 이 나라의 지도자 중의 하나였으면 하는 바람을 가져 본다. 참으로 훌륭한 해법들을 이 책에서 구할 수 있을 텐데 하는 아쉬움이 앞선다.

초간본은 일부 누락, 오류가 있어 늘 마음에 짐이 되었었는데, 마침 새롭게 재판할 기회가 되어 일부나마 이를 바로잡고 나니 한결 가슴이 후련하다. 물론 이 역시 완벽하게 할 수는 없을 것이다. 소략함은 언제나 과제로 남는다. 독자제현의 해량을 믿을 뿐이다.

林東錫 負郭齋에서 적음.

일러두기

1. 이 책은 장순일張純一 교주본校注本《안자춘추晏子春秋》(〈新編諸子集成〉六, 世界書局 1978, 新三版)를 대본으로 완역상주한 것이다.

2. 역주를 위해 1926년 〈상무인서관본商務印書館本〉을 근거로 상해서점上海書店에서 1989년 영인 출판된 〈사부총간본四部叢刊本〉 초편初編(47)을 일일이 대조하였다.

3. 〈문연각본文淵閣本 사고전서四庫全書〉의 《안자춘추晏子春秋》는 탈간脫刊, 누락漏落, 착간錯刊이 심하여 부분적으로 참고하였다.

4. 손성연孫星衍·황이주黃以周 교정校正의 《안자춘추晏子春秋》(上海古籍出版社, 1989, 印本)도 세밀히 참고하였다.

5. 현대 백화어 역주본 중에 《안자춘추금주금역晏子春秋今註今譯》(王更生, 臺灣商務印書館, 1987)과 《안자춘추전역晏子春秋全譯》(李萬壽, 貴州人民出版社, 1993), 그리고 《신역안자춘추新譯晏子春秋》(陶梅生, 三民書局, 1998)를 서로 대조하여 참고하되, 서로 상이한 것은 〈장씨본張氏本〉과 〈사부본四部本〉을 확인하여 수정한 것도 있다.

6. 역주 체제는 먼저 전체 일련번호(001~215)와 각 편-장 번호를 괄호 속에 넣어 찾아보기 쉽게 했다.

7. 각 장의 제목은 원문을 원래대로 넣고 이를 풀이한 다음, 다시 본문의 원문 다음에 이를 번역하고 주석을 덧붙였다.

8. 각 장의 주석 다음에 관련 자료가 있을 경우, 같은 《안자춘추晏子春秋》 내의 연관 부분은 고유 편장번호와 이를 밝히고, 다시 다른 전적典籍의 관련 자료는 이를 최대한 수집, 일일이 제시하여 주석에서의 번거로움을 해석했을 뿐만 아니라 각 기록의 중복과 연관성을 연구하고 활용하기에 편리하도록 하였다.

9. 해석은 축자축구逐字逐句식의 직역을 위주로 하되, 문장 의미의 순통함을 위해 의역으로 이루어진 부분도 있다.

10. 《안자춘추晏子春秋》에 대한 참고 자료를 뒤에 실어 이 방면의 학문적인 연구에 도움이 되도록 하였다.

11. 번역의 오류·오자·탈자 등의 누소漏疎함이나 원만치 못한 부분 또는 관련 자료에서 누락된 것 등은 계속 수정, 보충해 나갈 것이다. 이에 연구자 여러분들의 지적과 질정이 있기를 바라며 아울러 많은 조언이 있기를 충심으로 기원한다.

12. 한편 이 책을 역주하는 데 이용된 참고도서 중 주요한 일부만을 밝히면 다음과 같다.

✸ 참고문헌

1. 《晏子春秋》四庫全書(文淵閣本) 史部 7, 傳記類 2, 名人之屬. 臺灣商務印書館 印本.

2. 《晏子春秋》四部叢刊初編(47) 上海書店(1929년 商務印書館本을 근거로 영인한 짓) 1989, 上海.

3. 《晏子春秋》 諸子百家叢書本. 孫星衍·黃以周(校), 上海古籍出版社. 1989, 上海.

4. 《晏子春秋》新編諸子集成, 張純一(교주), 世界書局 印本, 1978, 臺北.

5. 《晏子春秋全譯》李萬壽, 貴州人民出版社, 1993, 貴陽.

6. 《晏子春秋今註今譯》王更生, 臺灣商務印書館, 1996, 臺北.

7. 《新譯晏子春秋》陶梅生, 三民書局, 1998, 臺北.

8. 《十三經》 全文標點本, 吳樹平, 燕山出版社, 1991, 北京.

9. 《昭明文選》梁, 蕭統. 唐, 李善(註), 上海古籍出版社 活字本, 1992, 上海.

10. 《藝文類聚》唐, 歐陽詢(등), 木鐸出版社 活字本, 1977, 臺北.

11. 《北堂書鈔》唐, 虞世南(등), 中國書店 影印本, 1989, 北京.

12. 《初學記》唐, 徐堅(등), 鼎文書局 活字本, 1976, 臺北.

13. 《太平御覽》唐, 李昉(등), 中華書局 影印本, 1995, 北京.

14. 《太平廣記》唐, 李昉(등), 中華書局 影印本, 1994, 北京.

15. 《郡齋讀書志校證》宋, 晁公武, 上海古籍出版社 活字本, 1990, 上海.

16. 《詩經直解》陳子展, 復旦大學出版部, 新華書店, 1991, 上海.

17. 《韓詩外傳》(原題《詩外傳》) 漢, 韓嬰 撰 四庫全書(文淵閣本) 經部 3, 詩類 附錄.

18. 《韓詩外傳》(原題《詩外傳》) 漢, 韓嬰 撰, 四部叢刊本, 上海書店(1929년 商務印書館本을 근거로 영인한 것) 1989, 上海.

19. 《太平寰宇記》北宋, 樂史, 文海出版社,1980, 臺北.

20. 《水經注》後魏, 酈道元, 世界書局 活字本, 1983, 臺北.

21. 《史記》漢, 司馬遷, 鼎文書局 活字本, 1979, 臺北.

22. 《漢書》後漢, 班固.

23. 《博物志》晉, 張華.

24. 《列女傳》漢, 劉向.

25. 《呂氏春秋》晉, 呂不韋(新編諸子集成本).

26. 《淮南子》漢, 劉安(新編諸子集成本).

27. 《蒙求集註》唐, 李瀚(찬), 宋, 徐子光(주), 四庫全書, 類書類.

28. 《關尹子》周, 關尹喜, 四庫全書, 子部, 道家類.

29. 《搜神記》晉, 干寶, 四庫全書, 小說家類.

30. 《春秋繁露》漢, 董仲舒, 經部, 春秋類.

31. 《大戴禮記》漢, 戴德, 經部, 禮類.

32. 《文子》周, 辛鈃, 子部, 道家類.

33. 《說苑》漢, 劉向, 四庫全書, 儒家類.

34. 《戰國策》漢, 劉向, 四庫全書, 史類.

35. 《左傳》周, 左丘明, 十三經注疏本.

36. 《穀梁傳》漢, 穀梁赤 十三經注疏本.

37. 《公羊傳》漢, 公羊高, 十三經注疏本.

38. 《穀梁傳》周, 穀梁赤, 十三經注疏本.

39. 《周易》十三經注疏本.

40. 《詩經》十三經注疏本.

41. 《書經》十三經注疏本.

42. 《論語》十三經注疏本.

43. 《孟子》十三經注疏本.

44. 《孝經》十三經注疏本.

45. 《爾雅》十三經注疏本.

46. 《莊子全譯》貴州人民出版社, 全譯本.

47. 《荀子全譯》貴州人民出版社, 全譯本.

48. 《楚辭全譯》貴州人民出版社, 全譯本.

49. 《孔子家語》魏, 王肅, 中州古籍出版社, 1991.

50. 《孔子集語》清, 孫星衍, 上海古籍出版社, 1993.

51. 《水經注疏》楊守敬(등), 上海古籍出版社, 1989.

52. 《太玄經校注》劉韶軍, 華中師範大學出版社, 1996.

53. 《列仙傳今譯, 神仙傳今譯》邱鶴亭, 中國社會科學研究所, 1996.

54. 《新語》漢, 陸賈, 百家總書本, 印本, 上海古籍出版社, 1990, 上海.

55. 《潛夫論》東漢, 王符.

56. 《國語》周, 左丘明.

57. 《說文解字注》漢, 許愼. 淸, 段玉裁(주), 漢京文化出版社, 影印本, 1980, 臺北.

58.《經學辭典》黃開國, 四川人民出版社, 1993, 重慶.

59.《中國儒學百科全書》中國大百科全書出版社, 1997, 北京.

60.《中國大百科全書》(民族, 文學, 哲學, 歷史).

61.《三才圖會》明, 王圻·王思義(編集), 上海古籍出版社 印本, 2005, 上海.

이하 생략함.

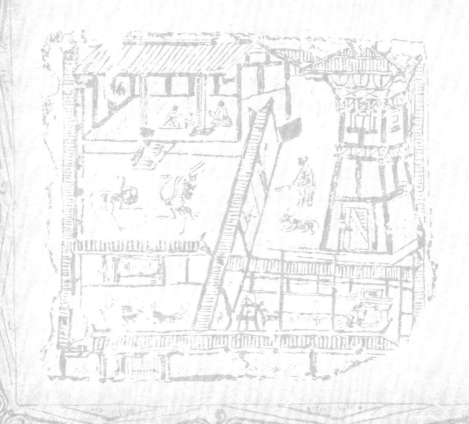

해 제

1) 안자晏子

안자晏子(?~B.C.500)는 관중管仲과 더불어 춘추시대春秋時代를 대표하는 두 명의 명재상名宰相 중의 하나이다. 둘 모두 제齊나라 출신으로 춘추 초기 제齊 환공桓公(재위 B.C.685~B.C.643)을 도와 구합제후九合諸侯하고 일광천하 一匡天下한 관중은 제 환공을 오패五霸의 수장首長으로 기초를 다진 인물이며, 춘추 말기 영공靈公(재위 B.C.581~B.C.554) · 장공莊公(재위 B.C.553~B.C.548) · 경공景公(재위 B.C.547~B.C.490)을 섬겨 기울어져 가는 세기말의 예교禮教를 바로잡아 보려고 애쓴 인물이 바로 안자이다.

이 때문에 사마천司馬遷은 《사기史記》에서 이 두 사람을 하나의 전으로 묶어 〈관안열전管晏列傳〉을 마련했던 것이다. 안자는 이름은 영嬰, 자는 평중 平仲이며 이유夷維 땅 출신이다. 그는 제나라 영공 26년(B.C.556) 아버지인 안약晏弱, 桓子이 죽자, 뒤이어 제나라의 경卿이 되어 영공 · 장공 · 경공을 차례로 섬기는 재상의 임무를 맡았다. 그는 각각 다른 세 임금을 한 마음으로 섬겨 슬기와 재치, 그리고 촌철살인寸鐵殺人의 구변口辯으로 여러 가지 어려움을 해결해 나갔다. 특히 그는 제나라가 끝내 전씨田氏의 수중으로 넘어갈 것임을 예언했으며, 결국 춘추시대의 강씨제姜氏齊가 전국시대의 전씨제田氏齊로 교체 되는 혼란기를 직접 체험하게 된다. 게다가 안자의 생몰 연대는 공자孔子 (B.C.551~B.C.479)와 비슷한 춘추 말기의 동시대로서, 둘 사이는 서로 존경하되 더러는 대립과 충돌로 껄끄럽고 불편한, 묘한 인연이었음을 이 《안자춘추》의 기록을 통해서 찾아볼 수 있다. 특히 안자가 재상으로 있던 제나라의 바로 곁에 공자의 나라였던 노가 있었고, 둘 다 문화국으로 긍지를 지니고 있었다. 즉 노나라는 주공周公 단旦이 봉封을 받아 주周나라 희성姬姓의 정통이 흐르고 있었고, 제나라는 태공망太公望 여상呂尙(姜子牙)이 봉을 받아 춘추시대에는 최초의 패자인 환공桓公을 배출한 여세가 뿌리내리고 있었던 것이다.

이러한 시기에 남쪽 신흥 세력인 오吳·월越과 또 하나의 강국 초楚나라, 그리고 서쪽의 진晉과 진秦, 북쪽의 연燕 등의 국가들이 버티고 있었다. 그런가 하면 중원의 진晉과 제나라는 곧 다가올 전국시대를 맞이하는 권력의 재편 과정을 겪고 있었다. 다시 말해 진나라는 육경六卿의 싸움 끝에 한위조韓魏趙 삼진三晉으로 분리되고, 제나라는 전씨에 의해 역성易姓의 조대朝代를 맞게 되는 것이다. 이처럼 예교가 무너지고 힘이 곧 정의인 춘추 말기의 혼란기를 힘겹게 짊어지고 이끌었던 제나라의 재상이 바로 안자였던 것이다. 기록을 통해 보면, 키는 작고 볼품은 없었으나, 언변과 재치가 아주 뛰어나서 그가 남긴 고사만 해도 수없이 많다.

한편 안자는 그의 학술 사상면에서는 소속이 복잡하여, 뒤의 학자들의 견해에 따라 유가儒家에 소속시키기도 하며 또는 묵가墨家에 편입시키기도 한다. 이러한 이유는 《안자춘추》를 통해 그의 언론과 사상을 찾아보면, 어느 하나의 제자학에 고정시킬 수 없는 부분이 들어 있기 때문이다.

즉 책의 내용 속에 숭례崇禮와 비귀非鬼의 사상은 유가에 가깝다고 여겨 일찍이 한서漢書 예문지藝文志에는 유가에 열입시켰으나, 유종원柳宗元은 도리어 그 내용 속에 공자를 비판했고, 애민愛民·비전非戰·상현尙賢·상검尙儉 등의 주장이 있어 이는 묵자의 사상과 같은 점이 많다고 보아 마땅히 묵가에 열입시켜야 한다고 여기기도 했다.

그 뒤로 《군재독서지郡齋讀書志》에서는 묵가로, 《숭문총목崇文總目》에는 유가류로, 《문헌비고文獻備考》에는 묵가류로, 〈사고전서四庫全書〉에는 사부 史部의 전기류傳記類로, 손성연孫星衍은 유가에, 그리고 〈사부총간四部叢刊〉본 에서는 사부史部로, 다시 〈제자집성諸子集成〉본에서는 묵가로 열입시켜 놓았다.

이는 결국 안자의 사상은 그 나름대로의 독특한 개별성이 있고, 게다가 제자학이 충분히 파별을 이루기 전인 춘추시대의 인물이라, 구태여 한지漢志의

구류십가九流十家의 한 학파에 열입시키고자 하는 것이 무리라고 하는 것을
알 수 있다.

2) 《안자춘추晏子春秋》

《안자춘추》에 대하여 청대淸代 손성연孫星衍은 안자가 죽은 후 그의 빈객들이 그의 행실과 사적을 모아 만든 것으로 보고 있다. 《안자춘추》는 원래 유향劉向의 《별록別錄》에는 八篇이라 했으나, 그 아들 유흠劉歆의 《칠략七略》에는 七篇으로 기록되어 있으며, 《한서漢書・예문지藝文志. 제자략諸子略. 유가儒家》에는 "晏子八篇. 名嬰, 諡平仲, 相齊景公, 孔子稱善與人交, 有列傳"이라 하여 8편이라 하였고, 《수서隋書・경적지經籍志. 자부子部》에는 "晏子春秋. 七卷, 齊大夫晏嬰撰"이라 했으며, 《당서唐書・경적지經籍志. 자부子部》에는 "晏子春秋. 七卷. 晏嬰撰"이라 하여 그 권수의 출입이 있다. 지금의 《안자춘추晏子春秋》는 명대明代 면사각綿沙閣 각본刻本에는 內篇 6편 外篇 2편을 뒤에 손성연이 명대 심계남沈啓南 각본刻本을 저본으로 하여 주석註釋과 음의音義를 달아 전래된 것이다. 오늘날의 통행본으로는 장순일張純一의 교주본校注本이 가장 널리 알려져 있으며, 이는 〈신편제자집성新編諸子集成〉본에 묵가墨家에 열입되어 실려 있다. 그러나 〈사고전서四庫全書〉 문연각文淵閣본은 내용이 의외로 탈장・오간・착간이 많아 무려 12장이 빠져 있고, 편장의 순서도 엇바뀐 것이 많다.

그 외에 1972년 4월 山東省 臨沂縣 銀雀山 1號 漢墓에서 4천9백여 매의 漢代 竹簡이 발굴되었는데, 그 중에 102매의 죽간은 안자에 관한 것으로, 그 내용은 16장으로 편제가 없이 지금의 《안자춘추》 중의 각 곳 18장과 같았다. 이에 병우건騈宇騫이 이를 정리하여 《안자춘추교석晏子春秋校釋》(書目文獻出版社)이라는 책을 출간하게 되었다. 그리고 손성연孫星衍 黃以周校本은 上海古籍出版社에서 1989년 영인 출판되었고, 〈사부총간四部叢刊〉본은 1926년 商務印書館본을 바탕으로 1989년 上海出版社에서 영인 출판된 것이 널리 이용되고 있다. 그밖에 현대의 譯註本으로는 《안자춘추금주금역晏子春秋今註今譯》(王更生, 臺灣商務印書館, 1987, 臺北)과 《안자춘추전역晏子春秋全譯》(李萬壽,

貴州人民出版社, 1993, 貴陽), 그리고 《신역안자춘추新譯晏子春秋》(陶梅生, 三民書局, 1998) 등이 있어 아주 훌륭한 참고 자료로 활용할 수 있다.

한편 《안자춘추》의 편장은 第一篇『간상諫上』(諫言에 관한 것, 上篇) 25장. 第二篇『간하諫下』(간언에 관한 것, 하편) 25장. 第三篇『문상問上』(왕의 질문에 안자가 대답한 것, 上篇) 30장. 第四篇『문하問下』(왕의 질문에 안자가 답한 것, 하편) 30장. 第五篇『잡상雜上』(기타 여러 가지 이야기, 上篇) 30장. 第六篇『잡하雜下』(기타 여러가지 이야기, 下篇) 30장. 第七篇『중이이자重而異者』(중복되면서 약간씩 다른 것) 27장. 第八篇『불합경술자不合經術者』(유가 경전의 내용과 다른 것) 18장 등, 총 八篇 215章으로 이루어져 있으며, 그 중에 제1편부터 제6편까지를 內篇, 7, 8편을 外篇이라고 나누고 있다. 특이하게 매 장별로 그 장의 내용을 요약하여 밝힌 章別 題目이 있다.

그 외에 안자 및 《안자춘추》에 대한 연구와 정리는 왕경생王更生의 《안자춘추금주금역晏子春秋今註今譯》이 비교적 많은 자료를 제공해 주고 있다. 이 책에는 〈유향안자서록주역劉向晏子敍錄註譯〉, 〈안자략전晏子略傳〉, 〈안자춘추진위고晏子春秋眞僞考〉, 〈안자소속학파론晏子所屬學派論〉, 〈안자년표晏子年表〉, 〈안자춘추현존판본지견록晏子春秋現存板本知見錄〉, 〈안자춘추전교서목집요晏子春秋箋校書目輯要〉 등이 있어, 좋은 참고가 되고 있다. 한편, 우리나라에 소장되어 있는 고판본으로는 《안자춘추晏子春秋》(중국목판본, 光緖 元年 1875, 4책, 24. 7×15. 5㎝, 권1-7, 音義 上下. 국립도서관 古1270-2), 《안자춘추晏子春秋(附校勘記)》(중국목판본, 光緖원년1875, 21책 23. 3×15. 3㎝, 권1-7, 淸 黃以周 校勘記 上下, 국립도서관 古1270-1), 《안자춘추음의晏子春秋音義》(上下 2권1책 중국목판본, 23. 5×15㎝, 국립도서관 古1235-1) 등 세 종류가 알려져 있을 뿐이다.

차 례

❧ 책머리에

❧ 일러두기

❧ 해제

晏子春秋 를

卷五 內篇 雜上

여러 가지 잡다한 이야기들(上) 총30장 (111-140)

卷六 內篇 雜下

여러 가지 잡다한 이야기들(下) 총30장 (141-170)

卷七 外篇 重而異者
중복되면서 서로 다른 것들 총27장 (171-197)

卷八 外篇 不合經術者

經術의 내용과 합치되지 않는 것들 총18장 (198-215)

◉ 부록

1. 敍·跋 등 기록 자료

晏子春秋 二

卷一 内篇 諫上

忠諫에 관한 이야기들(上) 총25장 (001-025)

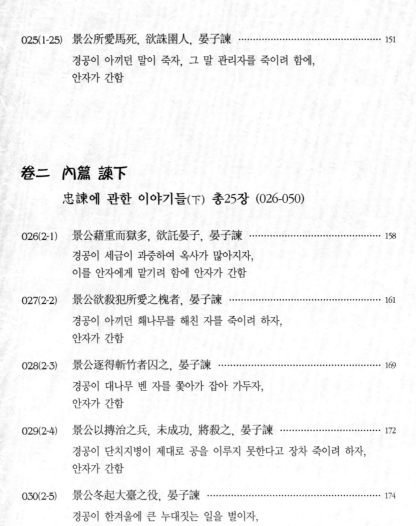

卷三 內篇 問上
질문에 관한 이야기들(上) 총30장 (051-080)

卷四 內篇 問下

질문에 관한 이야기들(下) 총30장 (081-110)

卷五. 內篇 雜上

여러 가지 잡다한 이야기들(上)

총30장 (111-140)

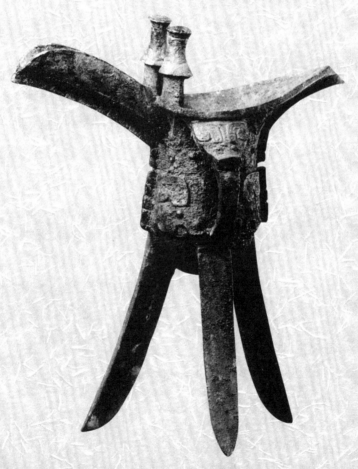

〈銅爵〉(商) 1976 河南 安陽 婦好墓 출토

111(5-1) 莊公不說晏子, 晏子坐地訟公而歸

장공이 안자를 싫어하자, 안자가 땅에 앉아 장공에게 송사를 말한 다음 돌아감

안자가 장공莊公의 신하로 있을 때였다. 장공은 안자를 좋아하지 않았다. 장공이 술을 먹으면서 안자를 불러오도록 하였다. 안자가 이르러 문에 들어서자, 장공은 연주자를 시켜 이렇게 노래 부르도록 하였다.

'끝났도다! 끝났도다!   己哉! 己哉!
 과인은 그대를 좋아하지도 않는데   寡人不能說也.
 그대는 무엇 하러 나타났는가?'   爾何來爲?

안자가 들어와 자리를 잡자, 연주자는 세 번이나 이 노래를 부르는 것이었다. 안자는 이것이 자기를 두고 부르는 노래임을 알았다. 참다못해 안자는 드디어 일어나서 북면北面하고 맨땅에 앉아 버렸다. 그러자 장공이 물었다.

"선생께서는 자리에 앉았다가 어찌하여 맨땅으로 옮겨 앉습니까?"
안자는 이렇게 대답하였다.

"제가 듣건대 따질 일이 있는 자는 땅에 앉는다고 하였습니다. 지금 저는 임금에게 따질 일이 있습니다. 그런데 어찌 감히 맨땅에 앉지 못하겠습니까? 제가 듣기로 많은 무리를 거느리면서 의義가 없거나 강하다고 여겨 예禮가 없으며, 용맹만 좋아하며 어진 이를 미워하는 자는 앙화殃禍가 반드시 그 자신에게 미친다고 하였으니, 바로 임금 당신 같은 분을 두고 한 말입니다. 그런데도 저의 말씀을 채용하지도 않으시니 원컨대 저는 떠나겠습니다.”

드디어 급히 달려 나갔다. 돌아가서는 그 집에 있던 관약管籥들을 모두 나라에 바치고, 집 밖에 있던 재물도 모두 시장에 나가 팔아 버리면서 이렇게 말하였다.

“군자로서 백성에게 힘을 다 바쳤다면, 그에 맞게 승진도 되고 봉록도 많이 받아 그로 인해 부귀해지더라도 이를 사양하지 않는다. 마찬가지로 백성에게 아무런 힘이 되어 주지 못한다면, 밥을 빌어먹더라도 그러한 빈천을 싫어하지 않는 법이다.”

그리고는 드디어 걸어서 동쪽으로 떠나 바닷가에서 농사지으면서 살았다. 그로부터 몇 년 후, 과연 최저崔杼가 장공을 시해하는 사건이 일어나고 말았다.

晏子臣于莊公, 公不說, 飮酒, 令召晏子. 晏子至, 入門, 公令 樂人奏歌曰: 『已哉! 已哉! 寡人不能說也, 爾何來爲?』

晏子入坐, 樂人三奏, 然後知其謂己也. 遂起, 北面坐地.

公曰:「夫子從席, 曷爲坐地?」

晏子對曰:「嬰聞訟夫坐地, 今嬰將與君訟, 敢毋坐地乎? 嬰聞之: 衆而無義, 彊而無禮, 好勇而惡賢者, 禍必及其身, 若公者之謂矣. 且嬰言不用, 願請身去.」遂趨而歸, 管籥其家者納之公, 財在 外者斥之市. 曰:「君子有力于民, 則進爵祿, 不辭貴富; 無力于民, 而旅食, 不惡貧賤.」

遂徒行而東, 耕于海濱. 居數年, 果有崔杼之難.

【莊公】春秋時代 齊나라 임금. 포악하여 崔杼에게 시해 당하였다. 재위 6년 (B.C.553~548).

【願請身去】晏子가 莊公에게서 떠나겠다는 일은 005(1-5)와 190(7-20)에도 보인다.

【管籥】자물쇠. 열쇠류. 나라로부터 받은 물건을 반납함을 뜻한다.

【耕于海濱】동해 바닷가에서 농사지은 이야기는 192(7-22)에도 보인다.

【崔杼之難】莊公(B.C.553~548)이 崔杼의 아내와 私通하자, 崔杼가 이를 시해하였다. 뒤이어 景公(B.C.547~490)이 즉위하였다.

112(5-2) 莊公不用晏子, 晏子致邑而退, 後有崔氏之禍

장공이 안자를 등용하지 않자, 안자가 식읍을 버리고 물러남. 뒤에 '최씨의 화'가 생김

안자가 장공의 신하였을 때, 그의 의견이 크게 받아들여져서 매번 조회 때마다 장공은 안자에게 봉읍封邑을 자꾸 내려주는 것이었다. 그것도 잠깐, 그의 의견이 채용되지 않자, 이번에는 매번 조회 때마다 받았던 작록과 봉읍을 삭탈하여 그만 모두 다 되돌려 내놓게 되었다. 안자는 조정을 물러나 수레를 타고 나서서는 혀를 차며 한탄하다가 끝내는 웃는 것이었다. 그의 마부가 이상히 여겨 안자에게 물었다.

"어찌 하여 탄식과 웃음이 그렇게 서로 번갈아 잦습니까?"

안자가 이렇게 설명하였다.

"내가 탄식한 것은 우리 임금이 난難을 피할 수 없음 때문이요, 내가 웃은 것은 내 스스로 자유를 얻을 수 있음 때문이다. 나는 역시 죽지는 않을 것이로다!"

최저崔杼가 과연 장공을 시해하자, 안자는 최저의 집 문 앞에 우뚝 섰다. 이에 최저의 시종이 나타나 물었다.

"죽으러 왔소?"

이에 안자는 이렇게 대꾸하였다.

"그가 나 한 사람만의 임금입니까? 그렇다면 내가 그를 위해 죽어야 하지요."

시종이 다시 물었다.

"그렇다면 도망가시렵니까?"

안자는 다시 이렇게 대답하였다.

"나 혼자만의 잘못으로 임금이 죽었습니까? 그렇다면 나는 홀로 도망가야겠지요."

시종이 다시 물었다.

"되돌아가시겠소?"

안자는 이렇게 대답하였다.

"모시던 임금이 죽었는데 어찌 돌아갈 수 있겠소? 백성을 능멸하기 위해 임금 노릇 하는 자가 어찌 있을 수 있겠소? 오직 사직을 위해 일할 뿐이오. 또 임금의 신하가 되어 어찌 입에 먹을 것을 위해 일하겠소? 오직 사직을 위해 일할 뿐이지요. 따라서 임금이 사직을 위해 일하다가 죽게 되면 신하도 따라 죽는 것이고, 사직을 위하다가 쫓겨나게 되면 신하도 마땅히 쫓겨나는 것이오. 만약 임금이면서 자신을 위하다가 죽거나 자신만을 위하다가 쫓겨나게 된다면, 그의 사사로운 측근이 아니라면 그 누가 이를 책임질 수 있겠습니까? 또 사람으로서 자신의 임금을 모시다가 이를 시해한 경우에 내 어찌 그런 일을 위해 죽겠소이까? 내 어찌 그런 일을 위해 쫓겨나겠소이까? 그러나 임금이 없으니 내 어디 돌아갈 곳이 있겠소이까?"

그러면서 최저 집의 문을 열고 들어갔다. 최저는 이를 보고 다급히 물었다.

"그대는 어찌 죽지 않는가? 그대는 어찌 죽지 않는가?"

이에 안자는 이렇게 대꾸하였다.

"앙화는 내가 없을 때 시작되었고, 앙화의 끝은 내 모르는 사이에 마감되었소. 내 어찌 죽을 수 있겠소? 또 내가 들으니 도망가는 것을 최선으로 삼는 자는 그 임금을 존속시키기에 부족하고, 죽음을 의로움으로 여기는 자는 공을 세우기에 부족하다 하였습니다. 제가 어찌 어린 노비처럼 목을 매어 따라 죽겠소?"

그리고는 드디어 옷을 벗고 앉아 임금의 시신을 베고 누워 곡을 하였다. 그리고 일어나서 세 번 펄쩍펄쩍 뛰고 나가 버렸다. 최저의 부하가 이렇게 말하였다.

"저런 자는 반드시 죽여야 합니다."

최저는 이렇게 말렸다.

"백성의 신망이 두터운 사람이다. 그를 살려 주고 대신 백성의 지지를 얻도록 하자."

晏子爲莊公臣, 言大用, 每朝, 賜爵益邑; 俄而不用, 每朝, 致邑與爵. 爵邑盡, 退朝而乘, 喟然而歎, 終而笑.

其僕曰:「何歎笑相從數也?」

晏子曰:「吾歎也, 哀吾君不免于難; 吾笑也, 喜吾自得也, 吾亦無死矣!」

崔杼果弑莊公, 晏子立崔杼之門.

從者曰:「死乎?」

晏子曰:「獨吾君也乎哉? 吾死也.」

曰:「行乎?」

曰:「獨吾罪也乎哉? 吾亡也!」

曰:「歸乎?」

曰:「吾君死, 安歸? 君民者, 豈以陵民? 社稷是主; 臣君者, 豈爲其口實? 社稷是養. 故君爲社稷死, 則死之; 爲社稷亡, 則亡之. 若君爲己死, 而爲己亡, 非其私暱, 孰能任之? 且人有君而弑之, 吾焉得死之? 而焉得亡之? 將庸何歸?」

門啓而入. 崔子曰:「子何不死? 子何不死?」

晏子曰:「禍始, 吾不在也; 禍終, 吾不知也. 吾何爲死? 且吾

聞之: 以亡爲行者, 不足以存君; 以死爲義者, 不足以立功. 嬰豈
婢子也哉? 其縊而從之也?」

　遂袒免, 坐, 枕君尸而哭, 興三踊而出. 人謂崔子必殺之.

　崔子曰:「民之望也, 舍之得民.」

【封邑】封地로 邑을 내림. 食邑. '湯沐邑'이라고도 한다.

【崔杼】春秋時代 齊나라의 大夫. 당시 襄公이 죽자, 조문을 갔다가 棠公의
　아내(東郭偃의 누이. 崔杼는 東郭偃의 신하였다)의 아름다움을 보고 이를
　취하여 아내로 삼았는데, 이후 莊公과 私通하게 되었다. 이에 莊公을 시해하고
　景公을 세워 자신은 宰相이 되었다가 뒤에 목을 매어 자결하였다. 시호는 武子.
　《左傳》襄公 25年 傳 참조.

【三踊而出】《禮記》檀弓篇에 "袒免哭踊"(관을 벗고 웃통을 벗어 왼쪽 어깨를
　드러내고서 슬피 울며 몸부림쳐 뛴다)이라 하였으며, 또한 "辟踊哀之至也, 有算
　爲之節文也"(가슴을 치며 뛰는 것은 지극한 슬픔을 나타내는 것이고, 그 횟수를
　헤아리는 것은 알맞게 절제하기 위함이다)라 하였다.

참고 및 관련 자료

1. 《左傳》襄公 25年 傳

晏子立於崔氏之門外, 其人曰:「死乎?」曰:「獨吾君也乎哉, 吾死也?」曰:「行乎?」
曰:「吾罪也乎哉, 吾亡也?」曰:「歸乎?」曰:「君死, 安歸? 君民者, 豈以陵民?
社稷是主. 臣君者, 豈爲其口實? 社稷是養. 故君爲社稷死, 則死之; 爲社稷亡, 則亡之.
若爲己死, 而爲己亡, 非其私暱, 誰敢任之? 且人有君而弑之, 吾焉得死之? 而焉得
亡之? 將庸何歸?」門啓而入, 枕尸股而哭. 興, 三踊而出. 人謂崔子:「必殺之!」
崔子曰:「民之望也, 舍之, 得民.」

113(5-3) 崔慶劫齊將軍大夫盟, 晏子不與

최씨·경씨가 제나라 장군과 대부들을
협박하여 맹약 맺을 때,
안자는 함께 하지 아니함

최저崔杼가 이미 장공莊公을 시해하고 경공景公을 세웠다. 그리고
자신과 경봉慶封은 재상이 되었다. 그런 다음 여러 장군과 대부들,
그리고 저명한 선비·서인까지 태궁太宮의 구덩이 옆에 세워 놓고 협박
하되 맹약에 거부하는 자가 없도록 하였다. 게다가 세 길 높이의 단과
그 아래에 구덩이를 파 놓고 병사들을 천여 겹으로 그 내외를 둘러막았다.
맹약을 위해 들어오는 자는 누구나 칼을 풀고 들어가도록 하였다.
그런데 안자만은 이에 거부하였다. 최저는 할 수 없이 허락하였다.
그리고 감히 맹약을 거부하는 자는 굽은 창으로 그 목을 베고, 곧은
칼로는 그 심장을 찔러 버렸다. 그리고 스스로 명령을 내려 이렇게
맹약의 말을 하도록 하였다.

"최저·경봉의 편을 들지 않고 공실 편을 드는 자는 상서롭지 못한
결과를 맛볼 것이다. 망설이면서 말을 하지 않는 자 그리고 손가락에
피를 묻히지 않는 자는 죽여 없앤다."

이리하여 죽음을 당한 자가 일곱 명이 되었고 안자의 차례가 되었다.
안자는 피가 든 잔을 들고 하늘을 쳐다보며 이렇게 탄식하였다.

"아! 최저가 무도하게 굴더니 끝내 임금을 죽였구나. 오히려 공실의
편을 들지 않고 최저와 경봉의 편을 드는 자도 똑같이 이러한 앙화를
입으리라."

〈騎驢歸家圖〉

　그리고 고개를 숙이고 피를 마셔 버렸다. 그러자 최저는 안자에게
이렇게 제의하였다.

　"그대가 말을 바꾸면 이 제齊나라를 그대와 함께 차지할 것이오.
그러나 그대가 말을 바꾸지 않는다면 창이 이내 그대 목을 겨누고
칼이 그대 심장을 겨누리라. 오직 그대의 결정에 달렸소!"

　안자는 이렇게 거절하였다.

　"나를 칼날로 위협한다고 해서 내 의지를 잃는다면, 이는 용기가
없는 사람이 되고 만다. 또 나를 이익으로 회유할 때 이를 위해 임금을
배반한다면, 나는 의롭지 못한 자가 된다. 최저여! 그대는 홀로 시를
읽지 못하였는가? 《시詩》에 이렇게 말하였다.

'뒤엉켜 뻗어난 칡넝쿨	莫莫葛藟
줄기랑 가지랑 뒤덮었는데	施于條枚
훌륭하신 저 군자여	愷悌君子
복을 구하되 어긋난 짓은 아니 하네!'	求福不回

그런데 지금 나도 뜻을 굽혀 복을 구하란 말인가? 굽은 칼로 끌어 베고 곧은 칼로 찔러 죽인다 해도 나는 뜻을 바꿀 수 없다.”

이에 최저는 장차 안자를 죽일 셈이었다. 그때 곁에 있던 자가 말렸다.

“안 됩니다! 그대는 그대의 임금을 무도하다고 여겨 죽였습니다. 지금 그 신하에 도가 있는 선비로 알려진 인물인데 이를 죽이게 되면 아무런 교화의 명분을 얻을 수 없습니다.”

그제야 최저는 드디어 이를 풀어 주고 말았다. 안자는 이렇게 말하였다.

“그대들은 대부가 되어 큰 불인不仁을 저질러 놓고, 나에게 대해서는 소인小仁을 베풀겠다고 하니 이것이 사리에 맞는 짓이냐?”

그리고는 뛰쳐나가 고삐를 잡고 수레에 올랐다. 그의 마부가 급히 내달리려 하자, 안자는 그의 손을 어루만지며 이렇게 말렸다.

“천천히 가자! 급히 간다고 반드시 살아난다는 법도 없고, 천천히 간다고 꼭 죽는 것도 아니다. 사슴이 들에서 태어났지만, 그 운명은 요리사에게 달렸다. 나의 운명도 그처럼 매어 있는 것이다.”

이에 절도를 다 갖춘 후 그 자리를 떠났다.

《시》에는 이렇게 노래하였다.

‘저러한 군자라면 의지 굳세어   彼己之子
  절개를 지켜 변치 않으리!’   舍命不渝

이는 안자 같은 이를 두고 한 말이로다.

崔杼旣弑莊公而立景公, 杼與慶封相之, 劫諸將軍大夫, 及顯士庶人于太宮之坎上, 令無得不盟者. 爲壇三仞, 埳其下, 以甲千列環其內外, 盟者皆脫劍而入. 維晏子不肯, 崔杼許之.

有敢不盟者, 戟鈎其頸, 劍承其心, 令自盟曰:「不與崔慶而與公室者, 受其不祥. 言不疾, 指不至血者死.」

所殺七人.

次及晏子, 晏子奉桮血, 仰天歎曰:「嗚呼! 崔子爲無道, 而弑
其君. 不與公室而與崔慶者, 受此不祥.」

俛而飮血.

崔杼謂晏子曰:「子變子言, 則齊國吾與子共之; 子不變子言,
戟旣在脰, 劒旣在心, 維子圖之也.」

晏子曰:「劫吾以刃, 而失其志, 非勇也; 回吾以利, 而倍其君,
非義也. 崔子! 子獨不爲夫詩乎? 詩云:『莫莫葛藟, 施于條枚.
愷悌君子, 求福不回.』今嬰且可以回而求福乎? 曲刃鉤之, 直兵
推之, 嬰不革矣.」

崔杼將殺之, 或曰:「不可! 子以子之君無道, 而殺之, 今其臣
有道之士也, 又從而殺之, 不可以爲敎矣.」

崔杼遂舍之.

晏子曰:「若大夫爲大不仁, 而爲小仁, 焉有中乎?」

趨出, 援綏而乘. 其僕將馳.

晏子撫其手曰:「徐之! 疾不必生, 徐不必死, 鹿生于野, 命縣
于廚. 嬰命有繫矣.」

按之成節, 而後去.

詩云:『彼己之子, 舍命不渝.』晏子之謂也.

【崔杼】莊公을 시해한 사건은 B.C.548년 五月 乙亥의 일.《左傳》襄公 25年
經에 "夏五月乙亥, 齊崔杼弑其君光"이라 하였다.

【慶封】崔杼와 모의하여 莊公을 시해하였다.《史記》齊太公世家에 "以崔杼爲
右相, 慶封爲左相"이라 하였다.

【太宮】齊나라 궁궐.

【詩】앞의 것은《詩經》大雅 旱麓의 마지막 구절이며 뒤의 것은 鄭風 羔裘篇의 구절이다.

참고 및 관련 자료

1. 사건의 내막은《左傳》襄公 25年 經을 참조할 것.

2.《呂氏春秋》知分篇

晏子與崔杼盟, 其辭曰:「不與崔氏, 而與公孫氏者, 受其不祥.」晏子俛而飮血, 仰而呼天曰:「不與公孫氏而與崔氏者, 受此不祥.」崔杼不說, 直兵造胸, 句兵鉤頸, 謂晏子曰:「子變子言, 則齊國吾與子共之, 子不變子言, 則今是已.」晏子曰:「崔子! 子獨不爲夫詩乎? 詩曰:『莫莫葛藟, 延于條枚. 凱弟君子, 求福不回.』嬰且可以回而求福乎? 子惟之矣.」崔杼曰:「此賢者, 不可殺也.」罷兵而去. 晏子授綏而乘, 其僕將馳, 晏子撫其僕之手曰:「安之! 毌失節. 疾不必生, 徐不必死. 鹿生於山而命懸於廚. 今嬰之命, 有所懸矣.」晏子可謂知命矣. 命也者, 不知所以然而然者也, 人事智巧以擧錯者不得與焉. 故命也者, 就之未得, 去之未失. 國士知其若此也, 故以義爲之, 決而安處之.

3.《韓詩外傳》卷2

崔杼弑莊公, 合士大夫盟. 盟者皆脫劍而入. 言不疾, 措血至者死. 所殺者十餘人, 次及晏子. 奉杯血, 仰天而嘆曰:「惡乎, 崔杼! 將爲無道, 而殺其君.」於是盟者皆視之. 崔杼謂晏子曰:「子與我, 吾將與子分國; 子不與我, 殺子! 直兵將推之, 曲兵將鉤之. 吾願子之圖之也.」晏子曰:「吾聞: 留以利而倍其君, 非仁也; 劫以刃而失其志者, 非勇也. 詩曰:『莫莫葛藟, 延于條枚. 愷悌君子, 求福不回.』嬰其可回矣? 直兵推之, 曲兵鉤之, 嬰不之革也.」崔杼曰:「舍晏子!」晏子起而出, 授綏而乘, 其僕馳, 晏子撫其手曰:「麋鹿在山林, 其命在庖廚. 命有所懸, 安在疾驅?」安行成節, 然後去之. 詩曰:『羔裘如濡, 恂直且侯; 彼己之子, 舍命不渝.』晏子之謂也.

4.《韓詩外傳》卷4

齊崔杼之妻美, 莊公通之. (崔杼帥其黨而攻莊公, 莊公請與分國.) 崔杼不許, 欲自刃於廟, (崔杼又不許,) 莊公走出, 踰於外牆, 射中其股, 遂弑而立其弟景公.

5. 《新序》義勇篇

崔杼弒莊公, 令士大夫盟者, 皆脫劍而入, 言不疾指不至血者死, 所殺十人. 次及晏子, 晏子奉桮血仰天歎曰:「惡乎, 崔杼! 將爲無道, 殺其君.」盟者皆視之. 崔杼謂晏子曰:「子與我, 我與子分國; 子不吾與, 吾將殺子. 直兵將推之, 曲兵將勾之, 唯子圖之.」晏子曰:「嬰聞回以利而背其君者, 非仁也; 劫以刃而失其志者, 非勇也.」詩云:『愷悌君子, 求福不回.』嬰可謂不回矣. 直兵推之, 曲兵鉤之, 嬰之不回也.」崔子舍之, 晏子趨出, 授綏而垂, 其僕將馳, 晏子拊其手曰:「虎豹在山林, 其命在庖廚, 馳不益生, 緩不益死?」按行成節, 然後去之. 詩云:『彼己之子, 舍命不渝.』晏子之謂也.

6. 《新序》節士篇

齊崔杼者, 齊之相也, 弒莊公. 止太史無書君弒及賊. 太史不聽, 遂書賊曰:「崔杼弒其君.」崔子殺之, 其弟又嗣書之, 崔子又殺之, 死者二人. 其弟又嗣復書之, 乃舍之. 南史氏是其族也, 聞太史盡死, 執簡以往, 將復書之, 聞既書矣, 乃還. 君子曰:「古之良史.」

7. 《史記》齊太公世家

丁丑, 崔杼立莊公異母弟杵臼, 是爲景公. 景公母, 魯叔孫宣伯女也. 景公立, 以崔杼爲右相, 慶封爲左相. 二相恐亂起, 乃與國人盟曰:「不與崔慶者死!」晏子仰天曰:「嬰所不(獲)唯忠於君利社稷者是從!」不肯盟. 慶封欲殺晏子, 崔杼曰:「忠臣也, 舍之.」齊太史書曰:『崔杼弒莊公』, 崔杼殺之. 其弟復書, 崔杼復殺之. 少弟復書, 崔杼乃舍之.

8. 《論衡》命義篇

晏子所遭, 可謂大矣, 直兵指胸, 白(曲)刃加頤, 蹈死亡之地, 當劍戟之鋒, 執死得生還. 命善祿盛, 遭逢之禍不能害也.

9. 《後漢書》卷28(上) 馮衍傳計

晏子春秋曰: 齊大夫崔杼弒齊莊公, 乃劫諸大夫盟. 有敢不盟者, 戟鉤其?劍承其心, 曰:「不與崔氏而與公室者, 盟神視之, 言不疾, 指不至血者死.」所殺者七人, 而後及晏子. 晏子奉血仰天曰:「崔氏無道而殺其君, 若有能復崔氏而?不與. 盟(神)視之.」遂仰而飲血. 崔氏曰:「晏子與我, 齊國吾與共; 不與我, 則戟在脰, 劍在心, 子圖之.」晏子曰:「劫吾以刃而失其意, 非勇也. 詩云:『愷悌君子, 求福不回.』嬰可回而求福乎? 劍刃鉤之. 直兵推之. 嬰不革矣.」崔子遂釋之.

10.《太平御覽》353·376·480을 참조할 것.

11.《意林》에 본 장의 내용이 전재되어 있다.

12.《北堂書鈔》124에 본 장의 내용이 전재되어 있다.

114(5-4) 晏子再治阿而信見, 景公任以國政

안자가 다시 동아 땅을 다스려
신임을 얻게 되자,
경공이 그에게 국정을 맡김

경공景公이 안자를 동아東阿 땅의 재宰로 임무를 주었다. 삼 년이 지나 안자에 대한 비방의 소문이 들려오자, 경공은 불쾌히 여겨 그를 소환하여 면직시킬 참이었다. 그러자 안자는 이렇게 부탁하였다.

"저는 저의 과실이 무엇인지 압니다. 청컨대 다시 삼 년만 더 동아 땅을 다스릴 수 있도록 허락해 주시면 틀림없이 좋은 소문이 나라에 퍼지도록 하겠습니다."

경공은 차마 면직시키지 못하고 안자로 하여금 다시 동아 땅을 다스리도록 하였다. 그런데 삼 년이 지나자, 과연 그를 칭송하는 소문이 들려오는 것이었다. 경공은 기뻐하며 안자를 불러 상을 내리고자 하였다. 그러나 안자는 이를 사양하고 받지 않았다. 경공이 그 이유를 묻자 안자는 이렇게 대답하였다.

"지난날 제가 동아 땅을 다스릴 때 지름길로 이용하려는 간악한 무리의 통로를 막아 쌓고, 사악한 무리가 드나드는 문지기의 임무를 강화시키자, 이에 불만을 느낀 부패하였던 무리들이 나를 미워하였고, 검소히 하고 힘을 아끼지 말 것이며 효도와 우애를 다하도록 권면하는 한편, 게으르고 비뚤어진 자를 처벌하자, 나태한 백성들이 나를 미워하였습니다. 그런가 하면 재판을 할 때는 귀한 자나 강한 자를 피하지 않고 공정히 하자, 귀하고 강한 자들이 나를 미워하였습니다. 좌우 신하의 요구가 있을 때 법에 맞으면 들어 주고 맞지 않으면 거부하였더니 좌우 측근조차 싫어하였습니다. 그리고 귀인을 섬기면서 이들을 대접할 때 예를 초과하지 않자 귀한 자들이 싫어하였습니다. 이 까닭으로 세 종류의 못된 자들이 나를 밖으로 흠잡고 다니고 두 종류의 참소하는 자들이 안에서 나를 비방하였던 것이며, 이것이 삼 년 사이에 임금의 귀에까지 들렸던 것입니다. 그런데 지금 저는 이를 바꾸었습니다. 지름길도 막지 않고 문지기 단속도 느슨하게 하였지요. 그랬더니 부패한 무리들이 신난다고 합니다. 그리고 절약하라느니 힘써 일하라느니 효도와 우애에 힘쓰라느니 하지 않으며 게으르고 비뚤어진 자에게 벌도 내리지 않습니다. 그러자 게으른 백성이 즐거워하고 있습니다. 재판 판결에도 귀한 자, 강한 자에게 아부하여 그들 맘대로 고쳐 주자 귀하고 강한 자들이 즐거워합니다. 좌우가 구하는 바라면 뭐든지 허락하였더니 좌우 측근이 즐거워하고, 귀인 접대에 예에 넘치도록 잘해 주자 귀인이 즐거워하고 있습니다. 이렇게 되자 세 부류의 사악한 자들이 나의 자랑을 밖으로 하기에 여념이 없고 두 부류의 참소 잘하던 자들도 안에서 나를 추켜세우기에 바쁩니다. 이것이 삼 년 동안 임금의 귀에 들렸던 것입니다. 지난날 제가 하였던 일은 오히려 주벌을 내릴 일이라 여기셨지만, 그것은 사실 상을 주셨어야 할 경우였고, 지금 제가 한 일을 상 줄 일로 여기고 계시지만 사실은 이것이 바로 징벌을 받을 일입니다. 이런 까닭으로 감히 상을 받을 수 없는 것입니다."*

경공은 안자가 이처럼 어질다는 것을 깨닫고 이에 나라일을 다 맡겼다. 그로부터 삼 년이 지나 제나라는 크게 흥성하게 되었다.

景公使晏子爲東阿宰, 三年, 而毁聞于國. 景公不說, 召而免之.
晏子謝曰:「嬰知嬰之過矣, 請復治阿, 三年, 而譽必聞于國.」
景公不忍, 復使治阿, 三年, 而譽聞于國. 景公說, 召而賞之,
辭而不受.

景公問其故, 對曰:「昔者, 嬰之治阿也, 築蹉徑, 急門閭之政,
而淫民惡之; 擧儉力孝弟, 罰偸竊, 而惰民惡之; 決獄不避貴彊,
而貴彊惡之; 左右所求, 法則予, 非法則否, 而左右惡之; 事貴
人體不過禮, 而貴人惡之. 是以三邪毁乎外, 二讒毁乎內, 三年
而毁聞乎君也. 今臣謹更之, 不築蹉徑, 而緩門閭之政, 而淫民說;
不擧儉力孝弟, 不罰偸竊, 而惰民說; 決獄阿貴彊, 而貴彊說;
左右所求言諾, 而左右說; 事貴人體過禮, 而貴人說. 是以三邪
譽乎外, 二讒譽乎內, 三年而譽聞于君也. 昔者, 嬰之所以當誅
者宜賞, 而今之所以當賞者宜誅, 是故不敢受.」

景公知晏子賢, 迺任以國政, 三年齊大興.

【東阿】地名. 張氏本 注에 "孫云: 左傳莊十三年, 公會齊侯盟于柯, 齊威王烹柯
  大夫卽此.《元和郡縣志》, 東阿縣, 漢舊縣也, 春秋時齊之阿地"라 하여, 阿 땅이라
  하였다.
【宰】여기서는 東阿 땅의 지방장관.
【不敢受】張氏本 注에 "子華子北宮子仕篇: 作昔者臣之所治, 君之所當取也, 而更
  得罪焉. 今者臣之所治, 君之所當誅也, 而更得黨焉. 非臣之情, 臣不願也"라 하였다.

[참고 및 관련 자료]

1.《晏子春秋》卷七 外篇『重而異者』190(7-20)과 같다.

2.《說苑》政理篇

晏子治東阿三年, 景公召而數之曰:「吾以子爲可, 而使子治東阿, 今子治而亂, 子退
而自察也, 寡人將加大誅於子.」晏子對曰:「臣請改道易行而治東阿, 三年不治, 臣請
死之.」景公許之. 於是明年上計, 景公迎而賀之曰:「甚善矣, 子之治東阿也.」晏子
對曰:「前臣之治東阿也, 屬託不行, 貨賂不至, 陂池之魚, 以利貧民. 當此之時, 民無
饑者, 而君反以罪臣. 今臣之後治東阿也, 屬託行, 貨賂至, 幷會賦斂, 倉庫少內,

便事左右, 陂池之魚, 入於權家. 當此之時, 饑者過半矣, 君乃反迎而賀臣, 愚不能復治東阿, 願乞骸骨, 避賢者之路, 再拜便辟.」景公乃下席而謝之曰:「子彊復治東阿; 東阿者, 子之東阿也, 寡人無復與焉.」

3.《藝文類聚》卷50 職官部(六) 令長

晏子春秋曰: 景公使晏子爲阿宰. 三年而毀聞於國. 公不悅. 召而免之. 嬰謝曰:「嬰知過矣. 請復阿. 三年而譽必聞於國.」公召而賞之. 辭而不受. 公問其故. 對曰:「昔者嬰之所治當賞. 而今所以治當誅. 是故不敢受.」

4.《子華子》卷上 北宮子仕篇

晏子治阿三年, 毀聞於朝, 公不悅召而將免焉晏子辭曰:「臣知過矣請復之三年.」而譽國善之. 諂言四達. 公將致其所以賞, 晏子辭焉. 公曰:「何謂也?」晏子對曰:「昔者臣之所治, 君之所當取也. 而更得罪焉. 今者臣之所治, 君之所當誅也, 而更得賞焉. 非臣之情, 臣不願也.」子華子聞之曰:「晏子可謂直, 而不阿者矣. 晏子之辭受其可以訓矣. 齊之蕉也故宜. 夫人之常情. 譽同於己者, 助同於己者, 愛同於己者, 愛之反則憎, 必有所立矣. 助之反則?, 必有所在矣. 譽之反則毀, 必有所歸矣. 然而人主部之察也. 左右執事之臣從, 而得其所欲爲則不禁也. 世之治亂盖常存乎, 兩問齊之蕉也固宜.」

5.《太平御覽》64‧266‧424에 관련 기록이 전재되어 있다.

6.《群書治要》에 본 장의 내용이 전재되어 있다.

7.《意林》에 본 장의 내용이 전재되어 있다.

115(5-5) 景公惡故人, 晏子退, 國亂, 復召晏子
경공이 오랜 친구를 미워하자,
안자가 물러남. 나라가 어지러워지자,
다시 안자를 부름

경공이 안자와 함께 곡황曲潢의 물가에 서 있었다. 안자가 먼저 이렇게 운을 떼었다.

"옷이란 새 것일수록 좋겠지만, 사람은 옛 사람만한 이가 없지요."

경공이 대꾸하였다.

"옷이 새 것이면 진실로 좋지요. 그러나 사람이 오래 되면 사정을 서로 너무 잘 알지요."

경공의 말뜻을 알아차린 안자는 집으로 돌아가, 자신의 집안 살림살이를 이고 싣고는, 사람을 경공에게 보내어 이렇게 사직의 말을 전하게 하였다.

"저는 오래 되었고 늙어 무능합니다. 청컨대 저는 젊은이의 일을 수행해 낼 수가 없습니다."

이리하여 경공은 혼자서 나라를 다스리게 되었고, 안자의 신분도 고씨高氏·국씨國氏보다 약화되었다. 그러자 제나라 백성들이 크게 동요를 일으켰다. 경공은 두려운 나머지 다시 안자를 불렀다. 제후들은 안자의 위망威望에 고씨·국씨가 안자의 정치에 복종하게 될 것을 꺼렸다. 과연 제나라는 농토도 잘 개간되고 잠상과 축목이 흥하여 그 재물을 둘 곳이 부족할 정도였다. 이에 비단과 누에는 연燕나라에게 나누어 주고, 길들인 말은 노魯나라에 주었다. 그러자 두 나라는 함께 제나라에 입조해 왔다.

묵자墨子가 이를 듣고 이렇게 평하였다.

"안자는 도를 알았고, 경공은 자신의 궁함이 무엇인지를 알았다."

景公與晏子立于曲潢之上, 晏子稱曰:「衣莫若新, 人莫若故.」

公曰:「衣之新也, 信善矣. 人之故, 相知情.」

晏子歸, 負載. 使人辭于公曰:「嬰故老耄無能也, 請毋服壯者之事.」

公自治國, 身弱于高國, 百姓大亂, 公恐, 復召晏子. 諸侯忌其威, 而高國服其政, 田疇墾辟, 蠶桑麰牧之處不足, 絲蠶于燕, 牧馬于魯, 共貢入朝.

墨子聞之曰:「晏子知道, 景公知窮矣.」

【曲潢】 구불구불하게 물길을 만들어 놀이터로 삼은 곳.

【耄】 일흔 살이 되어 정신이 혼몽하여짐을 뜻한다.

【高氏·國氏】 둘 모두 齊나라의 公族. 張氏本의 注에 "高國二氏, 齊之卿族"이라 하였다.

【燕】 북쪽 계(薊). 즉 지금의 北京 지역을 중심으로 발달했던 諸侯國.

【墨子】 墨翟. 《漢書》 藝文志에 "墨子七十一篇, 名翟, 爲宋大夫, 在孔子後"라 하였다.

참고 및 관련 자료

1. 《晏子春秋》 卷7 外篇 『重而異者』 192(7-22)

116(5-6) 齊饑, 晏子因路寢之役以振民

제나라에 기근이 들자,
안자가 노침의 역사를 빌어 백성을 진휼시킴

경공 시절에 기근이 들었다. 안자가 백성을 위해 곡식을 풀 것을 청하였지만, 경공은 허락하지 않았다. 마침 노침路寢의 누대 짓는 공사가 한창이었는데, 안자는 관리로 하여금 공사에 참여한 백성들에게 노임을 훨씬 높여 주도록 해 주고는, 노침의 규모를 더욱 크게 짓도록 하였다. 게다가 공사의 진척 날짜를 늦추면서 급히 서둘지 말도록 하였다.

이렇게 하여 삼 년을 끌면서 천천히 공사를 하였고, 그 사이에 백성도 진휼시킬 수가 있었다. 따라서 임금은 자신의 유대游臺 짓는 일에 즐거움을 느꼈고, 백성들도 생계를 유지할 수 있었다.

군자가 이를 듣고 이렇게 평하였다.

"정치의 방법만 따진다면 안자는 곡식을 풀어 백성에게 나누어 주면 그만이다. 그러나 이것이 가능하지 못하자, 사물의 처리에 의탁하여 정치에 이를 맞춘 것이다."

景公之時饑, 晏子請爲民發粟, 公不許, 當爲路寢之臺, 晏子令吏重其賃, 遠其兆, 徐其日, 而不趨. 三年, 臺成而民振, 故上說乎游, 民足乎食.

君子曰:「政則晏子欲發粟與民而已, 若使不可得, 則依物
而偶于政.」

【依物而偶于政】張氏本의 注에 "孫云: '物, 事也. 言據事而不違於政. 事謂爲臺.'
　俞云: '依猶因也. 偶讀爲寓, 古字通用. 寓猶寄也. 依物而偶於政者, 因物而寄於政也.
　若晏子因築臺之事, 而寄發粟之政, 是也.' 張云: '偶, 合也, 言依爲臺之事而發粟,
　合於振民之政也.'"라 하였다.

117(5-7) 景公欲墮東門之堤, 晏子謂不可變古
경공이 동문의 제방을 허물고자 하자,
안자가 옛 것을 바꿀 수 없다고 말함

경공이 동문東門의 제방에 오르자, 백성들이 모두 엉금엉금 기면서 따라오는 것이었다. 경공이 물었다.

"이 제방은 너무 높아 소나 말의 굽을 상하게 하겠소. 어찌하여 6척尺 정도로 낮추지 않습니까?"

안자가 이렇게 답하였다.

"옛날 우리 선군 환공桓公께서 임금이셨을 때에, 관중管仲은 어진 재상으로 그를 보필하였습니다. 무릇 어진 재상이 명석한 군주를 보좌하여 동문의 이 제방이 완성된 것입니다. 옛날에 제방을 그렇게 낮게 하지 않은 것은 아마 분명한 이유가 있어서일 것입니다. 일찍이 치수淄水가 범람해서 광문廣門에까지 물이 밀려 왔다면 6척은 너무 낮다고 여겼기 때문일 것입니다. 그때 제방을 6척쯤으로 낮게 하였다면, 지금의 제나라는 존속해 있지도 않았을 것입니다. 무릇 옛날에는 옛날의 상법常法에 따라 변경을 신중히 해야 한다고 하였으니 이를 두고 한 말입니다."

景公登東門防, 民單服然後上, 公曰:「此大傷牛馬蹄矣, 夫何不下六尺哉?」

晏子對曰:「昔者, 吾先君桓公, 明君也; 而管仲, 賢相也. 夫以賢相佐明君, 而東門防全也. 古者, 不爲, 殆有爲也. 蚤歲, 淄水至, 入廣門, 卽下六尺耳. 鄕者, 防下六尺, 則無齊矣. 夫古之重變古常, 此之謂也.」

【東門】齊나라 수도인 臨淄의 동쪽 문.
【單服】'卑服'이 아닌가 한다. 이는 雙聲連綿語로 匍匐·蒲服·扶服과 같다.
【桓公】齊나라 桓公.
【管仲】管夷語. 管子.
【淄水】臨淄를 흐르는 강.
【廣門】齊나라 수도 내의 지명.

118(5-8) 景公憐飢者, 晏子稱治國之本以長其意
경공이 굶주린 자를 불쌍히 여기자, 안자가
치국의 근본은 그 뜻을 높이는 것이라 칭찬함

경공이 수궁壽宮에 놀이를 나갔다가 어떤 늙은이가 등에 나뭇짐을 지고 오는 것을 보았는데 몹시 주린 모습이었다. 경공이 불쌍히 여겨 위연히 탄식하며 이렇게 일러 주었다.

"관리를 시켜 잘 보양해 주도록 하시오!"

안자는 이를 듣고 이렇게 말하였다.

"제가 듣건대 어진 이를 좋아하고 불초한 자를 불쌍히 여기는 것은 나라를 지켜 나가는 근본이라 하였습니다. 지금 임금께서 늙은이를 불쌍히 여기셔서 그 은혜가 미치지 않는 곳이 없도록 하시니, 이는 바로 나라를 다스리는 근본입니다."

경공은 웃으면서 희색이 만면하였다. 안자는 때를 놓치지 않고 이렇게 부탁하였다.

"성왕聖王은 어진 이를 보고 그 어진 점을 좋아하였고, 불초한 자를 보고 그 불초함을 불쌍히 여겼습니다. 지금 청컨대 노약자 중에서 보호 받지 못하고 있는 이들과 홀아비·과부로서 살 집이 없는 자를 찾아 이를 논하여 함께 구제해 주시기를 요청합니다."

경공은 허락하였다.

"그렇게 하리다."

이에 노약자는 보호를 받게 되었고, 홀아비·과부는 각자 집을 얻어 가정을 꾸릴 수 있었다.

景公游于壽宮, 睹長年負薪者而有飢色.

公悲之, 喟然歎曰:「令吏養之!」

晏子曰:「臣聞之: 樂賢而哀不肖, 守國之本也. 今君愛老, 而恩無所不逮, 治國之本也.」

公笑, 有喜色.

晏子曰:「聖王見賢以樂賢, 見不肖以哀不肖. 今請求老弱之不養, 鰥寡之無室者, 論而共秩焉.」

公曰:「諾.」

于是老弱有養, 鰥寡有室.

【壽宮】齊나라의 궁궐 이름. 齊나라 桓公이 이곳에서 죽었다. 胡宮이라고도 하며 齊나라 先代 胡宮의 궁전. 胡公이 오래 살아 그 궁의 이름을 壽宮으로 칭하였다.

【鰥寡有室】《墨子》兼愛篇(下)에 "老而無妻之者, 有所侍養以終其壽, 幼弱孤童之無父母者, 有所放依以長其身"이라 하였다.

⬭ 참고 및 관련 자료 ⬭

1. 《說苑》貴德篇

景公遊於壽宮, 覩長年負薪而有飢色, 公悲之, 喟然歎曰:「令吏養之」晏子曰:「臣聞之, 樂賢而哀不肖, 守國之本也; 今君愛老而恩無不逮, 治國之本也.」公笑有喜色. 晏子曰:「聖王見賢以樂賢, 見不肖而哀不肖; 今請求老弱之不養, 鰥寡之不室者, 論而供秩焉.」景公曰:「諾.」於是老弱有養, 鰥寡有室.

2. 《藝文類聚》卷80 薪炭灰

晏子曰: 景公遊壽宮. 睹耆年負薪. 有飢色. 公喟然. 令吏養之. 鄧析書曰. 譬猶拯溺而硾之以石. 救火而投之以薪.

119(5-9) 景公探雀鷇, 鷇弱反之, 晏子稱長幼以賀

경공이 새끼참새를 잡았다가 너무 어려 놓아 주자, 안자가 장유를 들어 축하함

경공이 새끼참새를 잡았다가, 그 새끼가 너무 약한 것을 보고 되돌려 놓아 주었다. 안자가 이를 듣고 부르지도 않았는데 들어가 경공을 알현하였다. 경공은 땀을 흘리며 척연惕然한 모습을 짓고 있는 것이었다.

안자가 먼저 입을 열었다.

"임금께서 어찌된 것입니까?"

이에 경공은 이렇게 말하였다.

"내 참새 둥지에서 새끼를 잡았다가 그 새끼가 너무 어리기에 되돌려 주었소."

그러자 안자는 머뭇거리다가 북면 재배하면서 이렇게 축하하였다.

"우리 임금께서는 성왕聖王의 도가 있으십니다!"

경공은 이렇게 물었다.

"과인이 새끼참새를 잡았다가 너무 어려 살려 주었는데, 그것이 성왕의 도에 해당한다니 무슨 뜻이오?"

이에 안자는 이렇게 설명하였다.

"임금께서 참새를 잡았다가 새끼가 어려 되살려 주셨습니다. 이는 어린 것을 길러 주는 도리입니다. 우리 임금께서는 인애仁愛가 금수禽獸에까지 미치고 있는데 하물며 사람에게야 어떠하시겠습니까? 이것이 곧 성왕의 도입니다."

景公探雀鷇, 鷇弱, 反之. 晏子聞之, 不時而入見.

公汗出, 惕然, 晏子曰:「君何爲者也?」

公曰:「吾探雀鷇, 鷇弱, 故反之.」

晏子逡巡, 北面再拜而賀曰:「吾君有聖王之道矣!」

公曰:「寡人探雀鷇, 鷇, 故反之, 其當聖王之道者, 何也?」

晏子對曰:「君探雀鷇, 鷇弱, 反之, 是長幼也. 吾君仁愛, 曾禽獸之加焉, 而況于人乎? 此聖王之道也.」

【雀鷇】어린 참새. 鷇는 어미새가 먹이를 물어다 주어 자라고 있는 어린 새.

【長幼】어린 것을 길러 주는 자상함을 말한다. 長은 동사로 쓰였다.

┌─────────────────┐
│ 참고 및 관련 자료 │
└─────────────────┘

1. 張氏本에 "孟子因齊宣王不忍牛之鷇觫, 以羊易之. 稱其德可保民而王, 用意同此"라 하였다.

2.《說苑》貴德篇

景公探鷇鷇, 鷇弱故反之, 晏子聞之, 不待請而入見, 景公汗出惕然, 晏子曰:「君胡爲者也?」景公曰:「我探爵鷇, 鷇弱故反之.」晏子逡巡北面再拜而賀之:「吾君有聖王之道矣.」景公曰:「寡人入探爵鷇, 鷇弱故反之, 其當聖王之道者何也?」晏子對曰:「君探爵鷇, 鷇弱故反之, 是長幼也; 吾君仁愛, 禽獸之加焉, 而況於人乎? 此聖王之道也.」

3.《藝文類聚》卷92 鳥部(下) 雀

晏子曰: 齊景公探雀鷇, 鷇弱. 故反之. 晏子再拜賀曰:「吾君有聖人之道矣. 道長幼也, 曾禽獸之加焉, 而況人乎?」

4.《群書治要》에 본 장의 내용이 전재되어 있다.

5.《北堂書鈔》85에 본 장의 내용이 전재되어 있다.

6.《太平御覽》922에 본 장의 내용이 전재되어 있다.

120(5-10) 景公睹乞兒于途, 晏子諷公使養

경공이 길에서 구걸하는 아이를 보자, 안자가 공적으로 부양받을 수 있도록 하라고 풍자함

경공이 어린아이가 길에서 구걸하는 모습을 보고 이렇게 말하였다.

"돌아갈 곳이 없는 아이로구나!"

그러자 안자는 이렇게 말하였다.

"임금이 계신데 어찌 돌아갈 곳이 없다는 말씀입니까? 관리를 시켜 이를 보호해 길러 주도록 한다면, 그 즉시 그러한 아이들에게 알려질 텐데요."

景公睹嬰兒有乞于途者, 公曰:「是無歸矣!」

晏子對曰:「君存, 何爲無歸? 使吏養之. 可立而以聞.」

〈靑蛙圖〉

참고 및 관련 자료

1. 《說苑》貴德篇

景公覩嬰兒有乞於途者, 公曰:「是無歸夫?」晏子對曰:「君存何爲無歸? 使養之,
可立而以聞.」

121(5-11) 景公慙刖跪之辱不朝, 晏子稱直請賞之

경공이 다리 잘린 자가 모욕 준 것으로 조회에 나오지 않자, 안자가 정직한 사람이니 상 주자고 청함

경공이 한낮에 머리를 풀어헤친 채 여섯 필의 말을 타고 부인들을 거느리고 정규正閨를 나섰다. 그러자 다리 잘린 자가 그 말을 두드려 행차를 되돌리며 이렇게 말하는 것이었다.

"너는 나의 임금이 아니다."

경공은 이 말을 듣고 부끄럽게 여겨 조회에도 나오지 못하였다. 안자가 예관裔款을 만나자 물었다.

"임금이 어찌하여 조회에 나타나지 않는 거요?"

예관의 대답은 이러하였다.

"지난날 임금께서 대낮에 머리를 풀어헤친 채, 여섯 필의 말을 타고 부인들을 거느리고 정규를 나섰다가, 다리 잘린 형벌을 받는 자가 그 말을 두드리며 '너는 나의 임금이 아니다'라 비난하였다 합니다. 임금께서 부끄럽게 여기며 되돌아와서는 밖에도 나오지 못하고 있습니다. 이 까닭으로 조회를 열지 않는 것이라 합니다."

이 말을 듣고 안자가 들어가자, 경공이 먼저 입을 열었다.

"어제 과인이 죄를 지었소. 피발하고 육마를 타고 정규를 나서자 마침 다리 잘린 자가 꿇어앉아 내 말을 두드리며 '너는 나의 임금이 아니다'라 하면서 되돌립니다. 과인은 선생의 가르침에 힘입어 백성을 인솔하여 종묘를 지키고 있소. 지금 다리 잘린 자에게 비난당하여 사직을 욕되게 하였으니, 내가 이러고도 과연 여러 제후들 앞에 나란히 설 수 있겠소?"

이 말에 안자는 이렇게 안심시켰다.

"임금께서는 걱정하지 마십시오. 제가 듣기로 아랫사람의 직언이 없고, 윗사람이 악을 숨기게 되면 백성들은 어떤 말이라도 내뱉기를 꺼리고, 임금은 이를 모른 채 행동이 교만해진다고 하였습니다. 옛날 명석한 임금이 윗자리에 있을 때는 아랫사람의 직언이 많았고, 임금이 윗자리에서 선을 좋아하면 백성은 꺼리는 일이 없었습니다. 지금 임금께서 그릇된 행동이 나타나자, 다리 잘린 비천한 죄인조차 곧바로 직언을 해서 이를 못하게 말려 주고 있으니, 이것이야말로 임금의 복입니다. 그 때문에 제가 와서 축하해 드리는 것입니다. 청컨대 그에게 상을 내려 임금께서 선을 좋아한다는 것을 천하에 알리십시오. 그리고 그를 예로써 우대하여 임금이 그 어떤 간언도 들어 준다는 사실을 밝혀 보여 주는 것입니다."

그제야 경공은 웃음띠며 되물었다.

"그래도 되겠습니까?"

안자는 이렇게 대답하였다.

"됩니다."

이에 그 다리 잘린 형벌을 받은 자에게 생활비를 두 배로 주고 부세를 면제해 주었다. 그러자 일시에 조정이 아무 일도 없이 평온해졌다.

景公正晝, 被髮, 乘六馬, 御婦人以出正閨.

刖跪擊其馬而反之, 曰:「爾非吾君也.」

公慙而不朝.

晏子睹裔款而問曰:「君何故不朝?」

對曰:「昔者, 君正晝, 被髮, 乘六馬, 御婦人以出正閨. 刖跪擊其馬而反之, 曰:『爾非吾君也.』公慙而反, 不果出, 是以不朝.」

晏子入見. 景公曰:「昔者, 寡人有罪, 被髮, 乘六馬, 以出正閨, 刖跪擊馬而反之, 曰:『爾非吾君也.』寡人以子大夫之賜, 得率百姓以守宗廟, 今見戮于刖跪, 以辱社稷, 吾猶可以齊于諸侯乎?」

晏子對曰:「君勿惡焉, 臣聞下無直辭, 上有隱惡; 民多諱言, 君有驕行. 古者, 明君在上, 下多直辭; 君上好善, 民無諱言. 今君有失行, 刖跪直辭禁之, 是君之福也. 故臣來慶. 請賞之, 以明君之好善; 禮之, 以明君之受諫.」

公笑曰:「可乎?」

晏子曰:「可.」

于是令刖跪倍資無征, 時朝無事也.

【刖跪】 다리 잘린 형벌을 받은 자. 張氏本에 "刖足者, 使守門是也"라 하여 문지기로 여겼다.
【裔款】 인명. 景公의 臣下.

> 참고 및 관련 자료

1. 《說苑》 正諫篇

景公正晝被髮乘六馬, 御婦人出正閨, 刖跪擊其馬而反之, 曰:「爾非吾君也.」公慙而不朝, 晏子睹裔敖而問之曰:「君何故不朝?」對曰:「昔者君正晝被髮乘六馬, 御婦人出正閨, 刖跪擊其馬而反之曰:『爾非吾君也.』公慙而反, 不果出, 是以不朝.」晏子入見, 公曰:「昔者寡人有罪, 被髮乘六馬以出正閨, 刖跪擊其馬而反之, 曰『爾非吾君也.』寡人以天子大夫之賜, 得率百姓以守宗廟, 今見戮於刖跪以辱社稷, 吾猶可以齊於諸侯乎?」晏子對曰:「君無惡焉. 臣聞之, 下無直辭, 上無隱君; 民多諱言, 君有驕行. 古者明君在上, 下有直辭; 君上好善, 民無諱言. 今君有失行, 而刖跪有直辭, 是君之福也, 故臣來慶, 請賞之, 以明君之好善; 禮之, 以明君之受諫!」公笑曰: 「可乎?」晏子曰:「可.」於是令刖跪倍資無正, 時朝無事.

2. 《**太平御覽**》1에 본 장의 내용이 전재되어 있다.

3. 《**群書治要**》에 본 장이 전재되어 있다.

122(5-12) 景公夜從晏子飮, 晏子稱不敢與

경공이 안자를 좇아
밤에 술을 마시려 하였으나,
안자가 감히 함께 할 수 없다고 말함

경공이 술을 마시다가 밤이 되자, 안자의 집으로 술자리를 옮겨 즐거움을 계속하려 하였다. 앞에 선 심부름꾼이 안자의 문 앞에 이르러 이렇게 알렸다.

"임금이 오십니다!"

안자는 현단玄端을 걸치고 문 앞에 서서 물었다.

"제후들에게 무슨 일이 있는 것은 아니겠지요? 국가에 무슨 일이 있는 것은 아니겠지요? 임금께서는 어찌 때도 아닌 밤중에 이렇게 욕된 일을 하십니까?"

경공이 대답하였다.

"좋은 술맛과 훌륭한 음악이 있어 원컨대 그대와 함께 즐기고 싶어서 왔소."

안자는 거절하였다.

"자리를 깔고 술그릇을 마련하는 일은 따로 임무를 맡은 사람이 있습니다. 저는 감히 그런 일에 관여할 수 없습니다."

임금은 할 수 없이 발길을 돌렸다.

"사마양저司馬穰苴의 집으로 옮기자."

앞에 선 심부름꾼이 알렸다.

"임금님이 오십니다!"

양저는 갑옷과 투구를 갖추고 창을 잡고 문 앞에 서서 물었다.

"제후들에게 무슨 군사행동이 일어난 것은 아니겠지요? 대신들 중에 누가 반란이라도 일으킨 것도 아니겠지요? 임금께서는 어찌 때도 아닌 이 밤중에 욕된 일을 하십니까?"

임금은 똑같이 말하였다.

"좋은 술맛과 멋진 음악을 그대와 함께 즐기고 싶어서 왔소."

사마양저도 이렇게 거절하는 것이었다.

"술자리를 맡아 드리는 일과 술그릇을 마련해 드리는 일은 따로 사람이 있습니다. 저는 감히 그런 일에 참여할 수가 없습니다."

경공은 다시 양구거梁丘據를 찾았다.

"양구거의 집으로 가자."

앞선 자가 역시 문 앞에 이르러 이렇게 알렸다.

"임금이 오십니다!"

양구거는 왼손에는 거문고를 오른손에는 우竽를 들고 노래를 부르며 나오는 것이었다. 임금은 신이 났다.

"신나도다! 오늘 저녁의 술자리여. 두 사람이 없었다면 어찌 이 나라를 다스릴 수 있겠으며 이 한 사람이 없었다면 누구와 내 자신을 즐길 수 있겠는가?"

군자가 이를 듣고 이렇게 평하였다.

"성스럽고 어진 임금에게는 모두가 유익한 친구만 있지 놀기를 좋아하는 신하는 없었다. 경공은 그에 미치지 못한다. 그 때문에 두 사람을 등용하므로 해서 겨우 망하지는 않을 수 있었던 것이다."

景公飮酒, 夜移于晏子之家, 前驅款門曰:「君至!」

晏子被玄端, 立于門, 曰:「諸侯得微有故乎? 國家得微有事乎? 君何爲非時而夜辱?」

公曰:「酒醴之味, 金石之聲, 願與夫子樂之.」

晏子對曰:「夫布薦席, 陳簠簋者, 有人, 臣不敢與焉.」

公曰:「移于司馬穰苴之家.」

前驅款門曰:「君至!」

穰苴介冑操戟, 立于門曰:「諸侯得微有兵乎? 大臣得微有叛者乎? 君何爲非時而夜辱?」

公曰:「酒醴之味, 金石之聲, 願與夫子樂之.」

穰苴對曰:「夫布薦席, 陳簠簋者, 有人, 臣不敢與焉.」

公曰:「移于梁丘據之家.」

前驅款門曰:「君至!」

梁丘據左操瑟, 右挈竽, 行歌而出.

公曰:「樂哉! 今夕吾飲也. 微彼二子者, 何以治吾國? 微此一臣者, 何以樂吾身?」

君子曰:「聖賢之君, 皆有益友, 無偸樂之臣. 景公弗能及, 故兩用之, 僅得不亡.」

【玄端】 元端으로도 쓰며 검은색의 예복.

【司馬穰苴】 司馬는 官名. 兵事를 담당하였다. 穰苴는 이름. 張氏本의 注에 "孫云: 史記列傳, 司馬穰苴者, 田完之苗裔也, 齊景公時, 晏嬰乃薦田穰苴"라 하였다. 병법서 《司馬法》을 쓴 사마양저와는 다른 인물로 보임.

【梁丘據】 齊나라 景公의 신하.

【竽】 고대의 簧管樂器. 《周禮》春官 笙師의 注에 "竽, 三十六簧"이라 하였다.

참고 및 관련 자료

1. 《說苑》 正諫篇

景公飮酒, 移於晏子家, 前驅報閭曰:「君至」. 晏子被玄端立於門曰:「諸侯得微有故乎?

國家得微有故乎? 君何爲非時而夜辱?」公曰:「酒醴之味, 金石之聲, 願與夫子樂之.」
晏子對曰:「夫布薦席, 陳簠簋者有人, 臣不敢與焉.」公曰:「移於司馬穰苴之家.」
前驅報聞曰:「君至」. 司馬穰苴介胄操戟立於門曰:「諸侯得微有兵乎? 大臣得微有
叛者乎? 君何爲非時而夜尋?」公曰:「酒醴之味, 金石之聲, 願與夫子樂之.」對曰:
「夫布薦席, 陳簠簋者有人, 臣不敢與焉.」公曰:「移於梁丘據之家.」前驅報聞曰:
「君至」. 梁丘據左操瑟, 右挈竽; 行歌而至, 公曰:「樂哉! 今夕吾飲酒也, 微彼二子者
何以治吾國! 微此一臣者何以樂吾身!」賢聖之君皆有益友, 無偸樂之臣. 景公弗能及,
故兩用之, 僅得不亡.

2.《太平御覽》109・353・455・468에 관련 기록이 전재되어 있다.

3.《北堂書鈔》110・124에 본 장의 내용이 전재되어 있다.

4.《群書治要》에 본 장의 내용이 전재되어 있다.

123(5-13) 景公使進食與裘, 晏子對以社稷臣

경공이 음식과 갖옷을 갖다 달라고 하자,
안자가 사직의 신하이므로
그런 일은 할 수 없다고 말함

안자가 경공을 모시고 있을 때 아침이라 추웠다. 경공이 안자에게 이런 요구를 하였다.

"청컨대 따뜻한 음식 좀 갖다 주시오."

안자가 거절하였다.

"저는 임금께 식사를 갖다 바치는 신하가 아닙니다. 감히 거절합니다!"

경공이 다시 이렇게 부탁하였다.

"그럼 갖옷 좀 갖다 주구려."

안자는 역시 거절하였다.

"저는 임금께 자리나 깔아 드리는 그런 신하가 아닙니다. 감히 거절합니다!"

참다 못한 경공이 물었다.

"그럼 선생은 과인에게 있어서 무엇 하는 자요?"

안자는 이렇게 대답하였다.

"저는 사직지신社稷之臣입니다."

경공이 되물었다.

"무엇을 사직지신이라 하는 거요?"

그제야 안자는 이렇게 설명하였다.

"무릇 사직지신이란, 능히 사직을 일으켜 세워 상하의 직위를 구별하고, 그 이치에 맞게 부려서 백관의 질서를 제정합니다. 또 그 마땅한 것에 맞게 시켜 사령辭令을 만들어 사방 나라에 퍼지도록 하는 자입니다."

이로부터 임금은 예가 아닌 경우로 안자를 불러 시키는 일은 하지 않게 되었다.

晏子侍于景公, 朝寒, 公曰:「請進暖食.」

晏子對曰:「嬰非君奉饋之臣也. 敢辭!」

公曰:「請進服裘.」

對曰:「嬰非君茵蓆之臣也. 敢辭!」

公曰:「然夫子之于寡人, 何爲者也?」

對曰:「嬰, 社稷之臣也.」

公曰:「何謂社稷之臣?」

對曰:「夫社稷之臣, 能立社稷, 別上下之義, 使當其理; 制百官之序, 使得其宜; 作爲辭令, 可分布于四方.」

自是之後, 君不以禮, 不見晏子.

【社稷之臣】국가의 정책을 결정하는 큰 임무를 띤 신하.
【辭令】외교 명령과 국내의 각종 법령.

> **참고 및 관련 자료**

1.《說苑》臣術篇

晏子侍於景公, 朝寒請進熱食, 對曰:「嬰非君之廚養臣也, 敢辭.」公曰:「請進服裘.」

對曰:「嬰非田澤之臣也, 敢辭.」公曰:「然, 夫子於寡人奚爲者也?」 對曰:「社稷之臣也.」公曰:「何謂社稷之臣?」對曰:「社稷之臣, 能立社稷, 辨上下之宜, 使得其理; 制百官之序, 使得其宜; 作爲辭令, 可分布於四方.」自是之後, 君不以禮不見晏子也.

2. 《群書治要》에 본 장의 내용이 전재되어 있다.

3. 《北堂書鈔》37·143에 본 장의 내용이 전재되어 있다.

124(5-14) 晏子飲景公, 止家老斂, 欲與民共樂

안자가 경공과 술을 마실 때에
가로의 부렴을 중지시켜
백성과 함께 즐거움을 누릴 것을 말함

안자가 경공을 위해 술자리를 마련하면서 그 그릇들을 반드시 새 것을 쓰도록 명하였다. 그러자 안자의 가신家臣이 이렇게 제의하였다.

"재물이 부족합니다. 청컨대 백성들에게 세금을 더 거두셨으면 합니다."

안자는 이렇게 말하였다.

"안 된다! 무릇 즐거움이란 상하가 함께 누려야 하는 것이다. 그 때문에 천자는 천하와 같이 즐거움을 누리고, 제후는 자기 봉지封地 내의 모든 사람과 즐거움을 같게 해야 하며, 대부 이하 사람들은 각각 그 동료와 같이 즐거움을 누려야 한다. 홀로 즐거움을 누려서는 안 되는 법이다. 지금 임금께서는 자신의 즐거움만 누리고 아랫사람은 그 비용을 대느라 상처를 입는다면, 이는 바로 홀로 즐거움을 누리는 일이 되고 만다. 그러므로 안 된다!"

晏子飮景公酒, 令器必新, 家老曰:「財不足, 請斂于珉.」

晏子曰:「止! 夫樂者, 上下同之. 故天子與天下, 諸侯與境內, 大夫以下, 各與其僚, 無有獨樂. 今上樂其樂, 下傷其費, 是獨樂者也. 不可!」

【家臣】卿大夫의 家臣. 여기서는 晏子의 家臣.

참고 및 관련 자료

1.《說苑》貴德篇

晏子飮景公酒, 令器必新, 家老曰:「財不足, 請斂於民.」晏子曰:「止. 夫樂者, 上下同之, 故天子與天下, 諸侯與境內, 自大夫以下各與其僚, 無有獨樂; 今上樂其樂, 下傷其費, 是獨樂者也. 不可!」

2. 張氏本에는 주제를 "此墨家非樂之悟"라 하였다.

125(5-15) 晏子飮景公酒, 公呼具火, 晏子稱詩以辭
　　　　안자가 경공과 술을 마실 때
　　　　경공이 불을 밝히라고 소리치자,
　　　　안자가 시로써 사양함

안자가 경공을 위해 술자리를 베풀었다. 저녁이 되어 어두워지자,
경공이 불을 밝히라고 소리쳤다. 안자는 이에 거절하였다.
"《시詩》에 이렇게 노래하였다.

'술에 취해 모자가 비뚤어졌네'　　　　　　　側弁之俄

이는 덕을 잃은 상태요,

'춤추는 모습 비틀비틀'　　　　　　　　屢舞傞傞

이는 용모까지 흐트러졌음을 말합니다.

'취하기는 술로 하였으나　　　　　　　既醉以酒
　배부르기는 덕으로 하였네.*　　　　　既飽以德
　취하였으면 그 자리 물러나는 것　　　既醉而出
　이야말로 복을 받을 사람이라네'　　　並受其福

이것이야말로 손님과 주인 사이의 예입니다.

| '취하였으면서 그 자리 물러나지 않으면 | 醉而不出 |
| 이것이 곧 그 덕을 손상시키는 것' | 是謂伐德 |

이는 손님과 신하 사이에 허물을 짓는 행동입니다. 저는 술자리를 낮에 맞추어 마련한 것이지, 밤까지 이어지도록 맞춘 것은 아닙니다."
이에 경공은 이렇게 수긍하였다.
"좋소!"
그리고는 술을 들어 제사를 올려 재배하고는 나서면서 이렇게 말하였다.
"안자가 나를 위해 질책까지 해 주다니 나는 이 나라를 안자에게 맡겼다. 그 집이 그처럼 가난한데도 나를 위해 그토록 잘 해 주면서 나로 하여금 음사와 사치에 물들지 않도록 해 주었는데, 하물며 나와 함께 이 나라를 이끌어 나감에 있어서야 어떠하겠는가?"

晏子飮景公酒, 日暮, 公呼具火.
晏子辭曰:「詩云:『側弁之俄』, 言失德也. 『屢舞僛僛』, 言失容也. 『(旣醉以酒, 旣飽以德.) 旣醉而出, 並受其福』, 賓主之禮也. 『醉而不出, 是謂伐德』, 賓主之罪也. 嬰已卜其日, 未卜其夜.」
公曰:「善!」
擧酒祭之, 再拜而出, 曰:「豈過我哉? 吾託國于晏子也. 以其家貧善寡人, 不欲其淫侈也, 而況與寡人謀國乎?」

【詩】《詩經》小雅 賓之初筵의 구절.

* ( )안은 《四部刊本》에 의해 補入한 것이다. 그러나 王念孫은 "案此二句, 後人所加. 晏子引'賓之初筵'以戒景公, 前後所引, 皆不出本詩之外, 忽闌人'旣醉' 之詩, 則大爲不倫, 其謬一也; '旣醉'之詩, 是設祭宗廟旅酬無算罰之事, 非賓主 之禮, 今加此二句, 則與下文'賓主之禮也'五字不合, 其謬二也.《說苑·反質篇》 有此二句, 亦後人托屬本《晏子》加之, 斷不可信"이라 하였다.

참고 및 관련 자료

1.《說苑》反質篇

晏子飲景公酒, 日暮, 公呼具火, 晏子辭曰:「詩曰:『側弁之俄』言失德也;『屢舞傞傞』 言失容也.『旣醉以酒, 旣飽以德.』『旣醉而出, 並受其福.』賓主之禮也.『醉而不出, 是謂伐德.』賓主之罪也. 嬰已卜其日, 未卜其夜」公曰:「善.」擧酒而祭之, 再拜而出, 曰:「豈過我哉? 吾託國於晏子也. 以其家貧善寡人, 不欲其淫侈也, 而況與寡人 謀國乎?」

126(5-16) 晉欲攻齊, 使人往觀, 晏子以禮侍而折其謀

진나라가 제를 공격하고자
사람을 시켜 살피게 하자,
안자가 예로써 모셔
그들의 계획을 좌절시킴

진晉나라 평공平公이 제齊나라를 치려고, 범소范昭를 시켜 정보를 살펴보고 오도록 하였다. 제나라 경공은 이러한 범소를 맞이하여 술자리를 베풀었다. 술이 어느 정도 취하자, 범소는 일어서서 이런 요구를 하였다.

"청컨대 저를 위해 제 술잔을 버리고 임금의 술잔으로 받고 싶소."

그러자 경공은 이렇게 허락하였다.

"나의 술잔에 술을 따라 저 손님께 드리시오."

범소가 그 술을 다 마시자 안자가 소리쳤다.

"그 술잔을 치우고 다른 술잔을 가져오시오."

술잔이 갖추어지자 범소는 거짓으로 취한 체하며, 불쾌한 표정으로 일어서 춤을 추면서 태사太師에게 이런 요구를 하였다.

"나를 위해 성주成周의 음악을 연주해 줄 수 있소? 내 그대를 위해 춤을 추겠습니다."

이번에는 태사가 거부하였다.

"어리석은 저는 그 음악을 익히지 못하였소이다."

범소가 급히 나가 버리자 경공이 안자에게 물었다.

"진나라는 대국입니다. 사람을 보내어 우리의 정치를 보고자 하는데 지금 그대가 대국의 사신을 노하게 하였으니 장차 어쩔 셈이오?"

안자가 대답하였다.

"무릇 범소의 사람됨을 보니 비루하거나 예를 모르는 그런 인물이 아닙니다. 이는 장차 우리나라 임금과 신하를 시험해 보고자 하는 의도입니다. 그래서 거절해 버린 것입니다."

경공은 다시 태사에게 물었다.

"그대는 어찌하여 그를 위해 성주의 음악을 연주해 주지 않았소?"

태사도 역시 이렇게 대답하였다.

"무릇 성주의 음악이란 천자만이 누릴 수 있는 것입니다. 이를 연주하면 임금이어야 반드시 그에 맞추어 춤을 추는 것입니다. 지금 범소는 남의 신하로서 천자의 음악에 맞추어 춤을 추겠다니 저는 그 때문에 거절한 것입니다."

범소는 돌아가 평공에게 이렇게 보고하였다.

"제나라는 칠 수 없습니다. 제가 그 임금을 시험해 보고자 하였더니 안자가 알아차렸고, 그 음악을 범하고자 하였더니 태사가 알아차리더이다."

이에 제나라 칠 계획을 철회해 버렸다.

중니仲尼가 이를 듣고 이렇게 말하였다.

"훌륭하도다! 밥상 앞을 벗어나지 않으면서도 천리 밖의 적을 꺾어 버린다더니 안자를 두고 한 말이다. 태사 역시 그에 포함된다고 말할 수 있다."

晉平公欲伐齊, 使范昭往觀焉. 景公觴之.

飮酒, 酣, 范昭起曰:「請君之棄罇.」

公曰:「酌寡人之罇, 進之于客.」

范昭已飮, 晏子曰:「徹罇! 更之.」

罇觶具矣, 范昭佯醉, 不說而起舞, 謂太師曰:「能爲我調成周
之樂乎? 吾爲子舞之.」

太師曰:「冥臣不習.」

范昭趨而出.

景公謂晏子曰:「晉, 大國也. 使人來將觀吾政, 今子怒大國之
使者, 將奈何?」

晏子曰:「夫范昭之爲人也, 非陋而不知禮也, 且欲試吾君臣,
故絶之也.」

景公謂太師曰:「子何以不爲客調成周之樂乎?」

太師對曰:「夫成周之樂, 天子之樂也. 調之, 必人主舞之. 今范
昭人臣, 欲舞天子之樂, 臣故不爲也.」

范昭歸, 以報平公曰:「齊未可伐也. 臣欲試其君, 而晏子識之;
臣欲犯其樂, 而太師知之.」

于是輟伐齊謀.

仲尼聞之曰:「善哉! 不出尊俎之間, 而折衝于千里之外, 晏子
之謂也. 而太師其與焉.」

【晉 平公】春秋時代 晉나라 君王. 재위26년(B.C.557~532).
【范昭】晉나라 平公의 신하.
【太師】음악을 관장하는 직책의 長. 고대 악관은 대체로 장님이었다.
【成周】원래 周나라가 洛陽을 중심으로 建都하였을 때의 이름. 즉 天子國.
【仲尼】孔子, 孔丘.
【折衝】공격해 오는 적을 꺾어 버림을 뜻한다.

1. 《韓詩外傳》 卷8

晉平公使范昭觀齊國之政, 景公錫之宴. 晏子在前, 范昭趨曰:「願君之倅樽以爲壽.」
景公顧左右曰:「酌寡人樽, 獻之客.」晏子對曰:「徹去樽.」范昭不悅, 起舞, 顧太師曰:
「子爲我奏成周之樂, 願舞.」太師對曰:「盲臣不習.」范昭起, 出門. 景公謂晏子曰:
「夫晉, 天下之大國也. 使范昭來觀齊國之政, 今子怒大國之使者, 將奈何?」晏子曰:
「范昭之爲人也, 非陋而不知禮也. 是欲試吾君, 嬰故不從.」於是景公召太師而問之,
曰:「范昭使子奏成周之樂, 何故不調?」對如晏子. 於是范昭歸, 報平公曰:「齊未可
幷也. 吾試其君, 晏子知之; 吾犯其樂, 太師知之.」孔子聞之, 曰:「善乎! 晏子不出俎
豆之間, 折衝千里.」詩曰:『實右序有周, 薄言震之. 莫不震疊.』

2. 《新序》 雜事篇

晉平公欲伐齊, 使范昭往觀焉. 景公賜之酒, 酣, 范昭曰:「願請君之樽酌.」公曰:
「酌寡人之樽, 進之於客.」范昭已飮, 晏子曰:「徹樽, 更之! 樽觶具矣.」范昭佯醉,
不悅而起舞, 謂太師曰:「能爲我調成周之樂乎? 吾爲子舞之.」太師曰:「冥臣不習.」
范昭趨而出. 景公謂晏子曰:「晉, 大國也. 使人來, 將觀吾政. 今子怒大國之使者,
將奈何?」晏子曰:「夫范昭之爲人, 非陋而不識禮也, 且欲試吾君臣, 故絶之也.」
景公召太師曰:「子何以不爲客調成周之樂乎?」太師對曰:「夫成周之樂, 天子之
樂也. 若調之, 必人主舞之. 今范昭, 人臣也. 而欲舞天子之樂, 臣故不爲也.」范昭歸,
以告平公曰:「齊未可伐也. 臣欲試其君, 而晏子識之; 臣欲犯其禮, 而太師知之.」
仲尼聞之曰:「夫不出於樽俎之間, 而知千里之外.」其晏子之謂也. 可謂折衝矣, 而太
師其與焉.

3. 《後唐書》 卷60(上) 馬融傳 注

晏子春秋曰: 晉平公欲攻齊, 使范昭觀焉. 景公觴之. 范昭曰:「願請君之弃酌.」景公曰:
「諾.」范昭已飮, 晏子命徹尊更之. 范昭歸, 以報晉平公曰:「齊未可伐也, 吾 憖其君而
晏子知之.」仲尼聞之曰:「范昭已飮, 晏子命徹尊俎之間, 而折衝千里之外.」

4. 《文選》 卷29 張協 雜詩 注

晏子春秋曰: 晉平公使范昭觀齊國攻. 景公觴之. 范昭起曰:「願得君之樽爲壽」
公令左右. 酌樽以獻. 晏子命徹去之, 范昭不悅, 而起儛顧太師曰:「爲我奏成周之樂?」
太師曰:「盲臣不習也.」范昭歸謂乎公曰:「齊未可幷. 吾欲試其君, 晏子知之. 吾欲

犯其樂, 太師知之.」於是輟伐齊謀. 孔子聞之曰:「善哉! 不出樽俎之間, 而折衝千里之外, 晏子之謂也.」

5. 《文選》 卷55 陸士衡 演連珠 注

晏子春秋曰: 晉平公使范昭觀齊國攻, 景公觴之范昭起曰:「願得君之樽爲壽.」公命左右. 酌樽以獻. 晏子命, 徹去之. 范昭不悅. 而起舞. 顧太師曰:「爲我秦成周之樂?」太師曰:「盲臣不習也.」范昭歸謂平公曰:「齊未可幷. 吾欲試其君, 晏子知之. 吾欲犯其樂, 太師知之.」於是輟伐齊謀. 孔子聞曰:「善不出樽俎之間, 而折衝千里之外, 晏子之謂也.」

6. 《孔子集語》 論人篇

晉平公使范昭觀齊國之政, 景公錫之宴, 晏子在前, 范昭趨曰:「願君之倅樽以爲壽.」景公顧左右曰:「酌寡人樽, 獻之客.」范昭飲, 晏子對曰:「徹去樽.」范昭不悅, 起舞, 顧太師:「子爲我奏成周之樂, 願舞.」太師對曰:「盲臣不習.」范昭起, 出門. 景公謂晏子曰:「夫晉, 天下之大國也, 使范昭來觀齊國之政, 今子怒大國之使者, 將奈何?」晏子曰:「范昭之爲人也, 非陋而不知禮也, 是欲試吾君, 嬰故不從.」於是景公召太師而問之曰:「范昭使子奏成周之樂, 何故不調?」對如晏子. 於是范昭歸, 報平公曰:「齊未可幷也. 吾試其君, 晏子知之; 吾犯其樂, 太師知之.」孔子聞之, 曰:「善乎! 晏子不出俎豆之間, 折衝千里.」

7. 기타 참고자료

《文選》〈甘泉賦〉注,〈七命〉注,〈吳都賦〉注,《後漢書》〈馬融傳〉注.

127(5-17) 景公問東門無澤年穀而對以冰, 晏子請罷伐魯

경공이 동문무택에게
금년 농사를 묻자, 얼음으로 답함.
안자가 이를 알고
노나라 정벌을 그만둘 것을 청함

경공이 노魯나라를 치면서 허許 땅에 이르러 동문무택東門無澤이라는
사람을 만나자 이렇게 물었다.

"노나라의 금년 농사가 어떻소?"

그러자 그는 이렇게 말하였다.

"음지는 꽁꽁 얼어붙고, 양지도 얼음이 5촌寸이나 됩니다."

경공은 무슨 뜻인지 몰라 안자에게 물었다. 그러자 안자는 이렇게
해석하였다.

"군자입니다. 농사의 수확을 물었는데, 얼음으로 대답하는 것을 보면
예가 있는 인물입니다. 음지는 얼어붙고 양지의 얼음도 두께가 오촌
이나 된다는 것은, 추위와 더위가 알맞다는 뜻이고, 이처럼 알맞다면
그 정치와 형벌도 공평하다는 뜻입니다. 정치가 평온하면 상하가
화목한 법이요, 상하가 화목하면 풍년이 들었다는 뜻입니다. 풍년이
들고 민중이 모두 화목한데, 그런 상대를 치는 것은 제가 생각건대
공연히 우리 백성과 병사만 곯게 할 뿐 임금의 뜻은 성취하지 못할
것이라 여깁니다. 청컨대 노나라를 예로써 우대하여 우리에 대한 원망
을 잠재우도록 하시고, 그들의 포로들을 되돌려 주어 우리의 덕을
밝히십시오."

경공은 이 말에 이렇게 수긍하였다.

"좋소!"

그리고는 노나라 침벌을 철회하였다.

景公伐魯傳許, 得東門無澤, 公問焉, 曰:「魯之年穀, 何如?」

對曰:「陰冰凝, 陽冰厚五寸.」

公不知, 以告晏子.

晏子對曰:「君子也. 問年穀而對以冰, 禮也. 陰冰凝, 陽冰厚五寸者, 寒溫節, 節則刑政平, 平則上下和, 和則年穀熟. 年充衆和而伐之, 臣恐罷民弊兵, 不成君之意. 請禮魯以息吾怨, 遣其執以明吾德.」

公曰:「善!」

迺不伐魯.

【傳許】 두 글자는 《北堂書鈔》 156·《太平御覽》 35·68에는 모두 빠져 있다. 許는 지명이며 傳는 '근처까지 이르다'의 뜻으로 보았다.

【東門無澤】 魯나라 사람. 東門은 姓 無澤은 이름.

【年穀】 그 해 凶豐年의 여부를 말한다.

참고 및 관련 자료

1. 《文選》 卷13 海賊 注.

晏子春秋曰:「陰冰凝陽, 冰厚五寸.」

2. 《北堂書鈔》 156에 본 장의 내용이 전재되어 있다.

3. 《太平御覽》 35·68에 본 장의 내용이 전재되어 있다.

128(5-18) 景公使晏子予魯地, 而魯使不盡受

경공이 안자로 하여금
노나라에게 땅을 주도록 하자,
노나라 사신이 이를 다 받지 않음

경공이 노魯나라 임금에게 땅을 주었다.

산음山陰의 수백 사社였는데 이 일을 안자가 맡아 하도록 하였다. 노나라 사신인 자숙소백子叔昭伯이 이 땅을 받으러 왔으나, 다 받으려 하지는 않는 것이었다. 안자가 이렇게 물었다.

"우리 임금께서 땅을 헌납하시는 뜻은 충렴忠廉을 가상히 여긴 때문입니다. 어찌하여 다 받지 않습니까?"

그러자 자숙소백은 이렇게 설명하였다.

"저는 우리 임금에게 이런 명령을 받았습니다. 즉 '제후끼리 서로 만날 때는 서로 양보하며, 스스로 낮은 곳에 처하여 상대를 존경해야 한다. 이것이 곧 예의 절문節文이다. 또 서로 선물을 주고받을 때는, 자신은 적게 갖고 상대에게는 많이 주어야 한다. 이것이 곧 일의 실實이다. 일이 있기 전에 예의 문채를 잘 이루고, 뒤에 그 문채를 성취시켜 행동으로 옮겨야 하는 것이다. 이렇게 해야 우정이 장구해지는 것이다'라고요. 또 제가 듣기로, 군자는 남이 나를 위해 베푸는 즐거움을 끝까지 다 누리지 않으며, 남의 충성을 끝까지 다 받지 않는다 라 하였습니다. 그런 까닭으로 다 받지 않는 것입니다."

경공은 즐거워하며 웃었다.

"노나라 임금이 이와 같은가?"

그러자 안자는 이렇게 설명하였다.

"제가 듣건대 대국은 명예를 탐내고, 소국은 실리를 탐낸다 하더이다. 이것이 곧 제후들이면 누구나 가지고 있는 병폐입니다. 지금 노나라는 낮게 처하면서 높은 것을 탐내지 않으며, 실리를 사양하며 많은 양을 탐내지 않습니다. 행동도 청렴하면서 구차스럽게 얻으려 하지도 않고, 의로써 이끌되 구차스러운 투합도 구하지 않습니다. 남이 베푸는 즐거움을 끝까지 누리려 하지도 않으며, 남의 충성을 끝까지 다 받으려 하지도 않습니다. 이렇게 하여 외교를 온전히 하고 있으니, 그 임금의 도의는 세속과 다릅니다. 그래서 우리로부터 받을 환난을 면하고 있는 것입니다."

경공은 이렇게 말하였다.

"과인은 노나라 임금을 좋아하오. 그래서 그에게 땅을 주는 것인데, 지금 그의 행동이 이와 같으니 나는 대신 사신을 보내어 그를 축하라도 해 주어야겠소."

안자가 말렸다.

"안 됩니다. 임금께서 즐거운 마음으로 그에게 땅을 주려 해 놓고 그 쪽이 사양한다고 이를 축하하게 되면 이는 외교가 친숙하지 못한 것이 되며, 그 땅의 사건도 덕으로 인정되지 않습니다."

경공이 수긍하였다.

"좋소!"

이에 노나라에게 많은 선물을 주되 다른 제후에게 비교되지 않을 정도로 하였고, 후한 예로써 하되 빈객에 비교되지 않을 정도로 하였다. 군자들은 노나라의 이러한 외교에 대하여 염의廉義를 밝힌 후 땅을 사양함으로써 그 명예를 더욱 높였다고 평하였다.

景公予魯君地, 山陰數百社, 使晏子致之. 魯使子叔昭伯受地, 不盡受也.

晏子曰:「寡君獻地, 忠廉也, 曷爲不盡受?」

子叔昭伯曰:「臣受命于君曰:『諸侯相見, 交讓, 爭處其卑, 禮之文也; 交委, 多爭受少, 行之實也. 禮成文于前, 行成章于後, 交之所以長久也.』且吾聞君子不盡人之歡, 不竭人之忠, 吾是以不盡受也.」

晏子歸, 報公, 公喜, 笑曰:「魯君猶若是乎?」

晏子曰:「臣聞大國貪于名, 小國貪于實, 此諸侯之公患也. 今魯處卑而不貪乎尊, 辭實而不貪乎多, 行廉不爲苟得, 道義不爲苟合, 不盡人之歡, 不竭人之忠, 以全其交, 君之道義, 殊于世俗, 國免于公患.」

公曰:「寡人說魯君, 故予之地, 今行果若此, 吾將使人賀之.」

晏子曰:「不! 君以驪予之地, 而賀其辭, 則交不親, 而地不爲德矣.」

公曰:「善!」

于是重魯之幣, 毋比諸侯, 厚其禮, 毋比賓客. 君子于魯, 而後明行廉辭地之可爲重名也.

【山陰】 泰山의 북쪽으로 봄.

【社】 가구 수를 계산하는 단위. 25家를 1社로 하였다. 《史記》 集解에 "賈逵曰: 二十五家爲一社"라 하였다.

【子叔小伯】 魯나라의 臣下. 張氏本의 注에 "孫云: 左傳昭十六年, 有子服昭伯, 杜預注, 惠伯之子, 子服回也, 疑卽此人"이라 하였다.

【不盡人之歡】 《大戴禮記》 曾子立事에 "君子不絶人之歡, 不盡人之禮"라 하였다.

1. 張氏本에 "廉之見重于世如此"라 하였다.

129(5-19) 景公游紀, 得金壺中書, 晏子因以諷之

경공이 기 땅 순유에서
금항아리 속의 글을 얻자,
안자가 이를 인하여 풍자로 일깨움

경공이 기紀 땅을 순유하다가 금항아리를 발견하였는데, 그 속을 뒤져 보니 단서丹書가 있는 것이었다. 그런데 그 내용은 이러하였다.

"생선은 뒤집어 먹지 말고 말은 노마駑馬를 타지 말라."

경공은 이렇게 해석하였다.

"훌륭하도다! 이 말이여. 생선을 뒤집어 먹지 말라는 것은 그 비린내를 싫어하기 때문이요, 노마를 타지 말라는 것은 멀리가지 못함을 걱정해서 그랬을 것이다."

이 말을 듣고 안자가 나섰다.

"그렇지 않습니다. 생선을 뒤집어서까지 먹지 말라는 것은 백성의 힘을 다할 때까지 부리지 말라는 뜻이요, 노마를 타지 말라는 것은 불초한 자를 측근으로 등용시키지 말라는 뜻입니다."

그러자 경공은 의심을 나타내었다.

"기紀나라에 이런 경구警句가 있는데 어찌하여 망하였소?"

안자는 다시 이렇게 설명하였다.

"망한 이유가 있지요. 제가 듣기로 군자가 경계삼을 명언이 있으면, 이를 문설주에 걸어 놓고 늘 보는 법입니다. 기나라는 이런 좋은 말을 항아리 속에 넣어 두었으니, 망하지 않고 무엇을 기대하겠습니까?"

景公游于紀, 得金壺, 發而視之, 中有丹書, 曰: 『無食反魚,
勿乘駑馬.』

公曰: 「善哉! 如若言, 食魚無反, 則惡其鰠也; 勿乘駑馬, 惡其
不遠取道也.」

晏子對曰: 「不然. 食魚無反, 毋盡民力乎! 勿乘駑馬, 則無置
不肖于側乎!」

公曰: 「紀有書, 何以亡也?」

晏子對曰: 「有以亡也. 嬰聞之: 君子有道, 懸之閭; 紀有此言,
注之壺, 不亡何待乎?」

【紀】 地名.《括地志》에 "劇, 菑州縣也. 故劇城. 在青州壽光縣南三十一里, 故紀國"
이라 하였다.

【金壺】 금이나 은으로 만든 술병 또는 술 단지.

【丹書】 붉은색 글씨로 써서 경계삼는 말을 적은 것.

참고 및 관련 자료

1.《太平御覽》761·896에 본 장의 내용이 전재되어 있다.

130(5-20) 景公賢魯昭公去國而自悔, 晏子謂無及已

경공이 노 소공은 나라를 잃고
스스로 자책함이 훌륭하다고 하자,
안자가 이미 늦었다고 말함

노魯나라 소공昭公이 나라를 잃고 제齊나라로 도망 오자 경공이 물었다.

"그대는 나이도 심히 어린데 어찌 이런 지경에 이르렀소?"

소공은 이렇게 대답하였다.

"제가 어릴 때 많은 사람들이 저를 사랑하였습니다. 그래서 내 스스로 아무것도 체득할 수가 없었습니다. 또 많은 사람들이 내게 간언을 할 때 나는 꺼리기만 할 뿐 그들의 의견을 따를 수 없었습니다. 이 까닭으로 안으로는 나를 보필해 주는 자가 없고, 밖으로도 보좌해 주는 자가 없었습니다. 보필하는 자는 하나도 없고, 아첨하는 자는 심히 많았습니다. 이는 비유컨대 마치 가을에 쑥 덤불처럼, 그 뿌리는 외로운데 그 가지와 잎은 무성하여, 바람이 한 번 불어오면 모두 쓰러지고 꺾여 버리는 것과 같았지요."

경공이 그의 말이 일리가 있다고 여겨 안자에게 이렇게 말하였다.

"이런 사람을 그 나라로 되돌아갈 수 있게 해 준다면, 그 어찌 옛날의 어진 임금과 같이 되지 않겠습니까?"

그러나 안자는 반대하였다.

"그렇지 않습니다. 무릇 어리석은 자는 후회도 많고, 불초한 자는 스스로 똑똑한 줄 알지요. 또 어디에 탐닉한 자는 많은 사람의 의견을 묻지 않으며, 미혹한 자는 길을 묻지 않습니다. 탐닉한 뒤에 여러 사람의 의견을 묻거나 길을 잃은 후에 길을 묻는다면, 이는 비유컨대 난難에 임해서야 급히 무기를 만들고 병력을 기르며, 목이 마른 후에야 급히 우물을 파는 것과 똑같은 것입니다. 비록 아무리 빨리 서두른다 해도 미치지 못할 것입니다."

魯昭公失國走齊, 景公問焉, 曰:「子之年甚少, 奚道至于此乎?」

昭公對曰:「吾少之時, 人多愛我者, 吾體不能親; 人多諫我者, 吾忌不能從. 是以內無拂而外無輔, 輔拂無一人, 諂諛者甚衆. 譬之猶秋蓬也, 孤其根而美枝葉, 秋風一至, 偾且揭矣.」

景公辯其言, 以語晏子, 曰:「使是人反其國, 豈不爲古之賢君乎?」

晏子對曰:「不然. 夫愚者多悔, 不肖者自賢, 溺者不問隊, 迷者不問路. 溺而後問隊, 迷而後問路, 譬之猶臨難而遽鑄兵, 臨噎而遽掘井, 雖速亦無及已.」

【魯 昭公】春秋時代 魯나라 君主. 재위 32년(B.C.541~510).

참고 및 관련 자료

1.《左傳》昭公 25年 傳

昭子從公于齊, 與公言. 子家子命適公館者執之. 公與昭子言於幄內, 曰:「將安衆而納公.」公徒將殺昭子, 伏諸道. 左師展告公. 公使昭子自鑄歸. 平子有異志. 冬十月辛酉, 昭子齊於其寢, 使祝宗祈死. 戊辰, 卒. 左師展將以公乘馬而歸, 公徒執之.

2.《說苑》敬愼篇

魯哀侯棄國而走齊, 齊侯曰:「君何年之少而棄國之蚤?」魯哀侯曰:「臣始爲太子之時,人多諫臣, 臣受而不用也; 人多愛臣, 臣愛而不近也, 是則內無聞而外無輔也. 是猶秋蓬, 惡於根本而美於枝葉, 秋風一起, 根且拔矣.」

3.《藝文類聚》卷82 草部(下) 蓬

魯哀公失國, 走齊. 公問焉, 曰:「子之年甚少矣, 道至于此乎?」「吾少之時, 多愛我者, 吾體不親, 人多諫者, 吾忘不能用. 是內無弼, 外無輔. 輔弼無人, 諂諛甚衆. 譬之猶秋蓬也. 孤其根本, 密其枝葉.」

4.《太平御覽》741·997에 관련 자료가 실려 있다.

5.《群書治要》에 본 장의 내용이 전재되어 있다.

131(5-21) 晏子使魯, 有事已仲尼以爲知禮

안자가 노나라에
사신으로 가서 임무가 끝나자,
중니가 안자는 예를 아는 이라 함

안자가 노魯나라에 사신으로 가자, 중니仲尼가 자기 제자들을 시켜 안자의 행동을 살펴보도록 하였다. 자공子貢이 이를 보고 되돌아와서 공자孔子에게 투덜댔다.

"누가 안자를 보고 예를 잘 익힌 사람이라고 하였습니까? 무릇 예에는 임금 앞에서 '계단을 오르되 건너뛰지 않으며, 당堂 위에서도 뛰지 않으며, 옥을 선물로 전달받을 때도 무릎을 꿇지 않는다'라 하였는데 안자의 행동을 보니 모두가 이에 어긋나더이다. 누가 안자를 두고 예를 잘 익힌 자라고 말하였습니까?"

子貢

안자가 노나라 임금에게 사신으로서 할 일이 모두 끝나자, 물러 나와 공자를 만났다. 공자가 먼저 물었다.

"무릇 예에 계단은 건너뛰지 않으며, 당에서는 뛰지 않으며, 옥을 전달 받을 때도 꿇어앉지 않는다 하였소이다. 그런데 선생께서는 모두 이에 상반되게 하셨다니 그것도 예입니까?"

그러자 안자는 이렇게 설명하였다.

"제가 듣기로, 두 기둥 사이에 임금과 신하가 서로 마주 위치를 잡았을 때, 임금이 한 번 움직이면 신하는 그 두 배로 움직여야 한다고 하였소. 임금이 급히 다가오시니 그 때문에 저는 계단을 건너뛴 것이요, 당위에서 뛴 것은 그 위치에 맞추어 서기 위한 것입니다. 임금이 옥을 주실 때에는, 임금께서 몸을 낮추시기에 저는 꿇어앉아 그보다 낮춘 것입니다. 또 제가 듣기로 큰 예는 그 범위를 넘어설 수 없지만, 작은 예는 다소의 출입이 있을 수 있다 하더이다."

안자가 나가자, 공자는 그를 빈객의 예로 전송하였다. 그리고 되돌아와서 제자들에게 이렇게 일렀다.

"법에 맞지 않는 예를 오직 안자만은 이를 바른 법으로 실행하였도다!"

晏子使魯, 仲尼命門弟子往觀.

子貢反, 報曰:「孰謂晏子習于禮乎? 夫禮曰:『登階不歷. 堂上不趨, 授玉不跪.』 今晏子皆反此, 孰謂晏子習于禮者?」

晏子旣已有事于魯君, 退見仲尼.

仲尼曰:「夫禮:『登階不歷, 堂上不趨, 授玉不跪.』 夫子反此. 禮乎?」

晏子曰:「嬰聞兩楹之間, 君臣有位焉. 君行其一, 臣行其二. 君之來遬, 是以登階歷, 堂上趨, 以及位也. 君授玉卑, 故跪以下之. 且吾聞之, 大者不踰閑, 小者出入可也.」

〈孔子行敎圖〉唐, 吳道子

晏子出, 仲尼送之以賓客之禮, 反, 命門弟子曰:「不法之禮,
維晏子爲能行之.」

【仲尼】孔子, 孔丘.

【子貢】공자의 弟子. 端木賜. 衛나라 사람.

【大者不踰閑, 小者出入可也】《論語》子張篇에 "大德不踰閑, 小德出入, 可也"라
하였다.

참고 및 관련 자료

1.《初學記》文部에 본 장의 내용이 전재되어 있다.

2.《韓詩外傳》卷4

晏子聘魯, 上堂則趨, 授玉則跪. 子貢怪之, 問孔子曰:「晏子知禮乎? 今者, 晏子來
聘魯, 上堂則趨, 授玉則跪, 何也?」孔子曰:「其有方矣. 待其見我, 我將問焉.」
俄而晏子至, 孔子問之. 晏子對曰:「夫上堂之禮, 君行一, 臣行二. 今君行疾, 臣敢不
趨乎? 今君之授幣也卑, 臣敢不跪乎?」孔子曰:「善. 禮中又有禮. 賜, 寡使也,
何足以識禮也.」詩曰:『禮儀卒度, 笑語卒獲.』晏子之謂也.

3.《論衡》知實篇

晏子聘於魯, 堂上不趨, 晏子趨, 授玉不跪, 晏子跪. 門人怪而問於孔子. 孔子不知,
問於晏子. 晏子解之, 孔子乃曉. 聖人不能先知, 十五也.

4.《孔子集語》臣術篇

韓詩外傳四: 晏子聘魯, 上堂則趨, 授玉則跪. 子貢怪之, 問孔子曰:「子知禮乎?
今日晏子來聘魯, 上堂則趨, 授玉則跪, 何也?」孔子曰:「其有方矣. 待其見我, 我將
問焉.」俄而晏子至, 孔子問之. 晏子對曰:「夫上堂之禮, 君行一, 臣行二. 今君行疾,
臣敢不趨乎? 今君之授幣也卑, 臣敢不跪乎?」孔子曰:「善. 禮中又有禮. 賜, 寡使也,
何足以識禮也.」詩曰:『禮儀卒度, 笑語卒獲.』晏子之謂也.

5. 기타 참고자료

《太平御覽》(523)

132(5-22) 晏子之魯, 進食有豚, 亡二肩, 不求其人

> 안자가 노나라에 갔을 때
> 식사로 내놓은 돼지고기의
> 두 어깨살이 없어진 것을 알고도
> 그 훔친 자를 찾지 않음

안자가 노魯나라에 갔을 때, 아침 식사에 고기반찬이 올라왔는데, 새끼 돼지고기도 있었다. 안자는 이를 보고 이렇게 말하였다.

"두 어깨살을 남겨 두시오."

그런데 점심때 반찬을 보니 그 돼지 어깨살이 없어진 것이었다. 그러자 시중들던 자가 이렇게 말하였다.

"돼지고기 어깨살이 없어졌습니다."

안자는 이렇게 말렸다.

"그만두시오."

그래도 시중들던 자는 이렇게 말하였다.

"제가 능히 그 훔친 자를 찾아내겠습니다."

이에 안자는 이렇게 말하였다.

"그만두시오. 내 듣기로 공만 헤아리고 그 힘을 헤아리지 않으면 백성이 곯게 되고, 나머지를 저장만 하고 나누어 줄 줄 모르면 백성이 어쩔 수 없이 도둑질을 하게 된다고 하였소. 그대는 나로 하여금 이런 것을 고칠 수 있도록 가르쳐 줄 일이지, 그 사람을 찾아내도록 하지는 말아 주시오."

晏子之魯, 朝食, 進饋膳, 有豚焉.

晏子曰:「去其二肩.」

畫者進膳, 則豚肩不具.

侍者曰:「膳豚肩亡.」

晏子曰:「釋之矣.」

侍者曰:「我能得其人.」

晏子曰:「止. 吾聞之, 量功而不量力, 則民盡; 藏餘不分, 則民盜. 子教我所以改之, 無教我求其人也.」

【民盜】張氏本의 注에 "意以有餘當分給不足者, 藏其所餘而不分, 無怪民之爲盜也"라 하였다.

【無教我求其人】張氏本의 注에 "言問豚肩不具, 是我之過, 子當教我改之"라 하였다.

> 참고 및 관련 자료

1. 張氏本의 注에 "此知晏子在在繩墨自矯"라 하였다.

133(5-23) 曾子將行, 晏子送之而贈以善言
증자가 장차 떠나려 하자,
안자가 좋은 말을 해 주어 보냄

증자曾子가 먼 길을 떠나게 되자, 안자가 전송해 주며 물었다.

"군자는 사람을 떠나보낼 때, 수레를 선물하는 것이 좋은 말 한마디 해 주느니만 못하다고 하였소. 내 그대에게 좋은 말을 선물하리이까? 아니면 수레를 선물하리이까?"

증자가 이렇게 말하였다.

"청컨대 말씀 한 마디를 해 주시지요."

안자는 이렇게 일러 주었다.

"지금 무릇 수레바퀴를 만드는 데 산에 있는 곧은나무를 씁니다. 그 나무를 장인이 불로 달구어 둥글게 굽혀 규規에 맞추면, 비록 바짝 마른 후라도 다시 곧게 펴지지 않습니다. 그러므로 군자는 바로 그렇게 굽혀질 수 있는 행동에 주의해야 합니다. 화씨지벽和氏之璧은 민간에 묻혀 그 가치를 발하지 못하였습니다. 훌륭한 옥공玉工이 이를 다듬자, 나라의 존망에 관련될 정도의 값진 보물로 변한 것입니다. 이처럼 군자는 어떻게 수양할 것인가에 주의해야 합니다.

다음으로 여기 난초가 있습니다. 삼 년을 잘 키워 놓고 이를 쓴 술에 담가 버리면 군자라도 그런 난초를 가까이하려 하지 않고 서인들 조차 이를 지니고 다니려 하지 않을 것입니다. 그러나 이를 미록麋鹿의 육장肉醬에 향료로 쓰면, 그 육장은 값이 말 한 필과 같이 됩니다.

이는 난초가 홀륭해서가 아니라 어디에 담겼느냐 하는 데에 따라 다른 것입니다. 그러니 원컨대 그대는 반드시 어디에 담길 것인가를 살피십시오. 제가 듣건대 군자는 그 주거지를 택할 때 이웃을 가려서 정하고, 교유함에는 선비를 택하여 따른다고 하더이다. 주거지의 선택은 선비를 구하여 이웃하기 위함이요, 선비를 가까이하는 것은 환난을 멀리하기 위함입니다. 또 제가 듣기로 상법常法을 어그러뜨리면 사람의 본질이 변질되고, 습속은 본성을 바꾸어 놓는다고 하였으니 조심하지 않을 수 없는 일입니다."

曾子將行, 晏子送之曰:「君子贈人以軒, 不若以言. 吾請以言乎? 以軒乎?」

曾子曰:「請以言.」

晏子曰:「今夫車輪, 山之直木也. 良匠揉之, 其圓中規. 雖有槁暴, 不復贏矣. 故君子愼隱揉. 和氏之璧, 井里之困也. 良工修之, 則爲存國之寶. 故君子愼所修. 今夫蘭本, 三年而成, 湛之苦酒, 則君子不近, 庶人不佩; 湛之麋醢, 而賈匹馬矣. 非蘭本美也, 所湛然也. 願子之必求所湛. 嬰聞之: 君子居必擇鄰. 游必就士. 擇居所以求士, 求士所以辟患也. 嬰聞汩常移質, 習俗異性, 不可不愼也.」

【曾子】孔子의 弟子. 曾參. 字는 子輿. 魯나라 출신.

【規】圓尺.

【和氏之璧】和璧. 楚나라 卞和가 발견하여 다듬게 된 보물.《韓非子》卞和篇 참조. ‘完璧歸趙’ 등의 고사를 남겼다.

【湛之麋醢】사슴고기의 肉醬을 향료로 사용하여 그 맛이 홀륭해짐을 말한다.

1.《說苑》雜言篇

曾子從孔子於齊, 齊景公以下卿禮聘曾子, 曾子固辭, 將行, 晏子送之, 曰:「吾聞君子贈人以財, 不若以言. 今夫蘭本三年, 湛之以鹿醢, 旣成則易以匹馬, 非蘭本美也. 願子詳其所湛. 旣得所湛, 亦求所湛. 吾聞君子居必擇處, 遊必擇士. 居必擇處, 所以求士也; 遊必擇士, 所以脩道也. 吾聞反常移性者欲也, 故不可不愼也.」

2.《荀子》大略篇

曾子行, 晏子從於郊. 曰:「嬰聞之, 君子贈人以言, 庶人贈人以財. 嬰貧無財, 請假於君, 贈吾子以言. 乘輿之輪, 太山之木也, 示諸檃栝, 三月五月, 爲幬菜, 敝而不反其常. 君子之檃栝不可不謹也, 愼之! 蘭茝 槁本, 漸於密醴, 一佩易之. 正君漸於香酒, 可讒而得也. 君子之所漸不可不愼也.」

3.《孔子家語》六本篇

曾子從孔子之齊, 齊景公以下卿之禮聘曾子, 曾子固辭. 將行, 晏子送之曰:「吾聞之, 君子遺人以財, 不若善言. 今夫蘭本三年, 湛之以鹿酳, 旣成, 噉之, 則易之匹馬, 非蘭之本性也, 所以湛者美矣, 願子詳其所湛者. 夫君子居必擇處, 遊必擇方, 仕必擇君. 擇君所以求仕; 擇方所以修道; 遷風移俗者, 嗜欲移性, 可不愼乎?」孔子聞之曰:「晏子之言, 君子哉! 依賢者固不困, 依富者固不窮. 馬蚿斬足而復行, 何也? 以其輔之者衆.」

4.《說苑》雜言篇

子路將行, 辭於仲尼, 曰:「贈汝以車乎? 以言乎?」子路曰:「請以言.」仲尼曰:「不强不遠, 不勞無功, 不忠無親, 不信無復, 不恭無禮. 愼此五者, 可以長久矣.」

5.《孔子家語》子路初見篇

子路將行, 辭於孔子, 孔子曰:「贈汝以車乎? 贈汝以言乎?」子路曰:「請以言.」孔子曰:「不强不達, 不勞無功, 不忠無親, 不信無復, 不恭失禮, 愼吾者, 而已.」子路曰:「由請終身奉之, 敢問親交取親若何, 言寡可行若何, 長爲善士而無犯若何?」孔子曰:「汝所問苞在五者中矣, 親交取親, 其忠也; 言寡可行, 其信乎? 長爲善士而無犯, 於禮也.」

6.《文選》卷23 王仲宣 贈蔡子篤詩 注

晏子春秋曰: 曾子將行, 晏子送曰:「嬰聞贈人以財, 不若以言.」「請以言乎.」「夫蘭本三年成, 而湛之以酒, 則君子不近. 湛之麋醢, 貨以匹馬. 願子刬求所湛.」

7.《藝文類聚》卷23 人部(七) 鑒誡

晏子曰: 君子居必擇鄰. 遊必就士. 可以避患也.

8.《藝文類聚》卷31 人部(十五) 贈答

晏子曰: 贈子將行. 晏子送之曰:「君子贈人以軒. 不如贈人以言.」

9.《意林》에 본 장의 내용이 전재되어 있다.

〈快鹿圖〉 전국시대 와당

134(5-24) 晏子之晉, 睹齊纍越石父, 解左驂贖之與歸

안자가 진나라에 가서
제나라 죄인 월석보를 보자,
좌참을 풀어 대속해 주고 함께 돌아옴

안자가 진晉나라에 가다가 중모中牟 땅에 이르렀을 때였다. 마침다 낡은 관에 갖옷을 뒤집어 입고, 꼴을 한 짐 짊어지고는 길가에서 쉬고 있는 자를 보게 되었다. 안자는 그가 군자라고 여기고 사람을 시켜 물어 보게 하였다.

"그대는 무엇 하는 분이오?"

그는 이렇게 이름을 밝혔다.

"나는 월석보越石父라 하오."

안자가 다시 물었다.

"어찌 이 지경이 되었소?"

그는 이렇게 대답하였다.

"나는 원래 중모 땅에서 조그만 벼슬을 하다가 쫓겨났다오."

안자가 물었다.

"어찌하여 이런 노비 모습이 되었소?"

그는 다시 이렇게 대답하였다.

〈人物交談圖〉(彩畫磚) 漢

"추위와 배고픔이 내 몸을 엄습해 오는데 이를 면할 길이 없었소. 그래서 이런 노예로 전락한 것입니다."

"그러면 몇 년째요?"

"삼 년째라오."

이에 안자는 이런 제의를 하였다.

"내가 대신 돈을 물어 주고 노예 신분을 풀어 주면 어떻겠소?"

"좋습니다."

이에 안자는 왼쪽 곁의 말을 풀어 대속代贖해 주고, 그를 자신의 수레에 함께 태우고 제나라로 돌아왔다. 안자는 집에 도착한 후 그만 그에게 인사도 차리지 못하고 집 안으로 들어가고 말았다. 그러자 월석보는 화를 내며 안자와 절교를 원한다고 하는 것이었다. 안자는 사람을 시켜 이렇게 응대하도록 하였다.

"나는 선생과 일찍이 무슨 교유를 맺은 것도 없었소. 그대가 삼 년이나 노예 노릇을 한다기에 내가 오늘 그대를 보고 대속해 주었소. 내가 그대에게 아직도 못다 한 게 있소? 그대는 어찌 나에게 절교하느니 하는 포악한 말을 한단 말이오?"

월석보는 이렇게 대답하였다.

"제가 듣건대 선비란 자신을 알아 주지 않는 자에게는 굽히지 않으며, 자신을 알아 주는 자에게만 무엇이든지 터놓는다 하더이다. 그러므로 군자는 자신이 공이 있다고 남의 신분을 경시하지 않으며, 상대가 공 있는 자라고 해서 그에게 몸을 굽실거리는 짓도 아니하는 것입니다. 저는 삼 년 동안 남의 노비가 되어 있었으나 누구 하나 나를 알아 주는 자가 없었소. 그런데 마침 그대가 나를 대속해 주어 나는 그대야 말로 나를 알아 주는 자라고 여겼소. 엊그제 그대가 나를 수레에 태우면서 어떤 인사말도 하지 않기에 나는 그대가 나를 잊었구나 라고 생각하였소. 그런데 지금 또 다시 아무런 인사의 예도 차리지 않고 불쑥 집 안으로 들어가시니, 이는 나를 노비로 여기시는 것과 같소. 나는 오히려 장차 남의 신하가 되어 세상에 팔려 나가기를 청하는 바이오."

이 말에 안자는 쫓아나가 그와 만나기를 청하며 이렇게 사과하였다.

"엊그제는 그대의 용모만을 보았고, 오늘에야 그대의 속뜻을 보게 되었군요. 제가 듣기로 자신의 행동을 반성하는 자에게는 그 과실을 자꾸 들추어 끌어들이지 않으며, 진실을 살피는 자에게는 그의 말을 비웃지 않는 법이라 하였소. 제가 다시 사과하오니 버리지 않을 수 있겠소? 저는 진실로 고쳐 보겠소."

이에 청소를 시키고 자리를 다시 깔아, 술동이를 갖다 놓고 예를 행하였다. 월석보가 이렇게 말하였다.

"제가 듣기로 지극한 공경은 그 방법이 어떠하든 관계없고 예를 존중함에는 의를 거절하지 못한다 하였소이다. 선생께서 예우해 주시니 저는 불감당이로소이다."

안자는 마침내 그를 상객上客으로 대우하였다.

군자가 이 사실을 이렇게 평하였다.

"속인은 자신이 공을 세우면 이를 덕스럽다 여기고, 덕스럽다 여기게 되면 교만해지는 법이다. 그러나 안자는 남을 액으로부터 면하게 해 준 공을 세우고도 오히려 자신을 굽혀 아래로 낮추었으니, 그 속됨을 벗어난 정도가 심원하도다. 이것이 곧 자신의 공을 온전히 하는 방법이로다."

晏子之晉, 至中牟. 睹弊冠, 反裘負芻, 息于塗側者, 以爲君子也, 使人問焉, 曰:「子何爲者也?」

對曰:「我越石父也.」

晏子曰:「何爲至此?」

曰:「吾爲人臣僕於中牟, 見使將歸.」

晏子曰:「何爲爲僕?」

對曰:「不免凍餓之切吾身, 是以爲僕也.」

晏子曰:「爲僕幾何?」

對曰:「三年矣.」

晏子曰:「可得贖乎?」

對曰:「可.」

遂解左驂以贖之, 因載而與之俱歸. 至舍, 不辭而入, 越石父怒而請絕.

晏子使人應之曰:「吾未嘗得交夫子也, 子爲僕三年, 吾迺今日睹而贖之, 吾于子尚未可乎? 子何絕我之暴也?」

越石父對曰:「臣聞之: 士者詘乎不知己, 而申乎知己, 故君子不以功輕人之身, 不爲彼功詘身之理. 吾三年爲人臣僕, 而莫吾知也. 今子贖我, 吾以子爲知我矣; 嚮者子乘, 不我辭也, 吾以子爲忘; 今又不辭而入, 是與臣僕我者同矣. 我猶且爲臣, 請鬻于世.」

晏子出, 請見, 曰:「嚮者, 見客之容, 而今也見客之意. 嬰聞之: 省行者, 不引其過; 察實者, 不譏其辭. 嬰可以辭而無棄乎? 嬰誠革之.」

迺令糞灑改席, 尊醮而禮之.

越石父曰:「吾聞之: 至恭不修途, 尊禮不受擯. 夫子禮之, 僕不敢當也.」

晏子遂以爲上客.

君子曰:「俗人之有功則德, 德則驕, 晏子有功, 免人于戹, 而反詘下之, 其去俗亦遠矣. 此全功之道也.」

【中牟】고대 地名. 지금의 河南省 경내.《史記》正義에 "相州湯陰縣西有牟山, 中牟當在其側"이라 하였다.

【越石父】본장의 내용을 거쳐 晏子의 食客이 되었다. 越石甫로도 쓴다. 父는 '보'로 읽는다.

【上客】食客 중 최고 대우를 받는 자.

참고 및 관련 자료

1.《新序》節士篇

晏子之晉, 見披裘負芻息於途者, 以爲君子也, 使人問焉. 曰:「曷爲而至此?」對曰: 「齊人累子. 吾名越石甫.」晏子曰:「嘻!」邊解左驂以贖之, 載而與歸. 至舍, 不辭而入. 越石甫怒而請絶. 晏子使人應之曰:「嬰未嘗得交也, 今免子於患, 吾於子, 猶未可邪?」 越石甫曰:「吾聞: 君子詘乎不知己, 而信乎知己者, 吾是以請絶也.」晏子乃出見之, 曰:「向也見客之容, 而今見客之意. 嬰聞: 察實者不留聲, 觀行者不幾辭, 嬰可以辭 而無棄乎?」越石甫曰:「夫子禮之, 敢不敬從?」晏者遂以爲上客. 俗人之有功則德, 德則驕. 晏子有功, 免人於厄, 而反詘下之, 其去俗亦遠矣. 此全功之道也.

2.《呂氏春秋》卷17 觀世篇(張氏本에는 士篇으로 잘못 기재되어 있다.)

晏子之晉, 見反裘負芻息於塗者, 以爲君子也. 使人問焉, 曰:「曷爲而至此?」對曰: 「齊人累之, 名爲越石父.」晏子曰:「譆!」邊解左驂以贖之, 載而與歸. 至舍, 弗辭而入. 越石父怒, 請絶. 晏子使人應之曰:「嬰未嘗得父也, 今免子於患, 吾於子猶未邪也?」 越石父曰:「吾聞: 君子屈乎不己知者, 而伸乎己知者, 吾是以請絶也.」晏子乃出見 之曰:「鄉也, 見客之容而已, 今也見客之志. 嬰聞察實者不留聲, 觀行者不譏辭. 嬰可以辭而無棄乎!」越石父曰:「夫子禮之, 敢不敬從?」晏子遂以爲客. 俗人有功 則德, 德則驕, 今晏子功免人於阨矣. 而反屈下之, 其去俗亦遠矣. 此令功之道也.

3.《史記》管晏列傳

越石父賢, 在縲紲中. 晏子出, 遭之塗, 解左驂贖之, 載歸. 弗謝, 入閨. 久之, 越石父 請絶. 晏子懼然, 攝衣冠謝曰:「嬰雖不仁, 免子於戹, 何子求絶之速也?」石父曰: 「不然. 吾聞君子詘於不知己而信於知己者. 方吾在縲紲中, 彼不知我也. 夫子旣已 感寤而贖我, 是知己; 知己而無禮, 固不如在縲紲之中.」晏子於是延入爲上客.

4.《說苑》雜言篇

越石父曰:「不肖人, 自賢也; 愚者, 自多也; 佞人者, 皆莫能相其心口以出之, 又謂人勿言也. 譬之猶渴而穿井, 臨難而後鑄兵, 雖疾從而不及也.」

5.《文選》卷51 王子淵〈四子講德論〉注

晏子春秋曰: 晏子之晉, 至於中牟, 睹弊冠皮裘負芻息於途側者. 晏子曰:「吾子何爲者?」對曰:「我越石父者也.」晏子曰:「何爲此曰, 吾爲人臣僕於中牟, 見使將歸.」晏子曰:「何爲爲僕?」對曰:「吾身不免凍餓之地, 吾是以爲僕也.」晏子曰:「何得而贖乎?」對曰:「何.」遂解左驂而贖之, 因載而與之俱歸, 至舍不辭而入. 越石父立而請絶. 晏子使人應之:「子何絶我之暴也?」越石父對曰:「臣聞之, 士者詘乎不知己, 而申乎知己, 吾三年爲人臣, 而莫吾知也. 今子贖我吾以子爲知我矣. 今不辭而入是與臣僕者同矣晏子出見而今也見客之意.」

6.《太平御覽》475・694에 본 장의 내용이 전재되어 있다.

7.《北堂書鈔》39에 본 장의 내용이 전재되어 있다.

135(5-25) 晏子之御感妻言而自抑損, 晏子薦以爲大夫

안자의 마부가 그 처의 말에
감동하여 스스로 겸손해지자,
안자가 이를 추천하여 대부로 삼아 줌

안자가 제齊나라 재상이 되었을 때였다. 외출을 준비하고 있을 때 그 마부의 아내가 문틈으로 자기 남편이 재상 안자를 위해 수레 다루는 것을 엿보게 되었다. 자신의 남편은 큰 수레 덮개를 씌우고, 네 필 말에 채찍을 휘두르며 의기양양한 것이 심히 득의에 찬 모습이었다. 남편이 집으로 돌아오자, 아내는 헤어지겠다고 요청하였다. 남편이 그 이유를 묻자 아내는 이렇게 말하는 것이었다.

"재상이신 안자께서는 키가 6척尺이 되지 않을 정도로 작으면서, 그 몸은 제나라의 재상이며, 그 이름은 온 제후들에게 휘날리고 있습니다. 그런데 지금 제가 그의 외출을 살펴보았더니 지념志念은 깊으시되 항상 자신을 낮추고 계십니다. 그에 비하면 그대는 키가 8척으로 겨우 남의 마부가 되어 있는 주제에, 뜻이 스스로 족하게 여겨 득의 찬 모습이니 그 까닭으로 저는 떠나고자 하는 것입니다."

그 뒤에 그 마부는 행동을 스스로 억제하고 낮추게 되었다. 안자가 평소와 달라진 마부의 행동을 괴이히 여겨 물어 보았더니, 마부는 있었던 일을 그대로 대답하는 것이었다. 이에 안자는 그를 추천하여 대부大夫로 삼아 주었다.

畵像磚(漢)

　晏子爲齊相, 出, 其御之妻, 從門間而闚其夫爲相御, 擁大蓋, 策駟馬, 意氣揚揚, 甚自得也. 旣而歸, 其妻請去.

　夫問其故, 妻曰:「晏子長不滿六尺, 身相齊國, 名顯諸侯. 今者, 妾觀其出, 志念深矣, 常有以自下者. 今子長八尺, 迺爲人僕御; 然子之意, 自以爲足, 妾是以求去也.」

　其後, 夫自抑損. 晏子怪而問之, 御以實對, 晏子薦以爲大夫.

【不滿六尺】晏子의 체구가 매우 작았음을 시사하고 있다.

1.《史記》管晏列傳

晏子爲齊相, 出, 其御之妻從門閒而闚其夫. 其夫爲相御, 擁大蓋, 策駟馬, 意氣揚揚, 甚自得也. 旣而歸, 其妻請去. 夫問其故. 妻曰:「晏子長不滿六尺, 身相齊國, 名顯諸侯. 今者妾觀其出, 志念深矣, 常有以自下者. 今子長八尺, 乃爲人僕御, 然子之意自以爲足, 妾是以求去也.」其後夫自抑損. 晏子怪而問之, 御以實對. 晏子薦以爲大夫.

2.《列女傳》卷2 賢明篇『齊相御妻』

齊相晏子僕御之妻也, 號曰:「命婦」. 晏子將出, 命婦窺其夫爲相御, 擁大蓋, 策駟馬, 意氣洋洋, 甚自得也. 旣歸, 其妻曰:「宜矣, 子之卑且賤也.」夫曰:「何也?」妻曰:「晏子長不滿三尺, 身相齊國, 名顯諸侯, 今者: 吾從門間觀其志氣, 恂恂自下, 思念深矣. 今子身長八尺, 乃爲之僕御耳! 然子之意, 洋洋若自族者, 妾是以去也.」其夫謝曰:「請自改何如?」妻曰:「是懷晏子之志, 而加以八尺之長也. 夫躬仁義, 事明主, 其名必揚矣. 且吾聞寧榮於義而賤, 不虛驕以貴.」於是其夫乃深自責, 學道謙遜, 常若不足. 晏子怪而問其故, 具以實對. 於是晏子賢其能納善自改, 升諸景公以爲大夫, 顯其妻以爲命婦. 君子謂命婦知善故譽. 人之所以成者, 其道博矣: 非特師傳朋友, 相與切磋也, 妃匹亦居多焉. 詩曰:『高山仰止, 景行行止.』言當常嚮爲其善也. 頌曰:『齊相御妻, 匡夫以道. 明言驕恭, 恂恂自效. 夫改易行, 學問靡己. 晏子升之, 列於君子.』

3.《十八史略》卷一『齊』

自桓公八世, 至景公, 有晏子者事之, 名嬰, 字平仲, 以節儉力行重於齊, 一狐裘三十年, 豚肩不掩豆, 齊國之士, 待以舉火者七十餘家, 晏子出, 其御之妻, 從門閒窺, 其夫擁大蓋策駟馬, 意氣揚揚自得, 旣而歸, 妻請去曰:「晏子身相齊國, 名顯諸侯, 觀其志, 嘗有以自下, 子爲人僕御, 自以爲足, 妾是以求去也.」御者乃自抑損, 晏子怪而問之, 以實對, 薦爲大夫.

136(5-26) 泯子午見晏子, 晏子恨不盡其意

민자오가 안자를 만나자,
안자가 자신의 뜻을 다 펴지 못함을
한으로 여김

연燕**나라 유사**游士 중에 민자오泯子午라는 자가 있었다. 남쪽으로 내려와 제나라에서 안자를 뵙게 되었는데, 그는 말솜씨는 문장文章이 빛났고, 술術에는 조리가 대단한 인물이었다. 크게 보면 나라를 보필할 만하고, 작게는 안자에게 보탬이 될 만한 자로서, 그의 유세책론은 삼백 편이나 되었다. 그러나 안자를 보고는 두려워하여 더 이상 말을 하지 못하는 것이었다. 이에 안자는 온화한 기색으로 그의 의견에 동조하며 대해 주었고, 때로는 예를 다하는 얼굴로 그를 안심시켜 주었다. 그러자 그는 자신의 속뜻을 모두 다 풀어 놓는 것이었다. 그 객이 물러나자, 안자는 자리를 바로 하고 앉아 조회조차도 거르고 시간을 넘겼다. 곁에 있던 신하가 물었다.

"방금. 연나라에서 온 객이 선생님을 모시고 있을 때 어찌하여 근심스러운 얼굴을 하셨습니까?"

안자는 이렇게 대답하였다.

"연나라는 만 승萬乘의 나라이다. 우리 제나라까지는 천 리의 먼 거리이다. 민자오 같은 이는 만승지국의 백성이면서도 그 나라에 유세를 펴기에 부족하다고 여겨 천리의 거리도 멀다 않고 있으니, 이는 천만 사람의 위에 해당하는 인물이다. 또 나는 그 말을 다 털어놓지 못하게 할 얼굴이었으니, 하물며 우리 제나라 사람으로서 훌륭한 일을 해 보겠다고 하면서 나에게 뜻을 말해 보지도 못하고 죽은 자는 어떠하겠는가? 내 표정 때문에 만나 보지 못한 자가 있을 테니, 그러한 자들이 어찌 적다고 하겠는가? 이처럼 내가 이런 훌륭한 이들을 잃고 있으니, 내가 이 나라에 있을 가치가 무엇이 있겠는가?"

燕之游士, 有泯子午者, 南見晏子于齊, 言有文章, 術有條理, 巨可以補國, 細可以益晏子者, 三百篇. 睹晏子, 恐懼而不能言, 晏子假之以悲色, 開之以禮顔, 然後能盡其復也. 客退, 晏子直席而坐, 廢朝移時.

在側者曰:「嚮者, 燕客侍夫子, 胡爲優也?」

晏子曰:「燕, 萬乘之國也; 齊, 千里之塗也. 泯子午以萬乘之國爲不足說, 以千里之塗爲不足遠, 則是千萬人之上也. 且猶不能殫其言于我, 況乎齊人之懷善而死者乎? 吾所以不得睹者, 豈不多矣? 然吾失此, 何之有也?」

【游士】 遊說之士.
【泯子午】 인명. 張氏本의 注에 "孫云: 姓泯, 字子午"라 하였다.
【何之有也】 張氏 本에 "當作何功之有也, 今脫功字, 文不成義"라 하였다.

참고 및 관련 자료

1. 張氏本에 그 주제를 이렇게 말하였다.
"此指懷善而死之人, 言治國以進賢爲本, 今乃知齊懷善之人, 以吾不得睹而死者甚多, 吾旣失此, 過莫大焉, 何能有功於齊?"

137(5-27) 晏子遺北郭騷米以養母, 騷殺身以明晏子之賢

안자가 북곽소에게 식량을 주어
그 어머니를 봉양할 수 있도록 해 주자,
그는 죽음으로써 안자의 어짊을 밝힘

제齊나라에 북곽소北郭騷라는 자가 있었다. 그는 그물을 짜는 일, 자리를 짜거나 신 삼는 일을 하면서 그 어머니를 봉양하고 있었는데, 그것으로도 부족하여 안자의 대문까지 찾아와 안자를 뵙자고 요청하였다.

"몰래 선생의 의로움을 사모하여 왔소. 원컨대 저의 어머니를 봉양할 수 있도록 도와 주시기를 구걸합니다."

이에 안자는 사람을 시켜 창고의 곡식과 금을 꺼내어 그에게 주도록 하였다. 그런데 그는 금은 사양하고 곡식만 받아가는 것이었다. 얼마의 시간이 흐른 후, 안자는 경공에게 의심을 받아 쫓겨나는 신세가 되고 말았다. 안자는 가는 길에 마침 북곽소의 집 앞을 지나게 되자, 그에게 인사라도 할 겸 들렀다. 그러자 북곽소는 목욕을 한 후 안자를 맞이하며 물었다.

"선생께서 장차 어디로 가시렵니까?"

안자는 이렇게 대답하였다.

"나는 임금에게 의심을 받아 쫓겨나고 있는 중이오."

이 말에 북곽소는 이렇게 말하는 것이었다.

"선생께서는 스스로 열심히 하시오."

안자는 수레에 오르며 크게 한숨을 짓고 이렇게 탄식하였다.

"내가 쫓겨나는 것이 그 어찌 타당한 일이 아니리요? 내가 선비를 볼 줄 모르는 것이 이처럼 심하다니."

안자가 떠나자 북곽소는 그 친구를 불러 이렇게 부탁하였다.

"나는 안자의 의를 사모하여 일찍이 어머니를 모실 구걸을 부탁한 적이 있소. 내 듣기로 자신의 어버이 봉양하는 일에 신세를 입은 자에게는, 그 사람이 재난을 만나면 몸으로 가서 보답해야 한다 하였소. 지금 안자가 의심을 받아 쫓겨나고 있으니, 내 장차 죽음으로써 그의 결백을 밝혀 주리라!"

그리고는 의관을 갖추고 그 친구에게 칼을 잡고 광주리 하나를 들고 자신을 따라오도록 부탁하였다. 임금의 궁정에 다다른 그는 안내하는 자를 찾아 이렇게 말하였다.

"안자는 천하에 어진 분이다. 지금 제나라를 떠나셨으니, 이 제나라는 틀림없이 침약侵弱해 질 것이다. 바야흐로 나라가 틀림없이 침약해지는 꼴이 눈앞에 닥치는 것을 보고 있으니, 차라리 먼저 죽어 청컨대 내 머리로써 안자의 결백함을 밝히는 것만 같지 못하다."

그리고는 그 친구에게 이렇게 부탁하였다.

"내 머리를 그 광주리에 담아 바치도록 부탁하오."

그리고는 물러나 스스로 목을 끊어 버렸다. 그 친구가 이를 받들어 그 문지기에게 바치며 이렇게 말하였다.

"이는 내 친구 북곽소가 나라를 위해 죽은 머리요. 나도 장차 북곽소를 위해 죽겠소."

그리고는 역시 물러나 스스로 목을 베어 버렸다. 경공이 이 소문을 듣고 크게 놀라 말을 타고 안자의 뒤를 쫓았다. 국경 교외에 이르러서야 겨우 만나, 그에게 되돌아갈 것을 청하였다. 안자는 어쩔 수 없이 되돌아 왔다. 그러나 북곽소가 죽음으로써 자신의 결백을 밝혀 주었다는 소식을 알고는 크게 한숨짓고 이렇게 탄식하였다.

"내가 쫓겨남이 어찌 타당치 않으리요? 역시 더욱더 선비를 알아볼 줄 모르는 것이 이렇게 심하였으니."

齊有北郭騷者, 結罘罔, 捆蒲葦, 織萉屨, 以養其母, 猶不足.
踵門, 見晏子曰:「竊說先生之義, 願乞所以養母者.」
晏子使人分倉粟府金而遺之, 辭金受粟.
有閒, 晏子見疑于景公, 出犇, 過北郭騷之門而辭.
北郭騷沐浴而見晏子曰:「夫子將焉適?」
晏子曰:「見疑于齊君, 將出犇.」
北郭騷曰:「夫子勉之矣.」
晏子上車, 太息而歎曰:「嬰之亡, 豈不宜哉? 亦不之士甚矣.」
晏子行, 北郭子召其友而告之曰:「吾說晏子之義, 而嘗乞所以養母者焉. 吾聞之: 養及親者, 身伉其難. 今晏子見疑, 吾將以身死白之.」
著衣冠, 令其友操劍, 奉笥而從.
造于君庭, 求復者曰:「晏子, 天下之賢者也. 今去齊國, 齊必侵矣. 方見國之必侵, 不若先死, 請以頭託白晏子也.」
因謂其友曰:「盛吾頭于笥中, 奉以託.」
退而自刎. 其友因奉以託, 而謂復者曰:「此北郭子爲國故死, 吾將爲北郭子死.」
又退而自刎. 景公聞之, 大駭, 乘馹而自追晏子, 及之國郊, 請而反之. 晏子不得已而反, 聞北郭子之以死白己也, 太息而歎曰:「嬰之亡, 豈不宜哉? 亦愈不知士甚矣.」

【北郭騷】인명. 張氏本의 注에 "姓北郭, 名騷"라 하였다.
【侵弱】침략을 받아 미약해짐을 뜻한다.

1. 《說苑》 復恩篇

北郭騷踵見晏子曰:「竊悅先生之義, 願乞所以養母者.」晏子使人分倉粟府金而遺之,
辭金而受粟. 有間, 晏子見疑於景公, 出犇, 北郭子召其友而告之曰:「吾悅晏子之義
而嘗乞所以養母者. 吾聞之曰: 養及親者, 身更其難; 今晏子見疑, 吾將以身白之.」
遂造公庭求復者曰:「晏子天下之賢者也, 今去齊國, 齊國必侵矣, 方必見國之侵也,
不若先死請絶頸以白晏子.」逡巡而退, 因自殺也. 公聞之大駭, 乘馳而自追晏子,
及之國郊, 請而反之, 晏子不得已而反之, 聞北郭子之以死白己也. 太息而歎曰:
「嬰不肖, 罪過固其所也, 而士以身明之, 哀哉!」

2. 《呂氏春秋》 士節篇

齊有北郭騷者, 結罘罔, 捆蒲葦, 織菲履, 以養其母, 猶不足, 踵門見晏子曰:「願乞所
以養母.」晏子之僕謂晏子曰:「此齊國之賢者也, 其義不臣乎天子, 不友乎諸侯,
於利不苟取, 於害不苟免. 今乞所以養母, 是說夫子之義也, 必與之.」晏子使人分
倉粟・分府金而遺之. 辭金而受粟. 有間, 晏子見疑於齊君, 出奔, 過北郭騷之門而辭,
北郭騷沐浴而出見晏子曰:「夫子將焉適?」晏子曰:「見疑於齊君, 將出奔.」北郭子曰:
「夫子勉之矣.」晏子上車太息而嘆曰:「嬰之亡, 豈不宜哉! 亦不知士甚矣.」晏子行,
北郭子召其友而告之曰:「說晏子之義, 而嘗乞所以養母焉. 吾聞之曰:『養及親者,
身忧其難.』今晏子見疑, 吾將以身死白之.」著衣冠, 令其友操劍奉笥而從. 造於君庭,
求復者曰:「晏子, 天下之賢者也. 去則齊國必侵矣, 必見國之侵也, 不若先死, 請以頭
託白晏子也.」因謂其友曰:「盛吾頭於笥中, 奉以託.」退而自刎也, 其友因奉以託.
其友謂觀者曰:「北郭子爲國故死, 吾將爲北郭子死也.」又退而自刎. 齊君聞之大駭,
乘馹而自追晏子, 及之國郊, 請而反之, 晏子不得已而反. 聞北郭騷之以死白己也,
曰:「嬰之亡, 豈不宜哉! 亦愈不知士甚矣.」

3. 《藝文類聚》 卷33 人部(十七) 報恩

晏子曰: 晏子以粟金遺北郭騷. 騷辭金受粟. 有間. 晏子見疑於景公. 出奔. 北郭子曰:
「養及親者, 身更其難.」遂造公廷曰:「晏子天下之賢. 去齊, 齊國必侵, 不若先死.」
乃自殺. 公自追晏子, 及郊而反之

4. 《藝文類聚》 卷15. 百穀部 粟

晏子曰: 北郭騷見晏子. 託以養母. 晏子分倉粟府金以遺之. 騷辭金受粟.

5. 《太平御覽》 479에 본 장의 내용이 전재되어 있다.

138(5-28) 景公欲見高糾, 晏子辭以祿仕之臣

경공이 고규를 만나 보고자 함에, 안자는 그는 녹사지신에 불과하다고 사양함

경공이 안자에게 일렀다.

"내 듣기로 고규高糾는 선생과 교유하는 사이라 하던데. 청컨대 그를 한 번 만나 보고 싶소."

그러자 안자는 이렇게 말하였다.

"제가 듣기로 땅을 빼앗기 위해 싸우는 자는 능히 왕이 될 수 없고 녹을 위해 벼슬하는 자는 그 임금을 바르게 해 줄 수 없다 하더이다. 고규는 저와 형제처럼 지낸 지가 오랩니다. 그러나 한 번도 저의 행동을 고쳐 준 적이 없습니다. 이는 녹을 위해 벼슬할 신하에 불과할 뿐입니다. 어찌 족히 임금을 보좌할 만한 인물이겠습니까?"

景公謂晏子曰:「吾聞高糾與夫子游, 寡人請見之.」

晏子對曰:「臣聞之: 爲地戰者, 不能成其王; 爲祿仕者, 不能正其君. 高糾與嬰爲兄弟久矣, 未嘗干嬰之行, 特祿仕之臣也, 何足以補君乎?」

【高糾】《說苑》에는 '高繚'로 실려 있다. 張氏本에 "孫云: 糾說苑作繚, 糾繚聲相近, 黃云: 糾元刻作亂, 下章同"이라 하였다.

참고 및 관련 자료

1.《晏子春秋》139(5-29) 및 193(7-23)과 관련이 있다.

2.《說苑》君道篇

景公謂晏子曰:「吾聞高繚與夫子游, 寡人請見之.」晏子曰:「臣聞爲地戰者不能成王, 爲祿仕者不能成政; 若高繚與嬰爲兄弟久矣, 未嘗干嬰之過, 補嬰之闕, 特進仕之臣也, 何足以補君?」

139(5-29) 高糾治晏子家, 不得其俗, 迺逐之

고규가 안자의 집을 다스림에,
그 습속을 익히지 못하므로 이에 쫓아 버림

고규가 안자를 섬기다가 쫓겨나게 되었다. 그러자 고규는 이렇게 따졌다.

"저는 선생을 섬긴 지 삼 년, 그런데 아무런 보답도 없이 마침내 쫓겨나는 신세가 되었으니 그 이유가 무엇입니까?"

안자는 이렇게 설명하였다.

"우리 집에는 세 가지 습속이 있소. 그런데 그대는 그 중 하나도 지키지 못하였소."

고규가 다시 이렇게 물었다.

"그게 무엇인지 들려 줄 수 있겠습니까?"

안자는 이렇게 일러 주었다.

"우리 집 가속家俗은 한가할 때 서로 조용히 무엇인가라도 상의하지 않으면 서로 소원해진다고 여기고, 나아가서 서로의 장점을 들추어 주지 않거나, 들어와서는 서로의 잘못을 고쳐 주지 않으면 서로 관계 없는 자가 된다고 여기며, 나라 전체의 일에 아무런 의견도 없거나, 선비에게 교만히 굴고, 안다고 거만히 구는 자는 서로 사귀지 못하게 되어 있소. 이 세 가지가 우리 집 가속이요. 그런데 그대는 지금 그 중 한 가지도 없소. 나는 남에게 먹을 것이나 대어 주는 특기를 가진 자가 아니오. 이 까닭으로 그대를 사양하는 거요."

高糾事晏子而見逐, 高糾曰:「臣事夫子三年, 無得, 而卒見逐, 其說何也?」

　　晏子曰:「嬰之家俗有三, 而子無一焉.」

　　糾曰:「可得聞乎?」

　　晏子曰:「嬰之家俗, 閒處從容不談議, 則疏; 出不相揚美, 入不相削行, 則不與; 通國事無論, 驕士慢知者, 則不朝也. 此三者, 嬰之家俗, 今子是無一焉. 故嬰非特食餽之長也, 是以辭.」

【家俗】家風. 집안의 습속, 풍속.

┌─────────────────┐
│ 참고 및 관련 자료 │
└─────────────────┘

1.《晏子春秋》138(5-28) 및 193(7-23)과 관련이 있다.

2.《說苑》臣術篇 065(2-19). 이 기록은 오히려 193(7-23)과 가깝다.

高繚仕於晏子, 晏子逐之, 左右諫曰:「高繚之事夫子, 三年曾無以爵位, 而逐之, 其義可乎?」晏子曰:「嬰仄陋之人也, 四維之然後能直, 今此子事吾三年, 未嘗弼吾過, 是以逐之也.」

140(5-30) 晏子居喪遜答家老, 仲尼善之

안자가 상중에 가로에게 겸손하게 답하자, 공자가 이를 훌륭하다 함

안자가 자신의 부친 안환자晏桓子의 상을 당하였다. 그러자 거친 최의衰衣를 짧게 하고, 저질苴絰로 띠를 두르고, 지팡이를 짚고, 풀신을 신은 채 죽을 먹었다. 임시 초막에 거하며 풀로 짠 자리와 베개를 베고 자는 고행을 하였다. 그러자 가로家老가 물었다.

"이는 대부로서 부친상의 예가 아닙니다."

안자는 이렇게 말하였다.

"경卿이라야 대부가 되는 것이다."

증자曾子가 이 사건을 공자孔子에게 물었다. 그러자 공자는 이렇게 설명하였다.

"안자는 가히 해害를 멀리한다고 말할 수 있다. 자기의 옳은 것으로써 남의 잘못을 반박하지 아니하고 겸손한 말로 허물을 피하였으니 과연 의롭다 할 것이로다!"

晏子居晏桓子之喪, 麤衰, 斬. 苴絰帶, 杖, 菅屨. 食粥, 居倚廬, 寢苫枕草.

其家老曰:「非大夫喪父之禮也.」

晏子曰:「唯卿爲大夫.」

曾子以問孔子, 孔子曰:「晏子可謂能遠害矣. 不以己之是, 駁人之非, 遜辭以避咎, 義也夫!」

【晏桓子】晏弱. 晏子의 父親으로 諡號가 桓子이다.
【麤衰】麤는 三升布의 거친 베옷. 衰는 縗와 같다.《左傳》襄公 17年 傳 杜預
   注에 "斬, 不緝之也. 縗在胸前"이라 하였다.
【苴絰】苴麻로 만든 參衰와 絰帶.
【家老】家臣의 우두머리.
【非大夫喪父之禮也】당시의 사람들은 喪禮에 있어서 자기의 분수를 넘어 자기보다
   높은 사람의 喪禮를 취하였는데, 晏子는 자기 신분에 맞는 喪禮를 행하였으므로
   家老는 喪禮를 높여서 행할 것을 말하였고, 晏子는 남들이 大夫이면서 행하는
   卿의 喪禮는 훗날 卿의 자리에 있는 이가 행할 것이라고 답한 것이다.
【曾子】曾參. 曾晳의 아들로 효성이 뛰어남. 孔子의 弟子.
【孔子】孔丘, 仲尼.

참고 및 관련 자료

1.《左傳》襄公 17年 傳

齊晏桓子卒, 晏嬰麤縗斬, 苴絰・帶・杖, 菅屨, 食鬻, 居倚廬, 寢苫・枕草. 其老曰:
「非大夫之禮也.」曰:「唯卿爲大夫.」

2.《禮記》檀弓篇(下)

曾子曰:「晏子可謂知禮也已, 恭敬之有焉.」有若曰:「晏子一狐裘三十年, 遣車一乘,
及墓而反, 國君七个, 遣車七乘; 大夫五个, 遣車五乘, 晏子焉知禮?」曾子曰:「國無道,
君子恥盈禮焉; 國奢, 則示之以儉; 國儉, 則示之以禮.」

卷六. 內篇 雜下

여러 가지 잡다한 이야기들(下)
총30장 (141-170)

〈朱雀燈〉(서한) 山西 출토

141(6-1) 靈公禁婦人爲丈夫飾不止, 晏子請先內勿服

영공이 부인들의 남장 풍습을
금하였지만 그치지 않자,
안자가 궁궐 안부터 금지시키기를 청함

영공靈公은 부인들이 남자 복장을 하고 다니는 것을 좋아하였다. 그러자 나라 안 여자들이 모두가 그런 유행을 따르는 것이었다. 영공은 이에 관리를 시켜 일반 백성은 그런 모습을 하지 못하게 다음과 같이 영을 내렸다.

"여자이면서 남자 복장을 한 자는 그 옷을 찢어 버리고 그 허리띠를 잘라 버릴 것이다."

이렇게 하여 그 법에 걸려 옷이 찢기고 띠가 잘린 자가 서로 마주 보아 끝이 없을 정도였다. 안자가 이를 보자 영공이 먼저 물었다.

"과인이 관리를 시켜 여자이면서 남자 복장을 한 자는 그 옷과 띠를 다 찢고 잘라 버린다 하였더니 이에 걸려든 자가 저토록 줄을 서서 끝이 없으니 어쩌면 좋겠소?"

안자는 이렇게 대답하였다.

"임금께서 궁궐 내의 부인들에게는 입도록 하면서 궁궐 밖의 백성에게는 금지시키시니, 이는 마치 문에 소머리를 걸어 놓고 안에서는 말고기 파는 것과 같습니다. 임금께서는 어찌 안에서부터 금지시키지 않으십니까? 그렇게 한다면 밖에서는 그리 하도록 권해도 감히 그렇게 하지 못할 텐데요."

영공은 수긍하였다.

"좋소!"

그리고는 이에 궁 안의 부인들부터 그런 복장을 하지 못하게 하였다. 그러자 한 달이 못 되어 백성들 중에 그런 옷을 입고 다니는 자가 사라졌다.

靈公好婦人而丈夫飾者, 國人盡服之, 公使吏禁之, 曰:「女子而男子飾者, 裂其衣, 斷其帶.」

裂衣斷帶, 相望而不止.

晏子見, 公問曰:「寡人使吏禁女子而男子飾者, 裂斷其衣帶, 相望而不止者, 何也?」

晏子對曰:「君使服之于內, 而禁之于外, 猶懸牛首于門, 而賣馬肉於內也. 公何以不使內勿服? 則外莫敢爲也.」

公曰:「善!」

使內勿服, 不踰月, 而國人莫之服.

【靈公】春秋時代 齊나라 君主. 재위 28년(B.C.581~554).《說苑》에는 景公의 일로 실려 있다.

참고 및 관련 자료

1.《說苑》政理篇

景公好婦人而丈夫飾者, 國人盡服之. 公使吏禁之曰:「女子而男子飾者, 裂其衣, 斷其帶.」裂衣斷帶相望而不止, 晏子見, 公曰:「寡人使吏禁女子而男子飾者, 裂其衣, 斷其帶, 相望而不止者, 何也?」對曰:「君使服之於內而禁之於外, 猶懸牛首於門而求買馬肉也; 公胡不使內勿服, 則外莫敢爲也.」公曰:「善!」使內勿服, 不旋月, 而國莫之服也.

2.《太平御覽》822에 본 장의 내용이 전재되어 있다.

142(6-2) 齊人好轂擊, 晏子紿以不祥而禁之

제나라 사람들이 곡격을 좋아하자,
안자가 거짓으로 상서롭지 못한 것이라 하여
이를 금지시킴

제나라 사람들은 수레를 서로 부딪쳐 상대를 침범하는 것으로
즐거움을 삼는 행위를 심히 즐겨하였다. 이런 행위를 금지하였지만
그치지 않자, 안자는 걱정스러웠다. 그래서 스스로 새로운 수레에
좋은 말을 준비하여 거리에 나가, 자신도 다른 사람과 똑같이 범하고
나서 이렇게 말하였다.

"수레끼리 부딪치는 일은 상서롭지 못한 일이다. 내게 이런 일이
일어난 것을 보면, 제사를 불경스럽게 지냈거나 평소 경건히 하지
않은 때문인가?"

그리고는 수레에서 내려 모두 버리고 그 자리를 떠나 버렸다. 그러자
백성들의 그러한 풍조는 사라지게 되었다. 그러므로 이렇게 말하는
것이다.

"금지하여 제압하되 자신이 먼저 실행하지 아니하면 백성의 행동을
막을 수 없다. 따라서 그 마음을 변화시키는 데는 교화만한 것이 없다."

齊人甚好轂擊, 相犯以爲樂, 禁之不止.
晏子患之, 迺爲新車良馬, 出與人相犯也. 曰:「轂擊者不祥,
臣其祭祀不順, 居處不敬乎?」

下車棄而去之, 然後國人乃不爲.

故曰:「禁之以制, 而身不先行, 民不能止. 故化其心, 莫若教也.」

【轂擊】 서로 타고 가는 수레의 바퀴통끼리 부딪쳐 강함을 과시하는 행위.

참고 및 관련 자료

1. 《說苑》 政理篇

齊人甚好轂擊相犯以爲樂, 禁之不止, 晏子患之, 乃爲新車良馬出與人相犯也, 曰:「轂擊者不祥, 臣其祭祀不順, 居處不敬乎?」下車棄而去之, 然後國人乃不爲. 故曰:「禁之以制, 而身不先行也, 民不肯止. 故化其心, 莫若教也.」

2. 《藝文類聚》 卷71 舟車部 車

晏子曰: 齊人好擊轂相犯以爲樂, 禁之不止. 晏子爲新車良馬出. 與其人相犯. 曰:「擊轂者不祥.」下車而去之, 然後國人不爲.

3. 기타 참고 자료

《太平御覽》(773)

143(6-3) 景公譬五丈夫, 稱無辜, 晏子知其寃

경공이 다섯 남자가
꿈에 나타나 죄 없다고 하자,
안자가 그들의 원한을 알아냄

경공이 오구梧丘라는 곳에 사냥을 갔다. 아직 이른 초저녁이었는데 경공은 잠시 앉은 채 잠이 들었다. 그런데 꿈에 다섯 명의 장부가 나타나, 북쪽으로 위려韋廬를 향하여 자신들은 죄가 없다고 말하는 것이었다. 경공은 잠에서 깨어 안자를 불러 꿈 속의 일을 알려 주며 이렇게 물었다.

"내가 일찍이 (무고한 자를 죽였거나)* 죄없는 자를 죽인 적이 있소?"

그러자 안자는 이렇게 설명하였다.

"옛날 선군 영공靈公이 사냥 나갔을 때 다섯 명의 장부가 나타나 짐승을 놀라게 한 적이 있습니다. 그래서 모두 죽여 그 머리를 잘라 묻어 버렸습니다. 그 때문에 그 언덕을 '다섯 장부의 언덕이라 하였는데 이곳이 바로 그 땅이 아닌지요?"

경공이 사람을 시켜 땅을 파서 찾아보게 하였더니, 과연 다섯 개의 두골이 한 구덩이에 묻혀 있는 것이었다. 경공은 놀라 소리쳤다.

"아!"

그리고 관리로 하여금 이들을 후하게 장례를 치르도록 하였다. 나라 백성들은 꿈 속의 일은 모른 채 이렇게 말하였다.

"임금께서는 백골까지 불쌍히 여기시는데, 하물며 살아 있는 사람에게 있어서랴? 남는 힘까지 빠뜨리지 않고, 남는 지혜까지 버리지 않고 우리를 돌보리라."

그러므로 이런 말이 있다.

"임금쯤 되어 선한 일 하기란 참으로 쉬운 것이다."

景公畋于梧丘. 夜猶早, 公姑坐睡. 而薎有五丈夫, 北面韋廬, 稱無罪焉. 公覺, 召晏子而告其所薎.

公曰:「我其嘗殺(不辜·誅)無罪邪?」

晏子對曰:「昔者, 先君靈公畋, 有五丈夫來駭獸, 故並殺之, 斷其頭而葬之. 命曰『五丈夫之丘』, 此其地邪?」

公令人掘而求之, 則五頭同穴而存焉.

公曰:「嘻!」

令吏厚葬之. 國人不知其薎也.

曰:「君憫白骨, 而況于生者乎? 不遺餘力矣, 不釋餘知矣.」

故曰:「人君之爲善易矣.」

【梧丘】地名. 혹은 길가의 언덕이라고도 한다.
【韋廬】사냥 중에 임시로 쳐 놓은 가죽 장막.
* ( ) 안은 《四部叢刊本》을 따랐다.
【靈公】景公 前代(莊公)의 임금.

1. 《說苑》辨物篇

景公畋於梧丘, 夜猶蚤, 公姑坐睡而夢有五丈夫, 北面僇盧, 稱無罪焉. 公覺, 召晏子
而告其所夢, 公曰:「我其嘗殺不辜而誅無罪耶?」晏子對曰:「昔者先君靈公畋, 五丈
夫罟而駭獸, 故殺之斷其首而葬之, 曰五丈夫之丘. 其此耶?」公令人掘而求之, 則五
頭同穴而存焉. 公曰:「嘻, 令吏葬之」國人不知其夢也, 曰:「君憫白骨, 而況於生者乎?」
不遺餘力矣, 不釋餘智矣, 故曰:「人君之爲善易矣.」

2. 《新書》(賈誼) 諭誠篇

文王晝臥. 夢人登城而呼己曰:「我東北 之槁骨也, 速以王禮葬我」文王曰:「諾.」
覺, 召吏視之, 信有焉, 文王曰:「速以人君禮葬之」吏曰:「此無主矣, 請以五大夫.」
文王曰:「吾夢中已許之矣, 奈何其倍之也?」士民聞之, 曰:「我君不以夢之故而倍
槁骨, 況於生人乎?」於是下信其上.

3. 《太平御覽》(364・393・399)

晏子春秋曰: 景公全於梧丘, 夜座睡夢見五丈夫, 倚徒稱无罪, 公問, 晏子曰:「昔先
公靈公出畋, 有五丈夫來驚獸, 悉斷其頭而葬之, 命曰: 丈夫丘.」命人掘之五頭同穴,
公令厚葬之, 乃恩及白骨.

144(6-4) 柏常騫禳梟死, 將爲景公請壽, 晏子識其妄

백상건이 올빼미를 죽여
경공을 위해 장수를 빌어 주겠다고 하자,
안자가 그것이 잘못된 것임을 알아냄

경공이 노침의 누대를 지어 완성까지 하였는데, 도리어 왕은 올라 보지도 않는 것이었다. 백상건柏常騫이 물었다.

"임금께서는 누대 짓는 일을 심히 재촉하시더니 지금 다 완성되고 나서는 어찌하여 올라가 보지도 않으십니까?"

경공은 이렇게 말하였다.

"그렇소! 올빼미가 지난밤에 울었는데, 그 울음소리가 갖가지 이상한 소리를 다 내고 있었소. 나는 그런 소리를 대단히 혐오하오. 이 까닭으로 그 누대에 오르지 않는 것이라오."

백상건이 이렇게 제의하였다.

"제가 청컨대 제사를 올려 이를 제거해 드리겠습니다."

경공은 귀가 솔깃하여 물었다.

"무슨 준비물이 필요하오?"

백상건은 이렇게 대답하였다.

"새로운 집을 하나 짓고, 그 위를 흰 이엉으로 덮어 주기만 하면 됩니다."

이 말에 경공은 집 하나를 짓게 하여 완성되자 흰 이엉을 덮었다. 백상건은 밤에 몰래 일을 벌였다. 그리고 이튿날 아침 짐짓 이렇게 물었다.

<梟者不孝之鳥孫伏於子百日而長羽翼既成食母而飛
古者天子以春解祠黃帝用一梟破獍臭食母破獍食父
黃帝欲絶其類使百吏祠皆用之之主漢武亦如其方毎歲
東郡送梟五月五日作梟羮以賜百官
三才圖會鳥獸之鳥獸二
梟
八>

〈효(梟)〉《三才圖會》

"지난밤에 올빼미 울음소리가 들렸습니까?"

경공은 이렇게 대답하였다.

"한 번 울더니 다시는 더 들리지 않았소."

그리고는 사람을 보내어 살펴보게 하였다. 그랬더니 올빼미가 계단에 떨어져 날개를 편 채 엎어져 죽어 있는 것이었다. 경공이 신기하게 여기며 물었다.

"그대의 도술이 이처럼 명확하오? 그렇다면 역시 나의 수명도 늘려줄 수 있겠소?"

"가능합니다."

이 대답에 경공은 다시 물었다.

"얼마나 더 늘릴 수 있소?"

백상건은 이렇게 자신하였다.

"천자는 9년, 제후는 7년, 대부는 5년까지 늘려 드릴 수 있지요."

경공이 다시 물었다.

"그렇다면 그 증거의 징조를 직접 보여줄 수 있소?"

백상건이 이렇게 대답하였다.

"수명이 늘려진 것이 확인되면 땅이 움직입니다."

경공은 신이 났다. 그래서 백관을 시켜 급히 백상건의 기도에 필요로 하는 물건들을 갖추어 주도록 하였다. 백상건이 나오다가 길에서 안자를 만났다. 그 말 앞에 절을 하고 백상건은 이렇게 말하였다.

"제가 임금을 위해 올빼미를 죽여 없애 주었더니 임금께서 '그대의 도술이 이처럼 명확한가? 그렇다면 자신의 수명도 늘려줄 수 있느냐'라 물었습니다. 제가 '가능합니다'라 했지요. 그래서 지금 큰 제사를 올려 임금을 위해 축수를 빌려 합니다. 장차 그대에게 알려 드리려던 참입니다."

이 말에 안자는 이렇게 물었다.

"아! 역시 훌륭한 일이군요. 임금을 위해 축수기도를 한다니. 비록 그러하오나 내가 듣기로, 오직 정치와 덕을 잘 펴서 귀신에게 순종하면 그 수명을 더할 수 있다고 하던데, 지금 한갓 제사를 지낸다고 목숨이 연장될까요? 그렇다면 복의 조짐에 증거가 보입니까?"

백상건이 이렇게 대답하였다.

"수명 연장이 이루어지면 땅이 움직입니다."

이에 안자가 다시 물었다.

"백상건! 지난번 유성維星이 끊어지고 추성樞星이 흩어지며 땅이 흔들리는 것을 내가 본 적이 있는데, 그대는 그것을 징조로 삼을 작정이지요?"

백상건은 허리를 굽히고 잠시 머뭇거리다가 다시 쳐다보고는 이렇게 실토하였다.

"그렇소이다."

안자는 이렇게 말하였다.

"그렇게 한다고 수명이 늘어나는 것도 아니고, 그렇게 하지 않는다고 수명이 줄어드는 것도 아니오. 그대는 세금을 줄이고 백성의 재물을 허비하지 않도록 하시오. 그리고 임금께는 이 사실을 알지 못하도록 하시오."

景公爲路寢之臺, 成, 而不踊焉.

柏常騫曰:「君爲臺甚急, 臺成, 君何爲而不踊焉?」

公曰:「然, 有梟. 昔者鳴, 其聲無不有爲也. 吾惡之甚, 是以不踊焉.」

柏常騫曰:「臣請禳而去之.」

公曰:「何具?」

對曰:「築新室, 爲置白茅焉.」

公使爲室, 成, 置白茅焉. 柏常騫夜用事.

明日, 問公曰:「今昔聞梟聲乎?」

公曰:「一鳴而不復聞.」

使人往視之, 梟當陛, 布翼, 伏地而死.

公曰:「子之道若此其明也? 亦能益寡人之壽乎?」

對曰:「能.」

公曰:「能益幾何?」

對曰:「天子九, 諸侯七, 大夫五.」

公曰:「子亦有徵兆之見乎?」

對曰:「得壽, 地且動.」

公喜, 令百官趣具騫之所求.

柏常騫出, 遭晏子于塗, 拜馬前, 騫曰:「爲君禳梟而殺之, 君謂騫曰:『子之道若此其明也? 亦能益寡人之壽乎?』騫曰:『能.』今且大祭, 爲君請壽, 故將往, 以聞.」

晏子曰:「嘻! 亦善矣, 能爲君請壽也. 雖然, 吾聞之: 維以政與德而順乎神, 爲可以益壽, 今徒祭, 可以益壽乎? 然則福兆有見乎?」

對曰:「得壽, 地將動.」

晏子曰:「犪! 昔吾見維星絶, 樞星散, 地其動, 汝以是乎?」

柏常犪俯, 有閒, 仰而對曰:「然.」

晏子曰:「爲之無益, 不爲無損也. 汝薄斂, 毋費民. 且無令君知之.」

【路寢】大堂 앞의 高臺.

【柏常犪】景公의 臣下.

【踊】登과 같다. 당시 齊나라 방언이다.(吳則虞)

【維星】별 이름.《漢書》天文志에 "斗杓後有三星, 名曰維星"이라 하였다.

【樞星】天樞星. 北斗七星 중 第一星.

[참고 및 관련 자료]

1.《晏子春秋》卷7 外篇 重而異者 197(7-21)과 같은 기록이다.

2.《說苑》辨物篇

齊景公爲露寢之臺, 成而不通焉. 柏常犪曰:「爲臺甚急, 臺成, 君何爲不通焉?」公曰: 「然, 梟昔者鳴, 其聲無不爲也, 吾惡之甚, 是以不通焉.」柏常犪曰:「臣請禳而去之!」 公曰:「何具?」對曰:「築新室, 爲置白茅焉.」公使爲室, 成, 置白茅焉. 柏常犪夜用事, 明日問公曰:「今昔聞梟聲乎?」公曰:「一鳴而不復聞.」使人往視之, 梟當陛布翼伏地 而死. 公曰:「子之道若此其明也! 亦能益寡人壽乎?」對曰:「能.」公曰:「能益幾何?」 對曰:「天子九 諸侯七 大夫五.」公曰:「亦有徵兆之見乎?」對曰:「得壽, 地且動.」 公喜, 令百官趣具犪之所求. 柏常犪出, 遭晏子於塗, 拜馬前, 辭曰:「犪爲君禳梟而 殺之, 君謂犪曰: 子之道若此其明也, 亦能益寡人壽乎? 犪曰能. 今且大祭, 爲君請壽, 故將往. 以聞.」晏子曰:「嘻, 亦善矣! 能爲君請壽也. 雖然, 吾聞之: 惟以政與德順乎神, 爲可以益壽. 今徒祭可以益壽乎? 然則福名有見乎?」對曰:「得壽地將動.」晏子曰: 「犪, 昔吾見維星絶, 樞星散, 地其動. 汝以是乎?」柏常犪俯有間, 仰而對曰:「然.」 晏子曰:「爲之無益, 不爲無損也. 薄賦斂, 無費民, 且令君知之!」

여러 가지 잡다한 이야기들(下) 555

3. 《**淮南子**》道應訓

景公謂太卜曰:「子之道何能?」對曰:「能動地.」晏子往見公, 公曰:「寡人問太卜曰:
『子之道何能?』對曰:『能動地.』地可動乎?」晏子黙然不對, 出見太卜曰:「昔吾見句
星在房心之間, 地其動乎?」太卜曰:「然.」晏子出, 太卜走往見公曰:「臣非能動地,
地固將動也.」田子陽聞之, 曰:「晏子黙然不對者, 不欲太卜之死; 往見太卜者, 恐公
之欺也. 晏子可謂忠於上, 而惠於下矣.」故老子曰:『方而不割, 廉而不劌.』

4. 《**論衡**》變虛篇

齊景公問太卜曰:「子之道何能?」對曰:「能動地.」晏子往見公, 公曰:「寡人問太卜
曰:『子道何能?』對曰:『能動地.』地固可動乎?」晏子嘿然不對. 出見太卜曰:
「昔吾見鉤星在房・心之間, 地其動乎?」太卜曰:「然.」晏子出, 太卜走見公(曰):
「臣非能動地, 地固將自動.」夫子韋言星徙, 猶太卜言地動也. 地固且自動, 太卜言
己能動之; 星固將自徙, 子韋言君能徙之. 使晏子不言鉤星在房・心(間), 則太卜之
姦對不覺. 宋無晏子之知臣, 故子韋之一言, 遂爲(售)其[欺]是(耳).

145(6-5) 景公成柏寢而師開言室夕, 晏子辨其所以然

경공이 백침을 완성시키자,
사개가 그 방이 서향이라고 말함으로
안자가 그 이유를 설명함

경공이 새로이 백침柏寢의 누대를 지어 완성하자 악사 개開로 하여금 거문고를 연주하게 하였다. 악사 개는 왼손으로는 궁조宮調를 타고, 오른손으로는 상조商調를 연주하면서 이렇게 말하는 것이었다.

"방의 방향이 서쪽으로 치우쳤군요."

경공이 장님이 어찌 이를 아는가 싶어 물었다.

"그대는 어떻게 이를 아는가?"

개는 이렇게 설명하였다.

"동쪽의 거문고 소리는 얇고, 서쪽의 소리는 높이 울리기 때문입니다."

경공이 목공을 불러 물었다.

"방을 어찌하여 서쪽으로 치우치게 지었는가?"

목공은 이렇게 설명하였다.

"방을 궁실의 규구規矩에 맞추어 지었기 때문입니다."

이에 다시 사공司空을 불러 물어 보았다.

"궁을 어찌하여 서쪽으로 치우치게 지었소?"

사공은 이렇게 대답하였다.

"궁실을 성城의 규구에 맞추어 지었기 때문입니다."

이튿날 안자가 입조하자 경공이 물었다.

"선군이신 태공太公께서 이 영구營丘 땅을 봉지로 받아 성을 쌓을 때 어찌하여 서쪽으로 치우치게 세웠습니까?"

안자는 이렇게 설명하였다.

"옛날에 나라를 세울 때는 남쪽으로는 남두성南斗星을 바라보고, 북쪽으로는 추성樞星을 머리에 이게 되어 있습니다. 그러니 어찌 서쪽으로 치우치게 지을 수가 있다는 말입니까? 그러나 지금 서쪽으로 치우친 이 사실을 보니, 주周나라의 건도建都가 서쪽이므로 나라의 방향을 서쪽으로 하여 주실을 존중하기 위한 것임을 알 수 있습니다."

경공을 축연히 이렇게 말하였다.

"옛날에는 신하의 도리가 그토록 엄격하였습니까?"

景公新成柏寢之室, 使師開鼓琴, 師開左撫宮, 右彈商, 曰:
「室夕.」

公曰:「何以知之?」

師開對曰:「東方之聲薄, 西方之聲揚.」

公召大匠, 曰:「立室何爲夕?」

大匠曰:「立室以宮矩爲之.」

于是召司空曰:「立宮何爲夕?」

司空曰:「立宮以城矩爲之.」

明日, 晏子朝, 公曰:「先君太公以營丘之封立城, 曷爲夕?」

晏子對曰:「古之立國者, 南望南斗, 北戴樞星, 彼安有朝夕哉?
然而以今之夕者, 周之建國, 國之西方, 以尊周也.」

公嫭然曰:「古之臣乎?」

【柏寢】 누대 이름.《括地志》에 "柏寢臺, 在青州千乘縣, 東北二十一里"라 하였다.

【開】 樂師의 이름. 대개 고대 악사는 장님이었다.

【宮調】 五音의 宮調.

【商調】 五音인 宮商角徵羽 중의 두 번째 음조.

【室夕】 서쪽으로 향하고 있음을 말한다.《呂氏春秋》明理篇 高誘 注에 의함. 혹은 '夕'은 '邪'로, '잘못된 방향으로 되어 있다'는 뜻으로도 본다.(王念孫)

【司空】 官職名, 土木工程을 맡았다.

【太公】 呂尙, 姜子牙, 姜太公. 周나라 武王을 도와 殷나라 紂를 멸한 후, 齊 땅을 封地로 받아 齊나라의 始祖가 되었다.

【營丘】 지금의 山東 臨淄 근처. 姜太公 望이 처음 封地를 받아 建都하였던 곳.

【南斗星】 斗宿. 北斗에 대칭하여 있는 별.

【樞星】 天樞星. 北斗七星의 首星.

146(6-6) 景公病水, 夢與日鬪, 晏子敎占夢者以對

경공이 물을 잘못 마셔 병이 나서
해와 싸우는 꿈을 꾸자, 안자가 해몽하는
자로 하여금 풀이해 주도록 시킴

경공이 물을 잘못 마셔 수십 일을 누워 있어야 했다. 그런데 밤에 자신이 하늘의 두 해와 싸움을 벌이되 이겨내지 못하는 이상한 꿈을 꾸게 되었다. 안자가 입조하자 경공이 물었다.

"지난 밤 나는 하늘에 떠 있는 해 둘과 싸움을 벌이는 꿈을 꾸었소. 결국 내가 이기지 못하였는데 이는 내가 죽는다는 뜻이 아닌지요?"

안자는 이렇게 청하였다.

"청컨대 해몽하는 자를 불러 보시지요."

그리고는 궁궐의 작은 문 앞에 선 채 사람을 시켜 수레를 몰고 가서 꿈을 점치는 자를 불러오도록 하였다. 그 자가 다달아 오자 안자에게 물었다.

"무슨 일로 저를 부르셨습니까?"

안자는 이렇게 설명하였다.

"지난 밤에 임금께서 두 해와 싸워 이기지 못하는 꿈을 꾸고는 죽는 다는 징조가 아닌가 걱정하고 있소. 그래서 내가 임금에게 청하여 꿈으로 점을 치는 자를 부르자 한 것이오. 이것이 그대가 할 일이오."

그러자 그 해몽하는 자가 이렇게 서둘렀다.

"청컨대 가져온 책을 펴 보겠습니다."

〈伏羲와 女媧〉(畵像石) 東漢 山東 嘉祥縣 武梁祠

안자가 말렸다.

"책을 펴 볼 필요 없소. 임금에게 생긴 병은 음陰에 해당하오. 그리고 해는 양陽이요. 하나의 음이 두 개의 양을 이길 수 없는 이치. 따라서 임금의 병도 곧 나을 거요. 그대는 내가 말한 이 말을 그대로 전해 주기만 하면 되오."

이리하여 해몽하는 자가 안으로 들자 경공이 물었다.

"과인이 꿈에 두 해와 싸워 이기지 못하였소. 과인은 장차 죽게 되는 거요?"

그러자 해몽하는 자는 안자가 일러 준대로 대답하였다.

"임금의 병은 음입니다. 해는 양입니다. 하나의 음이 두 개의 양을 이길 수 없습니다. 따라서 임금님의 병은 곧 낫는다는 꿈입니다."

그로부터 사흘 뒤 임금의 병은 크게 나았다. 경공이 장차 해몽한 자에게 선물을 내리려 하였다. 그러자 그는 이렇게 실토하는 것이었다.

"이는 저의 힘이 아닙니다. 안자께서 제게 가르쳐 준대로 한 것뿐입니다."

경공은 안자를 불러 그에게 상을 내리려 하자, 안자는 이렇게 거절하였다.

"저의 말이기는 하나 그 말을 그 해몽하는 자가 하였기 때문에 효험이 있었던 것입니다. 이렇게 보면 이는 해몽하는 자의 힘일 뿐 저의 공은 없습니다."

경공은 두 사람에게 모두 상을 내리며 이렇게 말하였다.

"안자는 남의 공을 빼앗지 않았고, 해몽하는 자는 남의 능력을 은폐시키지 않았소이다."

景公病水, 臥十數日, 夜夢與二日鬪, 不勝.

晏子朝, 公曰:「夕者, 吾夢與二日鬪, 而寡人不勝, 我其死乎?」

晏子對曰:「請召占夢者.」

立于閨, 使人以車迎占夢者.

至, 曰:「曷爲見召?」

晏子曰:「夜者, 公夢與二日鬪, 不勝. 恐必死也, 故請君占夢, 是所爲也.」

占夢者曰:「請反具書.」

晏子曰:「毋反書. 公所病者, 陰也, 日者, 陽也. 一陰不勝二陽, 公病將已. 以是對.」

占夢者入, 公曰:「寡人夢與二日鬪而不勝, 寡人死乎?」

占夢者對曰:「公之所病, 陰也. 日者, 陽也. 一陰不勝二陽, 公病將已.」

居三日, 公病大愈.

公且賜占夢者. 占夢者曰:「此非臣之力, 晏子敎臣也.」

公召晏子, 且賜之.

晏子曰:「占瞢者以臣之言對, 故有益也. 使臣言之, 則不信矣.
此占瞢者之力也, 臣無功焉.」

公兩賜之, 曰:「以晏子不奪人之功, 以占瞢者不蔽人之能.」

【瞢】夢의 이체자이다.
【請反其書】元刻本에는 "請反其書"로 되어 있다. 점몽서를 펴 보겠다는 뜻이다.

참고 및 관련 자료

1. 《太平御覽》743·398에 관련 기록이 전재되어 있다.

2. 《風俗通義》卷9 怪神篇에 본 장의 내용이 전재되어 있다.

3. 《意林》에 본 장의 내용이 전재되어 있다.

147(6-7) 景公病疽, 晏子撫而對之, 迺知羣臣之野

경공이 종기를 앓자,
안자가 이를 만져 보며
여러 신하들이 모자람을 알아냄

경공이 등에 종기가 나자, 고자高子와 국자國子 두 신하가 이런 요청을 하였다.

"저희들의 직책으로 보아 직접 그 종기를 만져 드려야겠습니다."

고자가 나아가 그 종기를 살펴보자 경공이 물었다.

"뜨겁소?"

"뜨겁습니다."

"어느 정도요?"

"마치 불 같습니다."

"그 색은 어떻소?"

"마치 덜 익은 오얏 같습니다."

"크기는 어떠하오?"

"콩만 합니다."

"파인 부분은 어떻소?"

"마치 갈라진 가죽신 같습니다."

두 사람이 나가고 안자가 뵙기를 청하였다. 경공이 먼저 물었다.

"과인이 의관을 갖추고 선생을 뵈어야 하나, 병이 나서 그럴 수가 없군요. 선생께서는 욕되시겠지만, 나의 종기를 봐 주실 수 있겠소?"

이에 안자는 들어가서 재인宰人을 불러 대야에 물을 떠오게 하고, 시어侍御하는 자에게는 수건을 준비하도록 하였다. 그리고 손을 씻고 따뜻이 한 다음, 자리를 잡고 깔개를 편 다음 꿇어앉아 만져 보았다. 경공이 물었다.

"그 열이 어느 정도요?"

"해와 같군요."

"그 색깔은 어떻소?"

"푸른 옥 색깔입니다."

"크기는 어느 정도요?"

"벽璧만 합니다."

"옴폭 파인 부분은 어떠하오?"

"규珪만 합니다."

안자가 나가자 경공이 이렇게 말하였다.

"내 안자 같은 군자를 보지 못하였더라면. 국씨나 고씨 같은 야인의 졸렬함을 판별해 내지 못할 뻔하였구나."

景公病疽, 在背. 高子國子請于公曰:「職當撫瘍.」

高子進而撫瘍, 公曰:「熱乎?」

曰:「熱.」

「熱何如?」

曰:「如火.」

「其色何如?」

曰:「如未熟李.」

「大小何如?」

曰:「如豆.」

「墮者何如?」

曰:「如屨辨.」

二子者出, 晏子請見.

公曰:「寡人有病, 不能勝衣冠, 以出見夫子, 夫子其辱視寡人乎?」

晏子入, 呼宰人具盥, 御者具巾, 刷手溫之, 發席, 傅薦, 跪請撫瘍.

公曰:「其熱何如?」

曰:「如日.」

「其色何如?」

曰:「如蒼玉.」

「大小何如?」

曰:「如璧.」

「其墮者何如?」

曰:「如珪.」

晏子出, 公曰:「吾不見君子, 不知野人之拙也.」

【高子·國子】모두 齊나라의 公族으로서, 景公의 臣下.

【墮者】종기가 터져 옴폭 파인 모습을 말한다.

【屨辨】가죽신의 갈라진 형태를 말한다. 孫省衍은 "爾雅釋器: 革中絕謂之辨.
 孫炎注: 辨, 分半也. 郭璞注: 中斷皮也. 屝履以皮爲之, 中裂似瘡與?"라 하였다.

【宰人】卿. 大夫의 家臣.

【侍御】시중드는 사람.

【璧】둥글게 생긴 옥.

【珪】上圓下方한 형태의 옥.

【野人之拙】앞의 高氏와 國氏는 임금의 병세를 일반인의 몸체를 보듯 하였고,
 晏子는 임금에 대한 禮로써 君主의 상징인 해와 儀仗用 禮器에 비교하여 설명함
 으로써 그 禮를 갖추었음을 은유한 것이다.

1. 《太平御覽》 968에 본 장의 내용이 전재되어 있다.

2. 《意林》에 본 장의 내용이 전재되어 있다.

148(6-8) 晏子使吳, 吳王命儐者稱天子, 晏子詳惑

안자가 오나라에 사신으로 가자,
오왕이 부하에게 자신을 천자라고 칭하도록 시킴.
이에 안자가 거짓으로 미혹에 빠진 듯이 함

안자가 오吳나라에 사신으로 가자, 오나라 왕이 행인行人에게 이렇게 일렀다.

"내 듣기로 안영晏嬰은 북방에서 말솜씨에 뛰어나고 예법에도 밝은 자라 합니다. 빈자儐者에게 명하여 그 손님이 나타나거든 '천자天子께서 그대를 보고자 합니다'라고 하시오."

이튿날 안자가 일정대로 오왕을 만날 순서가 되자, 행인이 이렇게 말하는 것이었다.

"천자께서 당신을 보고자 하십니다."

안자는 머뭇거리기를 세 번, 그리고 나서 이렇게 말하였다.

"나는 우리 임금의 명령을 받고 장차 오왕이 있는 곳으로 사명을 띠고 왔는데, 내가 불민不敏하고 미혹해서 그만 천자의 조정으로

吳王夫差

잘못 온 것 같소. 감히 묻건대 오왕은 어디에 거처하고 있소?"

그러자 오왕은 이렇게 굴복하였다.

"부차夫差가 장차 그대를 뵙고자 하오."

그리고는 제후의 예로써 맞이해 만나게 되었다.

晏子使吳, 吳王謂行人曰:「吾聞晏嬰, 蓋北方辯于辭·習于禮者也. 命儐者曰: 客見則稱天子請見.」

明日, 晏子有事, 行人曰:「天子請見.」

晏子憱然.

行人又曰:「天子請見.」

晏子憱然.

又曰:「天子請見.」

晏子憱然者三, 曰:「臣受命弊邑之君, 將使于吳王之所, 以不敏而迷惑, 入于天子之朝, 敢問吳王惡乎存?」

然後吳王曰:「夫差請見.」

見之以諸侯之禮.

【吳】春秋 후기 長江 근처에서 세력을 떨쳤던 나라.

【行人】벼슬 이름. 외교 접대의 업무를 맡음.

【晏嬰】晏子. 嬰은 이름. 平仲.

【儐者】擯者. 손님의 접대와 안내를 맡은 직책.

【天子】宗主國의 임금. 여기서는 周나라만이 천자라 하고 모든 제후국의 경우 公·王을 칭해야 함을 말한 것이다.

【夫差】당시의 吳나라 임금. 재위 23년(B.C.495~473). 越왕 勾踐에게 망하였다.

1.《說苑》奉使篇

晏子使吳, 吳王謂行人曰:「吾聞晏嬰蓋北方之辯於辭, 習於禮者也, 命儐者: 客見則稱天子.」明日, 晏子有事, 行人曰:「天子請見.」晏子憮然者三, 曰:「臣受命弊邑之君, 將使於吳王之所, 不佞而迷惑入于天子之朝, 敢問吳王惡乎存?」然後吳王曰:「夫差請見.」見以諸侯之禮.

2.《太平御覽》779에 본 장의 내용이 전재되어 있다.

3.《北堂書鈔》에 본 장의 내용이 전재되어 있다.

149(6-9) 晏子使楚, 楚爲小門, 晏子稱使狗國者入狗門

안자가 초나라에 사신으로 가자,
초나라가 작은문으로 들어가게 함.
이에 안자는 개나라에 갈 때나
개구멍으로 들어가는 것이라 말함

안자가 초楚나라에 사신으로 가자, 초나라에서는 안자가 키가 작은 것을 놀려 대문 곁에 있는 작은 쪽문으로 들어가도록 하였다. 안자는 들어가지 않고 버티면서 이렇게 말하였다.

"개나라에 사신으로 가는 자는 개구멍으로 들어간다. 지금 나는 초나라에 사신으로 온만큼 이런 문으로는 들어갈 수 없다."

빈자는 할 수 없이 길을 바꾸어 대문으로 들어가게 하였다. 초왕을 만나자 왕이 빈정댔다.

"제齊나라에는 사람이 없습니까? 그대와 같은 자를 사신으로 보내다니요."

그러자 안자는 이렇게 되물었다.

"제나라의 임치臨淄는 삼백 여閭나 되며 사람들이 소매를 올리면 온 도시에 그늘이 드리워질 정도이고, 땀을 한꺼번에 뿌리면 비가 오는 것과 같습니다. 이렇게 어깨가 마주 닿고 발꿈치가 이어질 정도로 사람이 많은데 어찌 사람이 없다 하십니까?"

왕이 다시 물었다.

"그렇다면 어찌 겨우 그대 같은 이가 사신으로 왔단 말이오?"

안자는 이렇게 대답하였다.

"우리 제나라는 사신 임무를 맡길 때에 각각 그 상대 임금에게 맞추어 하지요. 상대 나라의 임금이 어질 때에는 어진 자를 보내어 그 임무를 명하고, 상대 임금이 불초할 때에는 그에 맞추어 불초한 자를 보내어 그에게 사신 임무를 맡기지요. 우리나라에서 제가 가장 불초합니다. 그래서 이 초나라 사신으로는 가장 적당한 자입니다."

晏子使楚, 楚人以晏子短, 爲小門于大門之側而延晏子.

晏子不入, 曰:「使狗國者, 從狗門入; 今臣使楚, 不當從此門入」

儐者更道, 從大門入.

見楚王, 王曰:「齊無人耶? 使子爲使.」

晏子對曰:「齊之臨淄三百閭, 張袂成陰, 揮汗成雨, 比肩繼踵而在, 何爲無人?」

王曰:「然則何爲使子?」

晏子對曰:「齊命使, 各有所主, 其賢者使使賢主, 不肖者使使不肖主. 嬰最不肖, 故宜使楚矣.」

【楚】 中國 남부에 강성했던 나라. 戰國時代에 七雄에 올랐다.
【臨淄】 齊나라의 首都.
【閭】 25家를 1閭로 하였으며《太平御覽》에는 "三萬戶"라 하였다.

참고 및 관련 자료

1.《說苑》奉使篇

晏子使楚. 晏子短, 楚人爲小門於大門之側而延晏子. 晏子不入, 曰:「使至狗國者從

狗門入. 今臣使楚, 不當從此門.」儐者更從大門入見楚王. 王曰:「齊無人耶?」晏子
對曰:「齊之臨淄三百閭, 張袂成帷, 揮汗成雨. 此肩繼踵而在, 何爲無人?」王曰:
「然則何爲使子?」晏子對曰:「齊命使各有所主. 其賢者使賢主, 不肖者使不肖主.
嬰最不肖, 故宜使楚耳.」

2.《藝文類聚》卷25 人部(九) 嘲戲

晏子春秋曰: 晏子短小. 使楚, 楚人爲小門於大門側, 而延晏子. 晏子不入, 曰:「使狗
國者, 從狗門入. 今臣使楚, 不當從狗門入.」王曰:「齊無人耶?」對曰:「齊之臨淄,
張袂成帷, 揮汗成雨 何爲無人? 齊使賢者使賢王, 不肖者使不肖王, 嬰不肖, 故使王爾.」

3.《藝文類聚》卷24 獸部(中) 狗

晏子曰: 晏子短. 使楚, 楚人爲門於犬門側. 延晏子. 晏子曰:「使狗國者, 從狗門入,
今使楚王, 不當從此門入.」

4. 기타 참고 자료

《太平御覽》(183, 378, 466, 468, 779, 905)·《初學記》(99)·《意林》

150(6-10) 楚王欲辱晏子, 指盜者爲齊人, 晏子對以橘

초왕이 안자를 골려 주려고
도둑을 잡아 제나라 사람이라고 하자,
안자가 귤을 예로 들어 대응함

안자가 장차 초楚나라에 사신으로 가기로 결정되자, 초나라 왕이 이 소식을 듣고 좌우에게 이렇게 말하였다.

"안영은 제나라 사람 중에 말 잘하는 인물로 소문이 나 있소. 지금 바야흐로 오고 있을 텐데, 내 그자를 골려 주고 싶소. 어떻게 하면 되겠소?"

이에 좌우는 이런 계책을 꾸몄다.

"그가 오면 청컨대 제가 한 사람을 결박하여 임금 곁을 지나가겠습니다. 그때 임금께서는 '무엇하는 자냐'라 물으십시오. 그러면 '제나라 사람입니다'라 대답하겠습니다. 다시 '무슨 죄에 연좌되었느냐'고 물으십시오. 그때 '도둑질하였습니다'라고 하겠습니다."

안자가 도착하자, 초왕은 그를 위해 술상을 마련하였다. 술기운이 오르자 관리 두 명이 한 사람을 묶고 왕 앞에 다가왔다. 왕이 물었다.

"결박한 자는 무슨 이유로 그리된 것인가?"

관리는 대답하였다.

"제나라 사람인데 도둑질하다가 잡혔습니다."

왕은 안자를 돌아보며 물었다.

"귀국 제나라 사람은 진실로 도둑질에 능한 모양이지요?"

그러자 안자는 자리를 피해 앉으며, 이렇게 대답하는 것이었다.

"제가 듣기로 귤나무가 회수淮水 남쪽에 나면 귤이 열리지만, 회수 북쪽에 자라면 탱자가 된다 하였습니다. 잎만 한갓 서로 비슷할 뿐 그 과실의 맛은 다릅니다. 그렇게 되는 이유는 무엇이겠습니까? 물과 흙의 풍토가 다르기 때문이지요. 지금 백성이 제나라에 태어나서 자라는 한 도적질할 줄 모릅니다. 그러나 초나라에 들어오면 도적질을 하는 것을 보면, 이 초나라의 풍토가 사람으로 하여금 도둑질을 잘 할 수 있도록 하기 때문이 아닐까요?"

왕은 웃으며 이렇게 사과하였다.

"성인이라면 희롱해서는 안 될 일을 과인이 거꾸로 하였다가 스스로 허물을 뒤집어쓰고 말았군요."

晏子將使楚, 楚王聞之, 謂左右曰:「晏嬰, 齊之習辭者也. 今方來, 吾欲辱之, 何以也?」

左右對曰:「爲其來也, 臣請縛一人, 過王而行, 王曰:『何爲者也?』對曰:『齊人也.』王曰:『何坐?』曰:『坐盜.』」

晏子至, 楚王賜晏子酒, 酒酣, 吏二縛一人詣王.

王曰:「縛者曷爲者也?」

對曰:「齊人也, 坐盜.」

王視晏子曰:「齊人固善盜乎?」

晏子避席對曰:「嬰聞之: 橘生淮南, 則爲橘; 生于淮北, 則爲枳. 葉徒相似, 其實味不同. 所以然者何? 水土異也. 今民生長于齊不盜, 入楚則盜, 得無楚之水土, 使民善盜耶?」

王笑曰:「聖人非所與熙也, 寡人反取病焉.」

【習辭】 말솜씨에 뛰어남을 말한다.

【坐盜】 '坐'는 '걸리다, 연좌되다, 해당되다'의 뜻.

【淮水】 長江과 黃河의 중간을 구획하는 江.

참고 및 관련 자료

1. 《周禮》 考工記 總書.

橘踰淮而北爲枳, 此地氣然也.

2. 《說苑》 奉使篇

晏子將使荊, 荊王聞之, 謂左右曰「晏子賢人也, 今方來, 欲辱之, 何以也?」左右對曰「爲其來也, 臣請縛一人過王而行.」於是荊王與晏子立語. 有縛一人, 過王而行. 王曰「何爲者也?」對曰「齊人也.」王曰「何坐?」曰「坐盜.」王曰「齊人固盜乎?」晏子反顧之曰「江南有橘, 齊王使人取之而樹之於江北, 生不爲橘, 乃爲枳, 所以然者何? 其土地使之然也. 今齊人居齊不盜, 來之荊而盜, 得無土地使之然乎?」荊王曰「吾欲傷子而反自中也.」

3. 《韓詩外傳》 卷10

齊景公遣晏子南使楚. 楚王聞之, 謂左右曰「齊遣晏子使寡人之國, 幾至矣.」左右曰「晏子, 天下之辯士也. 與之議國家之務, 則不如吾; 與之論往古之術, 則不如也. 王獨可以與晏子坐, 使有司束人過王, 王問之, 使言齊人善盜, 故束之. 是宜可以困之.」王曰「善.」晏子至, 卽與之坐, 圖國之急務, 辨當世之得矣, 再擧再窮. 王黙然無以續語. 居有間, 束徒以過之. 王曰「何爲者也?」有司對曰「是齊人, 善盜, 束而詣吏.」王欣然大笑曰「齊乃冠帶之國, 辯士之化, 固善盜乎?」晏子曰「然. 固取之. 王不見夫江南之樹乎? 名橘, 樹之江北, 則化爲枳. 何則? 地土使然爾. 夫子處齊之時, 冠帶而立, 儼有伯夷之廉, 今居楚而善盜, 意土地之化使然爾. 王又何怪乎?」詩曰『無言不讐, 無德不報.』

4. 《藝文類聚》 卷25 人部(九) 嘲戲

又曰: 晏子使楚, 楚王謂左右曰「晏嬰習辯者也, 吾欲傷之.」若坐正, 縛一人來, 及嬰坐. 左右縛人, 王問何爲者. 曰「齊人, 坐盜.」王視晏子曰「齊人善盜乎?」

晏子對曰:「嬰聞橘生江北則爲枳, 葉徒相似, 其實味不同, 水土異也. 今此人生於齊不爲盜, 入楚則盜, 得無楚之水土使爲土取?」王笑曰:「寡人反取病焉.」

5. 《藝文類聚》卷86 菓部(上) 橘

晏子使楚. 楚王曰:「齊人善盜乎?」子對曰:「嬰聞江南之橘, 生於淮北則爲枳, 今民生於齊不盜, 入楚則盜, 得無楚使民善盜也?」

6. 《後漢書》卷28(下) 馮衍傳 注

晏子曰:「江南爲橘, 江北爲枳.」枳之爲木, 芳而多刺, 可以爲籬.

7. 《列子》湯問篇

吳楚之國有大木焉, 其名爲柚. 碧樹而冬生, 實丹而味酸. 食其皮汁, 已憤厥之疾. 齊州珍之. 渡淮而北而化爲枳焉. 鸜鵒不踰濟, 貉踰汶則死矣; 地氣然也. 雖然, 形氣異也, 性鈞已, 無相易已. 生皆全已, 分皆足已. 吾何以識其巨細? 何以識其修短? 何以識其同異哉?』

8. 기타 참고자료

《冊府元龜》(745)·《能改齋漫錄》(15)·《太平御覽》(779·966)·《北堂書鈔》政術部(14)·《意林》등

151(6-11) 楚王饗晏子進橘置削, 晏子不剖而食

초왕이 안자에게 귤과 칼을 주었으나,
안자는 껍질을 벗기지 않고 먹음

경공이 안자로 하여금 초楚나라에 사신으로 가도록 하였다. 초왕은 안자에게 귤을 내놓았다. 그리고 칼도 곁에 두었는데 안자는 껍질을 벗기지도 않은 채 그냥 먹는 것이었다. 초왕이 물었다.

"귤이란 껍질을 벗기고 먹는 것입니다."

안자는 이렇게 말하였다.

"제가 듣기로 임금 앞에서 먹을 것을 하사받은 경우 참외나 복숭아는 깎아서 먹지 않으며, 귤이나 유자도 갈라서 먹어서는 안 된다고 하더이다. 지금 만 승萬乘의 군주께서 아무런 명령을 가르쳐 주지 않으시니, 저도 그 까닭으로 감히 껍질을 벗기지 않은 것입니다. 그렇지 않았다면 저는 몰라서 그런 것은 아닙니다."

景公使晏子于楚, 楚王進橘, 置削, 晏子不剖而並食之.

楚王曰:「橘當去剖.」

晏子對曰:「臣聞之: 賜人主前者, 瓜桃不削, 橘柚不剖. 今者, 萬乘之主無教令, 臣故不敢剖, 不然, 臣非不知也.」

【置削】削刀(과도)를 '준비하다'의 뜻.

【萬乘之主】楚王을 가리킨다.

【不然】《太平御覽》(797·966)과《合璧事類別集》(46) 등에 전재된 본장은 이 두 글자가 없다.

참고 및 관련 자료

1.《說苑》奉使篇

景公使晏子使於楚. 楚王進橘置削. 晏子不剖而幷食之. 楚王曰:「橘當去剖.」晏子對曰:「臣聞之, 賜人主前者, 瓜桃不削, 橘柚不剖. 今萬乘無敎, 臣不敢剖, 然臣非不知也.」

2.《太平御覽》(779·797·966)에 본 장의 내용이 전재되어 있다.

152(6-12) 晏子布衣棧車而朝, 田桓子侍景公飮酒, 請浮之

안자가 거친 옷에 낡은 수레로
조회에 나오는 것을 보고,
전환자가 경공과 술을 마시다가
그에게 벌주 내릴 것을 청함

경공이 술을 마시고 있을 때 전환자田桓子가 그 곁에서 모시고 있었다.
마침 멀리 안자가 나타나는 것을 보고 전환자가 이런 제의를 하였다.

"청컨대 안자에게 벌주를 내리시지요."

경공이 물었다.

"무슨 이유요?"

무우(無宇, 전환자)는 이렇게 말하였다.

"안자의 옷은 성긴 베로 짠 것에 사슴가죽의 갖옷, 땔나무나 실을
다 낡은 수레, 게다가 노마駑馬를 타고 입조하고 있습니다. 이는 임금께서
내려주신 은혜를 은폐하는 짓입니다."

이 설명에 경공은 그렇다고 여겼다.

"좋소!"

안자가 다가와 자리를 잡자 술 따르는 자가 술잔을 안자에게 올리며
이렇게 말하였다.

"임금의 명령에 따라 벌주를 올립니다."

안자가 물었다.

"무슨 연고요?"

고대 수레 모형

전환자가 대신 나서서 설명하였다.

"임금께서 그대에게 경卿 벼슬을 주어 그 몸을 현달하게 하였고, 백만의 많은 재물을 총애하여 그 집을 부유하게 해 주어, 여러 신하들의 작위가 그대보다 높은 자 없고, 봉록도 그대보다 많은 자가 없소. 그런데도 그대는 성긴 베옷에 사슴가죽의 갖옷을 입고, 장작이나 실을 수레를 타고 노마를 몰고 조회에 나타나니 이는 임금이 내려주신 은혜를 은폐하는 행위입니다. 그래서 벌주를 내리는 것입니다."

이에 안자는 자리를 피해 앉으며 우선 이렇게 물었다.

"청컨대 이 술을 마신 다음에 말을 할까요? 아니면 말을 먼저 한 다음 마실까요?"

임금이 대답하였다.

"하고 싶은 말을 먼저 하고 난 다음 마시시오."

안자는 이렇게 설명하였다.

"임금께서 저에게 경 벼슬을 주셔서 제 자신이 현달하였으나, 저는 감히 이를 드러내기 위해 받은 것이 아닙니다. 이는 임금의 명령을 실행하기 위해서였을 뿐입니다. 또 백만이나 되는 많은 재물로 총애하셔서 저의 집안을 부유하게 해 주셨으나 저는 감히 부유하기 위해서 받은 것은 아닙니다. 임금의 내리심을 인정하기 위해서입니다. 제가 듣건대 옛날의 어진 임금 시대에는 신하가 후한 하사를 받고도 자신의 가난한 친족을 돌아보지 않는 것은 잘못이요, 일을 맡아 직무를 지키되 그 소임을 이겨내지 못하는 것도 잘못이라 하였습니다. 임금의 가까이 있는 노비들과 신의 부형父兄이 만약 서로 흩어져서 들판에 내몰려 고생한다면, 이는 바로 저의 실책입니다. 또 임금의 먼 노비들이나 제가 맡은 직무가 잘못된 채 사방에 널려 있다면, 이 역시 바로 저의 실책입니다. 그런가 하면 군대가 잘 정비되지 못하고, 전거戰車가 제대로 정비되지 못한다면, 이 역시 저의 잘못이 됩니다. 그러나 무릇 낡은 수레에 노마를 이끌고 조회에 나타나는 일이라면, 생각건대 이는 죄가 될 수 있는 일은 아닐 것입니다. 또 임금께서 제게 하사하심으로 인해 아버지 항렬은 수레를 타지 못하는 자가 없고, 어머니 항렬의 사람들은 의식에 족하지 아니한 자가 없으며, 아내 쪽 집안들도 굶주림과 추위에 떠는 자가 없습니다. 나라 안의 청한한 선비들 중에 저의 보살핌을 받은 후라야 불을 땔 수 있는 자가 수백 가구나 됩니다. 이러한 것은 임금의 하사를 널리 빛나게 하는 일입니까? 아니면 임금의 은사를 은폐해 버리는 일입니까?"

임금은 이 말에 이렇게 명하였다.

"훌륭하오! 나를 위해 무우가 벌주를 드시오."

景公飮酒, 田桓子侍, 望見晏子, 而復于公曰:「請浮晏子.」
公曰:「何故也?」

無宇對曰:「晏子衣緇布之衣, 麋鹿之裘, 棧軫之車, 而駕駑馬以朝, 是隱君之賜也.」

公曰:「諾.」

晏子坐, 酌者奉觴進之, 曰:「君命浮子.」

晏子曰:「何故也?」

田桓子曰:「君賜之卿位以顯其身, 寵之百萬以富其家, 羣臣之爵, 莫尊于子, 祿莫重于子, 今子衣緇布之衣, 麋鹿之裘, 棧軫之車, 而駕駑馬以朝, 則是隱君之賜也. 故浮子.」

晏子避席曰:「請飲而後辭乎? 其辭而後飲乎?」

公曰:「辭然後飲.」

晏子曰:「君賜之卿位, 以顯其身, 嬰非敢爲顯受也, 爲行君令也; 寵之百萬, 以富其家, 嬰非敢爲富受也, 爲通君賜也. 臣聞古之賢君, 臣有受厚賜, 而不顧其困族, 則過之; 臨事守職, 不勝其任, 則過之. 君之內隸, 臣之父兄, 若有離散, 在于野鄙, 此臣之罪也. 君之外隸, 臣之所職, 若有播亡, 在于四方, 此臣之罪也. 兵革之不完, 戰車之不修, 此臣之罪也. 若夫弊車駑馬以朝, 意者非臣之罪乎! 且以君之賜. 父之黨, 無不乘車者, 母之黨, 無不足于衣食者, 妻之黨, 無凍餒者. 國之簡士, 待臣而後舉火者, 數百家. 如此者, 爲彰君賜乎? 爲隱君賜乎?」

公曰:「善! 爲我浮無宇也.」

【田桓子】陳 桓子, 田(陳)無宇, 齊나라의 公族으로 뒤에 田氏 齊를 일으켰다.
【無宇】陳(田)桓子의 이름.
【浮】罰의 뜻.《淮南子》道應訓에 "浮, 罰也"라 하였다.

【棧軫之車】木竹으로 만든 수레, 낡고 저급의 수레.《說苑》에 "棧, 棚也. 竹木
之車曰棧"이라 하였다.

【父兄】姻親戚. 어른들의 높임말.

참고 및 관련 자료

1.《晏子春秋》159(6-19)・160(6-20)・166(6-26)・194(7-24)・196(7-26)과 내용 및
주제가 관련이 있다.

2.《說苑》臣術篇

景公飮酒, 陳桓子侍, 望見晏子而復於公曰:「請浮晏子.」公曰:「何故也?」對曰:
「晏子衣緇布之衣, 麋鹿之裘, 棧軫之車, 而駕駑馬以朝, 是隱君之賜也.」公曰:「諾.」
酌者奉觴而進之曰:「君命浮子.」晏子曰:「何故也?」陳桓子曰:「君賜之卿位以尊
其身, 寵之百萬以富其家, 群臣之爵, 莫尊於子, 祿莫厚於子; 今子衣緇布之衣, 麋鹿
之裘, 棧軫之車而駕駑馬以朝, 則是隱君之賜也, 故浮子.」晏子避席曰:「請飮而後
辭乎? 其辭而後飮乎?」公曰:「辭然後飮.」晏子曰:「君賜卿位以顯其身, 嬰不敢爲
顯受也, 爲行君令也; 寵之百萬以富其家, 嬰不敢爲富受也, 爲通君賜也; 臣聞古之
賢臣有受厚賜而不顧其國族, 則過之; 臨事守職不勝其任, 則過之; 君之內隷, 臣之
父兄, 若有離散在於野鄙者, 此臣之罪也; 君之外隷, 臣之所職, 若有播亡在四方者,
此臣之罪也; 兵革不完, 戰車不修, 此臣之罪也. 若夫敝車駑馬以朝主者, 非臣之罪也,
且臣以君之賜, 臣父之黨無不乘車者, 母之黨無不足於衣食者, 妻之黨無凍餒者,
國之簡士待臣而後擧火者數百家, 如此爲隱君之賜乎? 彰君之賜乎?」公曰:「善,
爲我浮桓子也.」

153(6-13) 田無宇請求四方之學士, 晏子謂君子難得

전무우가 사방의 학사 구할 것을 청하자, 안자가 군자는 얻기 어렵다고 말함

전환자田桓子가 보니, 안자가 담장 아래 그늘에 홀로 서 있는 것이었다. 괴이히 여겨 물었다.

"그대는 어찌하여 홀로 서서 근심도 하지 않는 모습입니까? 어찌 사방의 선비들 중에 쓸만한 자를 모아 함께 모책을 구하지 않습니까?"

안자는 이렇게 대답하였다.

"함께 서 있으면 마치 군자 같은데 말하는 것을 보면 그렇지 않으니, 내 어찌 쓸 만한 선비를 얻어 자리를 함께할 수 있겠소? 또 군자를 얻기 어려움은 마치 화산華山 같구려. 이름난 산은 이미 많이도 있소. 모두가 송백松柏이 무성하지요. 멀리서 보아도 훌륭하고 종일 바라보아도 싫증나지 않습니다. 세상 사람들은 모두 아름답다 하지요. 게다가 올라 놀고 싶어 그 꼭대기에 오르노라면 높고 높되 싫증을 느끼지 않습니다. 그러나 소인小人은 이와 다릅니다. 조그만 흙산과 같아 올라 보지 않은 채 좋다라고 하지만, 오르려 하면 길도 없고 오직 가시덤불뿐입니다. 멀리서 보면 보이지도 않고 가까이 가서 엎드려 다가가려면 허리를 다칩니다. 그러니 내 어찌 홀로 서 있지 않을 수 있겠습니까? 그러나 그밖에 또 무슨 근심이 있겠습니까? 조용히 살며 멀리 헤아리고 일 년을 한 달처럼 여기면서 배우고 묻는데 싫증이 없고, 늙음이 장차 이르러 오는 것도 알지 못하니 어찌 술에 **빠질** 일이 있겠소?"

이 말에 전환자가 물었다.

"어찌하는 것이 술에 빠지는 것입니까?"

안자의 대답은 이러하였다.

"손님 없이 홀로 술 마시는 것을 술에 빠졌다 하는 것이오. 지금 그대처럼 밤낮으로 술동이를 지키고 있는 것, 이것 역시 술에 빠진 것이라 하는 것입니다."

田桓子見晏子獨立于牆陰, 曰:「子何爲獨立而不憂? 何不求四方之學士可者而與坐?」

晏子曰:「共立似君子, 出言而非也. 嬰惡得學士之可者, 而與之坐? 且君子之難得也. 若華山然, 名山旣多矣, 松柏旣茂矣. 望之相相然, 盡日不知厭. 而世有所美焉. 固欲登彼相相之上, 仡仡然不知厭. 小人者與此異. 若部婁之未登, 善, 登之無蹊, 維有楚棘而已; 遠望無見也, 俛就則傷要, 嬰惡能無獨立焉? 且人何憂? 靜處遠慮, 見歲若月, 學問不厭, 不知老之將至, 安用從酒?」

田桓子曰:「何謂從酒?」

晏子曰:「無客而飮, 謂之從酒. 今若子者, 晝夜守尊, 謂之從酒也.」

【田桓子】陳桓子, 田無宇 모두 동일인.

【華山】비유해서 한 말. 훌륭한 名山. 舊本에는 '美山'으로 되어 있다.

【相相】張氏本에 "望之相相然, 有可望而不可及義"라 하였다. 〈三民本〉을 따라 '相相'으로 글자를 판정하였다.

【不知老之將至】《論語》述而篇에 "葉公問孔子於子路. 子路不對. 子曰: '女奚不曰其爲人也, 發憤忘食, 樂而忘憂, 不知老之將至云爾?'"라 하였다.

154(6-14) 田無宇勝欒氏高氏, 欲分其家, 晏子使致之公

전무우가 난씨와 고씨를 이기고
그 집을 나누어 가지려 하자,
안자가 임금에게 바치도록 함

난씨欒氏와 **고씨**高氏가 전씨田氏와 포씨鮑氏를 축출하려 일을 꾸미자, 전씨와 포씨가 이를 알고 먼저 공격해 버렸다. 고강高彊이 이런 계략을 내세웠다.

"먼저 임금을 제압한다면 전씨나 포씨가 갈 곳이 어디 있겠습니까?"

드디어 호문虎門을 공격하였다. 그러자 전씨와 포씨 두 집안에서는 안자를 자기편으로 끌어들이려고 불렀다. 안자가 이에 응하지 아니하자 안자의 종자從者가 물었다.

"어찌하여 전씨·포씨를 도와 주지 않는 것입니까?"

안자는 이렇게 대답하였다.

"그들이 무슨 훌륭한 일을 하였다고 내 그들을 돕는단 말이냐?"

"그렇다면 어찌 난씨·고씨편도 들지 않습니까?"

"그들이라고 어찌 저들보다 나을 게 있느냐?"

궁궐 문이 열리고 임금이 안자를 부르자, 안자는 그제야 들어갔다. 난씨와 고씨는 결국 승리하지 못하고 쫓겨나고 말았다. 승리자인 전환자田桓子는 그 두 집을 나누어 갖겠다고 안자에게 알려 왔다. 그러자 안자는 이렇게 말하였다.

"안 됩니다! 임금이 능히 법대로 하지 못한다고 해서 여러 신하들이 전횡을 부려 멋대로 한다는 것은 난亂의 근본입니다. 지금 다시 그 집을 나누어 갖고 그 재물을 이익으로 여긴다면, 이는 아무도 통제하지 못하는 세상과 같소. 그대는 이를 임금에게 바치시오. 또 제가 듣기로 청렴이란 정치의 근본이요, 양보란 것은 덕의 주인이라 하였소. 난씨와 고씨가 양보심이 없어 이런 화를 당한 것이니, 어찌 삼가지 않을 수 있겠소? 청렴하게 하는 것을 공정公正이라고 하고, 양보하는 것은 보덕保德이라 하오. 무릇 혈기가 있는 자는 모두 경쟁심이 있소. 이익 때문에 원망을 사게 되면 화가 생기는 법, 오직 의로 하는 것만이 길이 보존할 수 있소. 또 나뉘어 다투게 되면 닥쳐올 화근을 이겨낼 수 없소. 사양辭讓하는 자만이 그 복을 잃지 않을 것입니다. 그대는 가지려 들지 마시오!"

이에 환자는 수긍하였다.

"좋소!"

그리고는 모두 임금에게 바치고, 자신은 극劇 땅으로 물러나 늙음을 맞이하겠다고 청하였다.

欒氏·高氏, 欲逐田氏·鮑氏. 田氏·鮑氏, 先知而遂攻之.

高彊曰:「先得君, 田·鮑安往?」

遂攻虎門. 二家召晏子, 晏子無所從也.

從者曰:「何爲不助田·鮑?」

晏子曰:「何善焉, 其助之也?」

「何爲不助欒·高?」

曰:「庸愈于彼乎?」

門開, 公召而入. 欒·高不勝而出, 田桓子欲分其家, 以告晏子.

晏子曰:「不可! 君不能飭法, 而羣臣專制, 亂之本也. 今又欲分其家, 利其貨, 是非制也, 子必致之公. 且嬰聞之: 廉者, 政之本也. 讓者, 德之主也. 欒·高不讓, 以至此禍, 可毋愼乎? 廉之

謂公正; 讓之謂保德. 凡有血氣者, 皆有爭心, 怨利生孽, 維義
爲可以長存. 且分爭者不勝其禍; 辭讓者不失其福. 子必勿取.」

桓子曰:「善.」

盡致之公, 而請老于劇.

【欒氏】欒施. 字는 子旗(子其), 齊나라 公족.
【高氏】高强, 字는 子良, 역시 齊나라 公족.
【田氏】齊나라 桓公 때에 陳나라에서 망명해 온 陳氏, 田桓子.
【鮑氏】鮑國. 시호는 文子, 齊나라 公족.
【虎門】公門, 景公 궁실의 정문.
【田桓子】田無宇.
【劇】地名. 고대 紀나라가 있던 곳.《括地志》에 "故劇城在靑州壽光縣南三十一里,
故紀國"이라 하였다.

참고 및 관련 자료

1.《左傳》昭公 10年 傳

齊惠欒·高氏皆耆酒, 信內, 多怨, 彊於陳·鮑氏而惡之. 夏, 有告陳桓子曰:「子旗·
子良將攻陳·鮑.」亦告鮑氏. 桓子授甲而如鮑氏. 遭子良醉而騁, 遂見文子, 則亦授
甲矣. 使視二子, 則皆將飮酒. 桓子曰:「彼雖不信, 聞我授甲, 則必逐我. 及其飮酒也,
先伐諸?」陳·鮑方睦, 遂伐欒·高氏. 子良曰:「先得公, 陳·鮑焉往?」遂伐虎門.
晏平仲端委立于虎門之外, 四族召之, 無所往. 其徒曰:「助陳·鮑乎?」曰:「何善焉?」
「助欒·高乎?」曰:「庸愈乎?」「然則歸乎?」曰:「君伐, 焉歸?」公召之, 而後入.
公卜使王黑以靈姑銔率, 吉, 請斷三尺焉而用之. 五月庚辰, 戰于稷, 欒·高敗, 又敗
諸莊. 國人追之, 又敗諸鹿門. 欒施·高彊來奔. 陳·鮑分其室. 晏子謂桓子:「必致諸公!
讓, 德之主也. 讓之謂懿德. 凡有血氣, 皆有爭心, 故利不可强, 思義爲愈. 義, 利之本也.
蘊利生孽. 姑使無蘊乎! 可以滋長.」桓子盡致諸公, 而請老于莒. 桓子召子山, 私具

幄幕・器用・從者之衣屨, 而反棘焉. 子商亦如之, 而反其邑. 子周亦如之, 而與之夫于.
反子城・子公・公孫捷, 而皆益其祿. 凡公子・公孫之無祿者, 私分之邑. 國之貧約
孤寡者, 私與之粟. 曰:「詩云:『陳錫載周』, 能施也. 桓公是以霸.」公與桓子莒之旁邑,
辭. 穆孟姬爲之請高唐, 陳氏始大.

155(6-15) 子尾疑晏子不受慶氏之邑, 晏子謂足欲則亡

안자가 경씨의 읍을 받지 않는 것을
자미가 의심하자,
안자가 욕심을 채우려 하기 때문에
망하는 것이라 말함

경씨慶氏가 도망가자, 임금은 그 경씨의 봉읍을 나누어 주었다. 안자에게는 패전邶殿을 주었는데, 그곳은 비鄙가 60이나 되는 큰 땅이었으나 안자는 받지 않았다. 이를 본 자미子尾가 물었다.

"부富라고 하는 것은 사람이라면 누구나 원하는 것입니다. 그런데 그대는 어찌 홀로 이를 받지 않습니까?"

안자는 이렇게 답하였다.

"경씨가 망한 것이 바로 봉읍에 대한 욕심 때문이었소. 나도 지금 봉읍에 대한 욕망을 다 채우기에는 부족하오. 이때 패전 땅까지 갖게 되면, 이는 욕심을 다 채우게 되는 것이오. 욕심을 다 채우고 나면, 그 다음에는 망할 날이 며칠 남지 않게 되는 것이지요. 그렇게 되어 밖으로 쫓겨나게 된다면, 이미 가지고 있던 봉읍조차 하나도 없게 되오. 패전을 받지 않는 것은 부가 싫어서가 아니라, 부를 잃을까 그렇게 하는 것이오. 또 부라고 하는 것은 마치 베나 비단폭과 같은 것으로서, 이를 잘라 옷을 만들 때 그 제한폭을 넘어 더 많이 쓴다고 좋은 것도 아니잖소. 무릇 백성에게 후하게 하고 나서 그 이익을 써야 하오. 이렇게 그 덕을 바르게 하여 그 폭을 지키되 제멋대로 하거나 거만하게 하지 못하게 하는 것, 이것을 일컬어 이익을 알맞게 조정하는 폭幅이라 하는 것이오. 이익이 지나치면 패망하고 마는 법, 나는 감히 많은 것을 탐할 수 없소. 이것이 바로 제한된 폭幅이라 할 수 있소."

(혹은 이렇게 되어 있다: 안자가 대답하기를 "옛 선인들의 말이 있지요. '공 없는 상이나 의롭지 못한 부란 화의 중매쟁이'라구요. 무릇 잘 다스리지도 못하면서 부를 구하는 것이 바로 화근입니다. 경씨는 이를 알면서도 실천하지 않았소. 이 까닭으로 모든 것을 잃고 말았소. 나는 부를 싫어하는 것이 아니라오. 속담에 '앞수레 엎어졌으니 뒷수레 경계하라'라 하였습니다. 나는 부를 잃을까 두려워 감히 받지 않는 것입니다.")*

慶氏亡, 分其邑, 與晏子邶殿, 其鄙六十, 晏子勿受.

子尾曰:「富者, 人之所欲也, 何獨弗欲?」

晏子對曰:「慶氏之邑足欲, 故亡. 吾邑不足欲也, 益之以邶殿, 迺足欲; 足欲, 亡無日矣. 在外不得宰吾一邑. 不受邶殿, 非惡富也, 恐失富也. 且夫富, 如布帛之有幅焉, 爲之制度, 使無遷也. 夫民生厚而用利, 于是乎正德以幅之, 使無黜慢, 謂之幅利. 利過則爲敗, 吾不敢貪多, 所謂幅也.」

(或作: 晏子對曰:「先人有言曰:『無功之賞, 不義之富, 禍之媒也.』夫離治求富, 禍也. 慶氏知而不行, 是以失之, 我非惡富也. 諺曰:『前車覆, 後車戒.』吾恐失富, 不敢受之也.」)

【慶氏】 慶封을 가리킨다.

【邶殿】 齊나라의 別都. 지금의 山東 昌邑縣 근처.

【鄙】 마을 크기의 단위. 《周禮》 遂人에 "五爲家鄰, 五鄰爲里, 四里爲酇, 五酇爲鄙"라 하였다.

【子尾】 齊나라의 公子. 《左傳》 昭公 28年에 보임. 王念孫은 "初學記人部中引 晏子本作慶氏亡, 分其邑與晏子, 晏子不受, 人問曰: '富者, 人所欲也, 何獨不受?'

今本邶殿云云, 及子尾二字, 皆後人以左傳改之. 其標題內之子尾及足欲則亡四字.
亦後人所改"라 하였다.

【幅利】 이익의 폭을 조정함을 말한다.

* ( ) 안의 구절은 〈四部叢刊本〉의 部分을 옮겨 실은 것이다.

1. 《左傳》昭公 28年 傳

公膳日雙鷄, 饔人竊更之以鶩. 御者知之, 則去其肉, 而以其洎饋. 子雅・子尾怒.
慶封告盧蒲嫳. 盧蒲嫳曰:「譬之如禽獸, 吾寢處之矣.」使析歸父告晏平仲. 平仲曰:
「嬰之衆不足用也. 知無能謀也. 言弗敢出, 有盟可也.」子家曰:「子之言云, 又焉用盟?」
告北郭子車. 子車曰:「人各有以事君, 非佐之所能也.」陳文子謂桓子曰:「禍將作矣,
吾其何得?」對曰:「得慶氏之木百車於莊.」文子曰:「可愼守也已.」盧蒲癸・王何卜
攻慶氏, 示子之兆, 曰:「或卜攻讎, 敢獻其兆.」子之曰:「克, 見血.」

2. 《左傳》昭公 28年 傳

崔氏之亂, 喪羣公子, 故公鉏在魯, 叔孫還在燕, 賈在句瀆之丘. 及慶氏亡, 皆召之,
具其器用, 而反其邑焉. 與晏子邶殿其鄙六十, 弗受. 子尾曰:「富, 人之所欲也,
何獨弗欲?」對曰:「慶氏之邑足欲, 故亡. 吾邑不足欲也, 益之以邶殿, 乃足欲. 足欲,
亡無日矣. 在外, 不得宰吾一邑. 不受邶殿, 非惡富也, 恐失富也. 且夫富, 如布帛之
有幅焉. 爲之制度, 使無遷也. 夫民, 生厚而用利, 於是乎正德以幅之, 使無黜嫚,
謂之幅利. 利過則爲敗. 吾不敢貪多, 所謂幅也.」與北郭佐邑六十, 受之. 與子雅邑,
辭多受少. 與子尾邑, 受而稍致之. 公以爲忠, 故有寵. 釋盧蒲嫳于北竟. 求崔杼之尸,
將戮之, 不得. 叔孫穆子曰:「必得之. 武王有亂臣十人, 崔杼其有乎? 不十人, 不足
以葬.」旣, 崔氏之臣曰:「與我其拱璧, 吾獻其柩.」於是得之. 十二月乙亥朔, 齊人遷
莊公, 殯于大寢. 以其棺尸崔杼於市. 國人猶知之, 皆曰:「崔子也.」

156(6-16) 景公祿晏子平陰與槀邑, 晏子願行三言以辭

경공이 안자에게 평음과 고읍을 녹으로 주려 하자, 안자가 세 가지 다른 것을 원하면서 이를 거절함

경공이 안자에게 평음平陰과 고읍槀邑 두 땅을 녹으로 주었는데, 시장의 세금만도 11사社나 되는 부유한 땅이었다. 안자는 사양하였다.

"임금께서는 지금 궁실을 치장하기를 좋아하여 백성의 힘이 피폐해졌습니다. 게다가 또 놀러 다니고 즐기기 위해 여자들은 아름답게 꾸미기를 좋아하여 백성의 재물까지도 바닥이 난 상태입니다. 그런가 하면 전쟁도 좋아하여 백성들은 죽음의 근처에 가까이 있습니다. 힘을 피폐하게 하고 재물을 바닥나게 하며, 죽음을 가까이하게 하니 아랫사람들이 윗사람 원망함이 더욱 심합니다. 따라서 이런 상황에서 저는 그 두 곳을 받을 수 없습니다."

경공은 이렇게 말하였다.

"그렇다면 좋소. 비록 그렇기는 하나 군자라는 그대 홀로 부와 귀를 싫어하오?"

안자는 다시 이렇게 설명하였다.

"제가 듣기로 남의 신하가 된 자는 임금을 먼저하고 자신을 뒤로하여 나라를 안정시킨 후 자기 집안을 생각하며, 임금을 높인 연후에 자신의 자리를 찾는다 하였으니, 어찌 이유도 없이 부와 귀를 싫어한다고 할 수 있겠습니까?"

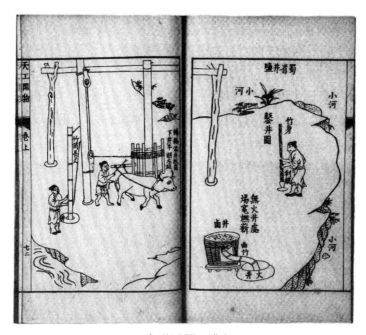

고대 〈製鹽圖〉《農書》

경공이 다시 물었다.

"그렇다면 선생께 어떤 녹을 주면 되겠소?"

안자가 이렇게 대답하였다.

"임금께서는 어염魚鹽의 행상과 관문關門·시장을 잘 살피되 무리한 세금은 징수하지 마시고, 농사짓는 자에게는 십분의 일만 거두십시오. 또 형벌을 가볍게 하셔서 죽음에 처할 자는 형으로 낮추고, 형을 받을 자에게는 벌만 내리고, 벌을 받을 자라면 면제시켜 주십시오. 만약 이 세 가지 말을 실행해 주신다면 그것이 곧 저에게 주시는 녹이며 임금의 이익입니다."

경공은 이렇게 말하였다.

"그 세 마디를 실행하고 나면 과인에게는 더 이상 일이 없겠군요. 청컨대 선생의 말씀을 따르리다."

임금이 세 가지 일을 이미 실행하고 나서, 사람을 시켜 다른 큰 나라의 반응을 물어 보게 하였다. 그러자 다른 큰 나라의 임금이 이렇게 평하는 것이었다.

"제나라는 안정되었소."

이번에는 작은 나라를 다니며 물어 보게 하였더니 그 나라의 임금들은 이렇게 말하는 것이었다.

"제나라는 더 이상 우리를 능멸하는 일이 없을 것이다."

景公祿晏子以平陰與槀邑, 反市者十一社.

晏子辭曰:「吾君好治宮室, 民之力弊矣; 又好盤游翫好, 以飭女子, 民之財竭矣; 又好興師, 民之死近矣. 弊其力, 竭其財, 近其死, 下之疾其上甚矣. 此嬰之所爲不敢受也.」

公曰:「是則可矣. 雖然, 君子獨不欲富與貴乎?」

晏子曰:「嬰聞爲人臣者, 先君後身; 安國而度家, 宗君而處身, 曷爲獨不欲富與貴也?」

公曰:「然則曷以祿夫子?」

晏子對曰:「君商漁鹽, 關市譏而不征; 耕者十取一焉; 弛刑罰, 若死者刑, 若刑者罰, 若罰者免. 若此三言者, 嬰之祿, 君之利也.」

公曰:「此三言者, 寡人無事焉, 請以從夫子.」

公旣行若三言, 使人問大國, 大國之君曰:「齊安矣.」

使人問小國, 小國之君曰:「齊不我加矣.」

【平陰】地名.《左傳》襄公 18年 傳에 "諸侯伐齊, 齊後禦諸平陰"이라 하고 杜預注에 "平陰城在濟北盧縣東北"이라 하였다.

【橐邑】地名. 洪頤暄은 "橐疑棠之誤, 左傳襄六年傳: 晏弱圍棠, 杜注: 棠, 萊邑也. 北海卽墨縣有棠鄕. 史記晏嬰列傳: 萊之夷維人也, 其地相近"이라 하였다.

【社】마을 단위, 25戶를 1社로 하였다.

【關市譏】關市는 관문, 譏는 국경 문에서 받는 세금을 말한다.

【加】'능멸하다'의 뜻. 張氏本의 注에 "加, 陵也"라 하였다.

참고 및 관련 자료

1. 《初學記》 人部(中)에 전재되어 있다.

2. 《左傳》 襄公 28年 傳 참조.

157(6-17) 梁丘據言晏子食肉不足, 景公割地將封, 晏子辭

양구거가 안자는 고기를 먹기도 모자라다고 하여
경공이 땅을 떼어 봉하려 하자,
안자가 사양함

안자가 제나라 재상이 된지 삼 년 만에 정치는 평온해지고 백성들은 즐거움을 누렸다. 양구거梁丘據가 안자의 점심 먹는 것을 보았더니 고기가 부족한 것이었다. 그리하여 경공에게 그 사실을 보고하자, 다음날 (땅을 떼어 장차)* 경공은 안자에게 도창都昌 땅을 봉해 주겠다고 하였다. 안자는 사양하여 거절하며 이렇게 말하였다.

"부유하면서 교만하지 않은 자는 아직 들어 보지 못하였습니다. 그러나 가난하면서 원망이 없는 자가 있다면 바로 저입니다. 이유는 가난하면서 원망이 없는 그 사실을 스승으로 삼고 있기 때문입니다. 지금 봉지를 내려주시니 이는 저의 스승을 바꾸라는 것입니다. 그렇게 되면 스승은 가벼워지고 봉지는 갈수록 중해지는 것입니다. 청컨대 사양하겠습니다."

晏子相齊, 三年, 政平民說. 梁丘據見晏子中食, 而肉不足, 以告景公. 旦日, (割地將)封晏子以都昌.

晏子辭而不受. 曰:「富而不驕者, 未嘗聞之. 貧而不恨者, 嬰是也. 所以貧而不恨者, 以若爲師也. 今封, 易嬰之師, 師已輕, 封已重矣, 請辭.」

【梁丘據】齊나라 景公의 신하.

＊( ) 안은 〈四部叢刊本〉을 따랐다.

【都昌】地名. 齊나라 72城 중의 하나.

1. 《北堂書鈔》 145에 본 장의 내용이 전재되어 있다.

2. 《太平御覽》 849·863에 본 장의 내용이 전재되어 있다.

158(6-18) 景公以晏子食不足, 致千金, 而晏子固不受

경공이 안자는 먹을 것도 모자라다 여겨 천 금을 내리려 하였으나, 안자가 끝내 받지 않음

안자가 바야흐로 식사 중이었는데, 경공이 보낸 심부름하는 자가 왔다. 안자는 그와 음식을 나누어 먹었다. 사자도 배가 부르지 못하였고, 안자 역시 충분하지 못하였다. 사자가 돌아가 임금에게 이 사실을 알리자 임금은 이렇게 감탄하였다.

"아! 안자의 집이 이토록 가난하단 말인가? 내가 모르고 있었다니 이는 과인의 잘못이다."

그리고는 관리를 시켜 천 금과 시장의 조세 수납 권리를 주면서 이를 빈객을 접대하는 데에 쓰도록 청하였다.

안자는 사양하였다. 세 번이나 이를 내리자, 마침내 안자는 재배하며 사양의 이유를 이렇게 말하였다.

"저의 집은 가난하지 않습니다. 임금께서 내려주시는 것으로 삼족三族이 그 덕택을 입고 있으며, 친구에게까지 미치고 백성의 진휼에까지 쓸 수 있습니다. 임금께서 내려주시는 것은 아주 충분하여 저의 집은 가난하지 않습니다. 제가 듣기로 무릇 임금으로부터 많이 취하여 이를 백성에게 베푸는 것, 이는 임금을 대신하여 백성에게 임금 노릇하는 짓으로 충성된 신하라면 해서는 안 될 행위라 하였습니다. 또 임금으로부터 많이 얻어 내어 놓고 백성에게는 베풀지 않는 짓, 이는 광주리에

《管子》

저장만 해 놓는 것과 같은 것으로, 어진 사람이라면 해서는 안 될 행동이라 하였으며, 또 임금에게 벼슬 나갔다가 물러나와 선비에게 죄를 짓고 그 몸이 죽어서는 가지고 있던 재산이 모두 남에게 옮겨가고 마는 경우, 이는 마치 가재家宰가 그 주인 집 재산을 몰래 저장해 둔 것과 같아 지혜로운 자라면 해서는 안 될 일이라고 하였습니다. 무릇 사람이란 십총十總 정도의 베와 한 되 정도의 식량이면 족히 기한을 면할 수 있는 것입니다.”

경공이 안자에게 다시 이렇게 물었다.

“옛날 우리 선군이신 환공桓公은 서사書社 5백을 관중管仲에게 봉해 주었습니다. 그때 관중은 사양하지 아니하고 받았습니다. 그런데 선생 께서는 어찌 이렇게 사양하십니까?”

안자는 이렇게 말하였다.

"제가 듣기로 '성인일지라도 천 번 고려해도 한 번 실수할 때가 있고, 어리석은 자라도 천 번 고려하면 반드시 한 번은 얻는 경우가 있을 수 있다'라 하였습니다. 생각건대 관중은 한 번 실수한 쪽이고, 저는 한 가지 겨우 얻은 자가 아닐런지요! 그래서 재배하여 감히 그 명령을 받을 수가 없는 것입니다."

晏子方食, 景公使使者至. 分食食之, 使者不飽, 晏子亦不飽. 使者反, 言之公.

公曰:「嘻! 晏子之家, 若是其貧也? 寡人不知, 是寡人之過也.」

使吏致千金與市租, 請以奉賓客.

晏子辭, 三致之, 終再拜而辭曰:「嬰之家不貧. 以君之賜, 澤覆三族, 延及交游, 以振百姓, 君之賜也厚矣. 嬰之家不貧也. 嬰聞之: 夫厚取之君而施之民, 是臣代君君民也, 忠臣不爲也. 厚取之君而不施于民, 是爲筐篋之藏也, 仁人不爲也. 進取于君, 退得罪于士, 身死而財遷于它人, 是爲宰藏也, 智者不爲也. 夫十總之布, 一豆之食, 足于中免矣.」

景公謂晏子曰:「昔吾先君桓公, 以書社五百封管仲, 不辭而受, 子辭之何也?」

晏子曰:「嬰聞之: 聖人千慮, 必有一失; 愚人千慮, 必有一得. 意者, 管仲之失, 而嬰之得者耶! 故再拜而不敢受命.」

【三族】 두 가지 설이 있다. 즉, 父族·妻族·母族, 또는 父·子·孫의 三代를 말한다. 앞장의 내용에 따라 前者로 보았다.

【家宰】 家臣 중에 그 집의 재정을 관리하는 자.

【十總】總은 고대 絲布의 단위. 80縷를 1總으로 하였다.

【桓公】齊나라 桓公. 춘추오패의 수장.

【書社】社內의 이름을 적은 호적.《史記》孔子世家 索隱에 "古時二十五家爲里. 里各爲社, 則書社者, 書其社之人名於籍"이라 하였다.

【管中】齊나라 桓公의 臣下. 管夷吾, 仲父.

참고 및 관련 자료

1.《晏子春秋》159(6-19)·160(6-20)·194(7-24)와 그 주제가 같다.

2.《說苑》臣術篇

晏子方食, 君之使者至, 分食而食之, 晏子不飽, 使者返言之景公, 景公曰:「嘻, 夫子之家若是其貧也, 寡人不知也, 是寡人之過也.」令吏致千家之縣一於晏子, 晏子 再拜而辭曰:「嬰之家不貧, 以君之賜澤覆三族, 延及交遊, 以振百姓, 君之賜也厚矣, 嬰之家不貧也! 嬰聞之, 厚取之君而厚施之人, 代君爲君也, 忠臣不爲也; 厚取之君 而藏之, 是筐篋存也, 仁人不爲也; 厚取之君而無所施之, 身死而財遷, 智者不爲也. 嬰也聞爲人臣進不事上以爲忠, 退不克下以爲廉, 八升之布, 一豆之食, 足矣.」使者 三返, 遂辭不受也.

3.《藝文類聚》卷35 人部(19) 貧

晏子曰: 晏子方食. 景公使使者至, 分食食之. 使不飽, 晏子亦不飽. 使者反之, 公曰: 「晏子如此貧乎! 使致千金, 以奉賓客.」

4.《太平御覽》424에 본 장의 내용이 전재되어 있다.

159(6-19) 景公以晏子衣食弊薄, 使田無宇致封邑, 晏子辭

경공이 안자는 의식이 부족하다고 여겨 전무우로 하여금 봉읍을 내리려 하였지만, 안자가 사양함

안자는 제나라 재상 신분이면서 10승升의 베옷과 겨우 껍질만 벗긴 거친 곡식을 먹으며 달걀 다섯 개 그리고 태채苔菜나물이 고작이었다. 좌우 신하가 이를 알고 임금에게 알려 주자, 임금은 이에게 읍邑을 봉지로 내려주고 다시 전무우田無宇를 시켜 대臺·무염無鹽 두 곳을 내려 주도록 하였다. 이에 안자는 이렇게 거절하였다.

"옛날 우리 선군이신 태공太公께서 영구營丘 땅을 봉지로 받았을 때, 그 땅은 사방 오백 리에 불과하였지만 대대로 다른 나라의 우두머리 노릇을 하였습니다. 태공으로부터 지금 임금 자신까지 모두 수십 명의 공公이 있었습니다. 그런데 그 임금 때마다 능히 임금을 즐겁게 하여 땅을 얻어갔다면, 임금 때에 이르러서는 우리 제나라를 향해 땅을 구하겠다고 달려들어, 쟁취하고 기어오르는 선비가 아마 어디 발을 디뎌 놓고 붙어 살 땅조차 없게 되었을 것입니다. 제가 듣건대 신하로서 덕이 있으면 그 녹을 더해 주는 것이요, 덕이 없으면 그 녹도 물려야 하는 것이라 하였습니다. 어찌 불초한 아비이면서 불초한 아들 대代에 까지 영화를 누리게 하겠노라고 봉읍을 주는 대로 받아, 그 임금의 정치를 허물어뜨리게 하는 일이 있을 수 있겠습니까?"

그리고는 드디어 거절하고 말았다.

晏子相齊, 衣十升之布, 食脫粟之食, 五卵·苔菜而已. 左右以告公, 公爲之封邑, 使田無宇致臺與無鹽.

晏子對曰:「昔吾先君太公受之營丘, 爲地五百里, 爲世國長, 自太公至于公之身, 有數十公矣. 苟能說其君以取邑, 不至公之身, 趣齊搏以求升土, 不得容足而寓焉. 嬰聞之: 臣有德益祿, 無德退祿, 惡有不肖父爲不肖子, 爲封邑以敗其君之政者乎?」

遂不受.

【十升】고대에는 60縷를 1升으로 하였다.
【苔菜】채소 종류
【田無宇】陳桓子. 田桓子.
【無鹽】地名. 東平國에 속하였다.
【太公】姜太公 望, 姜子牙, 呂尚.
【營丘】地名. 姜太公이 武王에게 齊 땅을 封地로 받아 建都한 곳. 지금의 山東省 營丘市.

┌─────────────────┐
│ 참고 및 관련 자료 │
└─────────────────┘

1. 《太平御覽》 849·867에 본 장의 내용이 전재되어 있다.

2. 《北堂書鈔》 酒食部 3에 본 장의 내용이 전재되어 있다.

3. 《初學記》 器物部에 본 장의 내용이 전재되어 있다.

4. 《晏子春秋》 152(6-12)·158(6-18)·160(6-20)·166(7-26)과 그 주제가 같다.

160(6-20) 田桓子疑晏子何以辭邑, 晏子答以君子之事也

전환자가 안자가 무슨 이유로
녹읍을 받지 않는가를 의심하자,
안자는 군자의 일이라고 답함

경공이 안자에게 읍邑을 하사하자, 안자는 거절하였다. 전환자田桓子
가 안자에게 물었다.

"임금이 기뻐서 그대에게 읍을 주셨는데, 끝까지 거절하여 임금을
한이 맺히게 하시니 무슨 이유입니까?"

안자는 이렇게 대답하였다.

"제가 듣기로 임금으로부터는 받는 것을 절제해야 그 총애가 오래가고,
평소 생활에는 검소해야 그 이름이 밖으로 널리 퍼진다 하였소. 무릇
사랑을 길게 보존시키고 이름을 넓게 퍼지게 하는 것 이것이 군자가
해야 할 일입니다. 내 어찌 홀로 능히 여기서 그치고 말 사람이리오?"

景公賜晏子邑, 晏子辭.

田桓子謂晏子曰:「君歡然與子邑, 必不受以恨君, 何也?」

晏子對曰:「嬰聞之: 節受于上者, 寵長于君; 儉居于處者,
名廣于外. 夫長寵廣名, 君子之事也. 嬰獨庸能已乎?」

【田桓子】陳桓子, 田無宇

참고 및 관련 자료

1. 《晏子春秋》 152・158・159・166・194・196과 그 주제가 같다.

161(6-21) 景公欲更晏子宅, 晏子辭以近市得所求, 諷公省刑

경공이 안자의 집을 고쳐 옮겨 주려고 하였으나,
안자는 시장이 가까워 구하기가 쉽다고
사양하면서 오히려 공께서는
형벌을 줄일 것을 풍간함

경공이 안자의 집을 옮겨 주고 싶어서 이렇게 말하였다.

"그대의 집은 시장에 너무 가까워 진흙탕에 시끄럽고 먼지가 심한 곳이요. 가히 살 수 없는 곳이지요. 청컨대 시원하고 밝아 습기가 덜한 곳으로 옮기시지요."

안자는 사양하였다.

"임금의 선대께서 저의 집안을 용납하여 자리 잡도록 해 준 곳으로 제가 이를 이어가지 못한다면 제 자신이 너무 사치스러운 자가 되고 맙니다. 또 저는 저자거리에 가까이 있으므로 해서 아침저녁으로 얻고 싶은 바를 얻고 있으니, 이 또한 저에게는 편리한 곳입니다. 이사는 감히 이웃을 번거롭게 하는 일입니다."

임금은 웃으며 말하였다.

"그대가 저자거리에 가까이 있으니 누가 귀천을 알아 주겠습니까?"

그러자 안자는 이렇게 말하였다.

"이미 내 뜻대로 편리하면 됐지, 감히 알아 주지 못하는 것을 염려하겠습니까?"

그러나 임금은 다시 이렇게 물었다.

"무엇이 귀하고 무엇이 천한 것이오?"

〈清明上河圖〉(부분) 宋

그 당시는 마침 임금은 형벌에 바빴고, 그 때문에 다리 잘린 자가 신는 용踊이라는 신발이 귀하였다. 이에 안자는 대뜸 이렇게 말하였다.

"용이라는 신발은 귀하고 보통 사람이 신는 구屨는 천하지요."

이 대답에 임금은 슬픈 기색으로 낯빛을 고쳤다. 이로 인해 임금은 형벌을 덜어 주게 되었다.

군자는 이 일에 대해 이렇게 평하였다.

"어진 사람의 말이란 그 이익이 넓도다! 안자가 한 마디 하자, 제나라 임금이 그 형벌을 줄였도다. 《시詩》에 이렇게 노래하였다.

'군자가 복을 내리니   君子如祉

난은 곧바로 그치네.'   亂庶遄已.

이는 안자 같은 이를 두고 한 말일세!"

景公欲更晏子之宅, 曰:「子之宅近市, 湫隘囂塵, 不可以居, 請更諸爽塏者.」

晏子辭曰:「君之先臣容焉, 臣不足以嗣之, 於臣侈矣. 且小人近市, 朝夕得所求, 小人之利也. 敢煩里旅.」

公笑曰:「子近市, 識貴賤乎?」

對曰:「旣竊利之, 敢不識乎?」

公曰:「何貴何賤?」

是時也, 公繁于刑, 有鬻踊者.

故對曰:「踊貴而屨賤.」

公愀然改容. 公爲是省于刑.

君子曰:「仁人之言, 其利博哉! 晏子一言, 而齊侯省刑. 詩曰『君子如祉, 亂庶遄已.』 其是之謂乎!」

【踊】발뒤꿈치를 베인 형벌을 받은 자가 신는 신. 죄인이 많아 이 신발의 수요를 맞추지 못하여 비싸게 된 것이다.

【屨】보통 사람들이 신는 신.

【詩】《詩經》 小雅 巧言의 구절.

1. 《左傳》 昭公 3年 傳

初, 景公欲更晏子之宅, 曰:「子之宅近市, 湫隘囂塵, 不可以居, 請更諸爽塏居.」辭曰:「君之先臣容焉, 臣不足以嗣之, 於臣侈矣. 且小人近市, 朝夕得所求, 小人之利也, 敢煩里旅?」公笑曰:「子近市, 識貴賤乎?」對曰:「旣利之, 敢不識乎?」公曰:「何貴? 何賤?」於是景公繁於刑, 有鬻踊者, 故對曰:「踊貴, 屨賤.」旣已告於君,故與叔向語而稱之. 景公爲是省於刑. 君子曰:「仁人之言, 其利博哉! 晏子一言, 而齊侯省刑. 詩曰:『君子如祉, 亂庶遄已』, 其是之謂乎!」

162(6-22) 景公毁晏子鄰以益其宅, 晏子因陳桓子以辭

경공이 안자의 이웃집을 헐고 대신 안자의 집을 넓혀 주려 함에, 안자가 진환자를 통해 이를 사양함

(안자가 진晉나라에 사신으로 간 사이, 경공은 안자의 집을 고쳐 그가 되돌아올 때쯤 완성시켰다. 그러자 안자는 귀국 보고를 마치고 나서 그 집을 헐어 일반 마을의 집으로 고쳐 버릴 작정이었다. 집을 모두 옛날처럼 고치려고 원래 살던 사람들을 자신의 집으로 되돌아가게 하면서 이렇게 말하였다.

"속담에 '장소를 보고 복거ト居를 정하는 것이 아니라 오직 이웃에 맞게 복거를 정한다' 하였다. 얘들아, 먼저 이웃을 선택할지니라. 복거를 거스르면 상서롭지 못한 것이다. 군자란 비례非禮를 범해서는 안 되며 소인은 상서롭지 못한 일을 저질러서는 안 되는 것이 옛 제도이다. 내 어찌 감히 이를 위반하겠느냐?"

그리고는 그 집을 옛날대로 복구하겠다고 보고하였다. 임금이 허락하지 않자, 전환자田桓子를 통해 다시 임금께 요청하여 겨우 허락을 얻게 되었다. 혹은 이렇게 기록되어 있다.)*

안자가 노魯나라에 사신으로 간 사이, 경공은 그 이웃집들을 헐어 안자의 집을 넓혀 주었다. 안자가 되돌아와 이를 듣고 교외에서 기다리면서 사람을 보내어 임금에게 이렇게 보고하도록 하였다.

"제가 탐욕이 많아 고집스럽게 큰 저택을 좋아하였습니다. 이것이 임금 귀에까지 들려 임금께서 저의 집을 크게 지어 줄 수밖에 없도록 하였으니 저의 죄는 너무 큽니다."

임금은 이렇게 달랬다.

"선생의 동네는 악조건에 너무 협소합니다. 그래서 선생을 위해 이렇게 한 것이니, 선생께서 허락하고 거기에 살아 주셔서 제 마음이 편하게 되도록 해 주십시오."

그러자 안자는 이렇게 대답하였다.

"선인들이 이런 말을 남겼지요. '그 주거지를 복거卜居로 삼지 말고 그 이웃집을 복거로 삼으라'구요. 지금 임금에게 사랑을 얻기 위해 그렇게 사는 것을 편하게 여긴다면, 이는 복거의 방법에 어긋나는 것입니다. 이미 돌아가신 저의 조상들이 저의 이웃을 기준으로 복거를 정하면 길吉하다 하여 이제껏 살아왔는데, 제게 이르러 선조들의 뜻을 폐몰廢沒시킬 수 있겠습니까? 무릇 큰 집에 살면서 이웃 사람들과 가까이 하고자 하던 본래의 마음을 거슬리는 일을 저는 원하지 않습니다. 청컨대 사양하옵니다."

그리고는 마침내 그 집을 옛날대로 복구하겠다고 보고하였다. 임금이 허락하지 않자, 안자는 진환자陳桓子를 통해 다시 요청을 하여 마침내 허락을 얻어 내었다.

（晏子使晉, 景公更其宅, 反則成矣. 旣拜, 迺毀之, 而爲里, 室皆如其舊, 則使宅人反之, 且:「諺曰:『非宅是卜, 維隣是卜.』二三子, 先卜隣矣. 違卜不祥. 君子不犯非禮, 小人不犯不祥, 古之制也. 吾敢違諸乎?」卒復其舊宅. 公弗許, 因陳桓子以請, 迺許之. 或作:）

晏子使魯. 景公爲毀其鄰, 以益其宅.

晏子反, 聞之, 待於郊, 使人復於公曰:「臣之貪, 頑而好大室也, 乃通於君, 故君大其居. 臣之罪大矣.」

公曰:「夫子之鄉, 惡而居小, 故爲夫子爲之, 欲夫子居之, 以慊寡人也.」

晏子對曰:「先人有言曰:『毋卜其居, 而卜其隣舍.』今得意于君者, 慊其居則毋卜; 已沒氏之先人卜與臣鄰, 吉; 臣可以廢沒氏之卜乎? 夫大居而逆鄰歸之心, 臣不願也, 請辭.」

卒復其舊宅. 公弗許. 因陳桓子以請, 迺許之.

【卜居】살 만한 곳을 가려서 정함. 卜地

＊( ) 안은 〈四部叢刊本〉을 옮겨 놓은 것이다.

【陳桓子】田無宇, 田桓子.

참고 및 관련 자료

1. 《左傳》昭公 3年 傳

及晏子如晉, 公更其宅. 反, 則成矣. 旣拜, 乃毀之, 而爲里室, 皆如其舊, 則使宅人反之, 曰:「諺曰:『非宅是卜, 唯鄰是卜.』二三子先卜鄰矣. 違卜不祥. 君子不犯非禮, 小人不犯不祥, 古之制也. 吾敢違諸乎?」卒復其舊宅, 公弗許; 因陳桓子以請, 乃許之.

2. 《韓非子》難二

景公過晏子, 曰:「子宮小, 近市, 請徙子家豫章之圃.」晏子再拜而辭曰:「且嬰家貧, 待市食, 而朝暮趨之, 不可以遠.」景公笑曰:「子家習市, 識貴賤乎?」是時景公繁於刑. 晏子對曰:「踊貴而屨賤.」景公曰:「何故?」對曰:「刑多也.」景公造然變色曰:「寡人其暴乎!」於是損刑五. 或曰: 晏子之貴踊, 非其誠也, 欲便辭以止多刑也. 此不察治之患也. 夫刑當無多, 不當無少. 無以不當聞, 而以太多說, 無術之患也. 敗軍之誅以千百數, 猶且不止; 卽治亂之刑如恐不勝, 而姦尚不盡. 今晏子不察其當否, 而以太多爲說, 不亦妄乎? 夫惜草茅者耗禾穗, 惠盜賊者傷良民. 今緩刑罰, 行寬惠, 是利姦邪而害善人也, 此非所以爲治也.

3. 《藝文類聚》卷64 居處部(四) 宅舍

晏子曰: 景公使更晏子之宅, 曰:「子之宅近市, 湫隘囂塵不可居, 請更子宅.」曰:「臣之先居, 居此宅焉. 臣不足以代之.」

4.《**文選**》卷42 應休璉〈與從弟君苗君冑書〉注

晏子春秋曰: 景公欲更晏子之宅, 近市湫隘囂塵, 不可居.

5.《**文選**》卷11 何晏〈景福殿賦〉注

晏子曰: 景公坐於堂側.

6.《**太平御覽**》697에 본 장의 내용이 전재되어 있다.

163(6-23) 景公欲爲晏子築室于宮內, 晏子稱是以遠之而辭

경공이 안자의 집을
궁궐 내에 지어 주려 하자,
안자가 도리어 멀어진다고 하며 사양함

경공이 안자에게 일렀다.

"과인은 선생을 조석朝昔으로 만나 보고 싶소. 그래서 선생을 위해 궁궐 내에 집을 지어 드리고 싶은데 괜찮겠소?"

안자가 이렇게 대답하였다.

"제가 듣기로 숨겨야 할 것을 드러내고 가까이하면서 도리어 스스로 굽히는 것은, 진실로 지극히 어진 자라야 그렇게 할 수 있다 하였습니다. 그러나 저 같은 신하는 용모와 행동거지를 꾸며서 임금의 명령을 기다리는 자여서 오히려 죄가 더욱 심해지지 않을까 걱정됩니다. 지금 임금께서 저를 가까이하고자 하시나, 이는 오히려 저를 멀리하는 셈입니다. 청컨대 사양하겠습니다."

景公謂晏子曰:「寡人欲朝昔相見, 爲夫子築室于閨內, 可乎?」

晏子對曰:「臣聞之: 隱而顯, 近而結, 維至賢耳. 如臣者, 飾其容止以待命, 猶恐罪戾也, 今君近之, 是遠之也, 請辭.」

【朝昔】朝夕과 같다.

【近而結】《老子》에 "善結無繩約, 而不可解是"라 하였다.

참고 및 관련 자료

1.《藝文類聚》卷64 居處部(四) 室

晏子曰: 景公謂晏子曰:「寡人欲朝夕相見, 爲夫子築室於閨內, 可乎?」對曰:「臣聞之: 隱而顯, 近而結, 唯至賢耳. 如臣者, 飾其容止以待命, 猶恐罪戾也. 今君近之, 是遠之也.」

2.《太平御覽》174에 본 장의 내용이 전재되어 있다.

164(6-24) 景公以晏子妻老且惡, 欲納愛女, 晏子再拜以辭

경공이 안자의 처가 늙고 못생긴 것을 이유로
자기의 사랑하는 딸을 주려고 하자,
안자가 두 번 절하며 사양함

경공에게는 사랑하는 딸이 있었다. 그런데 이 딸을 안자에게 시집 보내고 싶어, 우선 안자의 집으로 가서 손님이 되어 연회에 참가하였다. 술을 마셔 어느 정도 취하자, 경공은 안자의 처를 가리키며 물었다.

"이 사람이 그대의 내자內子입니까?"

안자가 대답하였다.

"그렇습니다. 제 아내입니다."

경공은 이렇게 운을 떼었다.

"아! 역시 늙고 또한 볼품없구려. 과인에게 딸이 하나 있는데 어리고 또한 예쁩니다. 청컨대 선생 집안의 사람 숫자에 채우고 싶군요."

이 말에 안자는 자리를 돌려 앉으며 이렇게 대답하였다.

"이 사람은 늙고 볼품없지만, 저와 함께 살아온 연고자입니다. 그래서 지금 보아도 젊고 또한 예쁩니다. 또 남의 아내가 된 자는, 본래 모두가 젊을 때부터 늙음이 올 때까지를 의탁하는 것입니다. 일찍이 저에게 의탁하여 이를 수락한 여자입니다. 임금께서 비록 딸을 내려준다 해도 저로 하여금 그 의탁을 배반하게 할 수 있겠습니까?"

안자는 두 번 절하며 거절하였다.

景公有愛女, 請嫁于晏子. 公迺往燕晏子之家, 飮酒, 酣, 公見其妻曰:「此子之內子邪?」

晏子對曰:「然, 是也.」

公曰:「嘻! 亦老且惡矣. 寡人有女少且姣, 請以滿夫子之宮.」

晏子違席而對曰:「乃此則老且惡, 嬰與之居故矣, 故及其少而姣也. 且人固以壯託乎老, 姣託乎惡, 彼嘗託, 而嬰受之矣. 君雖有賜, 可以使嬰倍其託乎?」

再拜而辭.

참고 및 관련 자료

1.《晏子春秋》卷8 外篇『不合經術者』207(8-10)과 그 주제가 같다.

165(6-25) 景公以晏子乘弊車駑馬, 使梁丘據遺之, 三返不受

경공이 안자의 수레가 낡고 말이 늙었다 여겨
양구거를 시켜 새 것을 보냈지만,
세 번 되돌려 보내면서 받지 않음

안자가 조정에 나아가면서 다 낡은 수레에 노마를 몰고 나오자, 경공이 이를 보고 이렇게 말하였다.

"아! 선생의 봉록이 적습니까? 어찌 좋지 못한 수레를 타심이 이리도 심하십니까?"

그러자 안자는 이렇게 대답하였다.

"임금이 내려 주시는 덕분에 삼족三族이 목숨대로 살고 있으며, 이것이 나라의 유사游士들에게까지 미쳐 모두가 삶을 영위하고 있습니다. 저는 따뜻이 입고 배불리 먹으며, 낡은 수레에 노마를 몰면서 스스로를 봉양하고 있으니, 저에게 있어서는 이 정도면 만족합니다."

안자가 나가자, 경공은 양구거梁丘據를 시켜 노거輅車와 탈 만한 말을 보내 주었다. 그러나 안자는 세 번이나 되돌려 주며 거절하는 것이었다. 경공은 불쾌하였다. 그래서 급히 안자를 불렀다. 안자가 나타나자 경공이 물었다.

"선생께서 받지 않으시니 과인도 수레를 타지 않겠습니다."

안자는 이렇게 말하였다.

"임금께서 저로 하여금 백관의 관리를 지휘하게 하심에, 저는 그 의복과 음식을 절약하고, 대신 제齊나라 백성을 먼저 생각하였습니다.

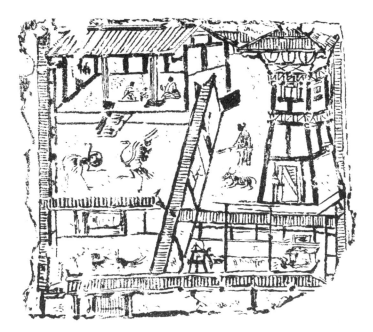

그러면서 오히려 그들이 사치하고, 자신의 행동을 돌아보지 아니하면 어쩌나 하고 걱정하고 있습니다. 그런데 지금 노거와 승마를 주셔서 위로는 임금도 그렇게 좋은 것을 타고 아래로 저 역시 그런 것을 탄다면, 백성들은 표준이 없이 자신들의 의복과 음식을 사치스럽게 하면서 그 행위를 반성할 줄 모르게 됩니다. 이때는 저에게 이를 금지시킬 명분이 없습니다."

그리고는 드디어 사양하면서 받지 않았다.

晏子朝, 乘弊車, 駕駑馬, 景公見之曰:「嘻! 夫子之祿寡邪? 何乘不佼之甚也?」

晏子對曰:「賴君之賜, 得以壽三族, 及國游士, 皆得生焉. 臣得煖衣飽食, 弊車駑馬, 以奉其身, 于臣足矣.」

晏子出, 公使梁丘據遺之輅車乘馬, 三返不受.

公不說, 趣召晏子.

晏子至, 公曰:「夫子不受, 寡人亦不乘.」

晏子對曰:「君使臣臨百官之吏, 臣節其衣服飲食之養, 以先齊國之民; 然猶恐其侈靡而不顧其行也. 今輅車乘馬, 君乘之上, 而臣亦乘之下, 民之無義, 侈其衣服飲食, 而不顧其行者, 臣無以禁之.」

遂讓不受.

【游士】游說之士. 정치에 관심을 둔 자들.
【梁丘據】景公의 臣下. 晏子와 동시대 인물.
【輅車】大車. 張氏本의 注에 "此當路車借字, 言大車"라 하였다.

참고 및 관련 자료

1.《晏子春秋》卷7 外篇 重而異者 195(7-25)와 그 주제가 같다.

2.《說苑》臣術篇

晏子朝, 乘敝車, 駕駑馬, 景公見之曰:「嘻! 夫子之祿寡耶! 何乘不任之甚也!」晏子對曰:「賴君之賜, 得以壽三族及國交遊皆得生焉, 臣得煖衣飽食, 敝車駑馬, 以奉其身, 於臣足矣.」晏子出, 公使梁丘據遺之輅車乘馬, 三返不受, 公不悅, 趣召晏子, 晏子至, 公曰:「夫子不受, 寡人亦不乘.」晏子對曰:「君使臣臨百官之吏, 節其衣服飲食之養, 以先齊國之人, 然猶恐其侈靡而不顧其行也; 今輅車乘馬, 君乘之上, 臣亦乘之下, 民之無義, 侈其衣食而不顧其行者, 臣無以禁之.」遂讓不受也.

3.《群書治要》에 본 장의 내용이 전재되어 있다.

4.《太平御覽》車部(三)에 본 장의 내용이 전재되어 있다.

166(6-26) 景公睹晏子之食菲薄, 而嗟其貧, 晏子稱有參士之食

경공이 안자의 식사가 비박한 것을 보고
그 가난함을 탄식하자,
안자가 참사의 음식이라 말함

안자가 경공의 재상이 되어 있으면서도 껍질만 겨우 벗긴 곡식을 먹고, 구운 고기는 삼익三弋, 달걀 다섯 개, 태채苔菜 정도일 뿐이었다. 경공이 이 소문을 듣고, 아무 일 없다는 듯이 그의 집에 가서 안자의 식사 모습을 보게 되었다. 그리고는 이렇게 말하였다.

"아! 선생님 집이 이처럼 가난합니까? 그런데도 과인이 모르고 있었으니 이는 과인의 잘못입니다."

그러자 안자는 이렇게 설명하였다.

"세상이 풍족하지 못할 때 껍질만 겨우 벗긴 곡식이라도 배불리 먹을 수 있다는 것, 이것만으로도 선비로서는 만족하고도 남을 일입니다. 구운 고기 세 점이라면, 이는 선비의 두 번째 만족입니다. 태채와 달걀 다섯이라면, 선비의 세 번째 만족입니다. 저는 남의 행동을 배반할 수 없을 뿐더러, 선비로서 만족할 세 가지가 다 있으니 임금의 하사는 충분합니다. 저의 집은 결코 가난하지 않습니다."

그리고는 두 번 절하고 사양을 표시하였다.

晏子相景公, 食脫粟之食, 炙三弋・五卵・苔菜耳矣. 公聞之, 往燕焉, 睹晏子之食也.

公曰:「嘻! 夫子之家, 如此其貧乎? 而寡人不知, 寡人之罪也.」

晏子對曰:「以世之不足也, 免粟之食飽, 士之一乞也; 炙三弋, 士之二乞也; 苔菜五卵, 士之三乞也. 嬰無倍人之行, 而有參士之食, 君之賜厚矣. 嬰之家不貧.」

再拜而謝.

【三弋】세 종류의 飛禽. 닭, 오리 등을 말한다고 한다. 張氏本에 "炙食三禽耳"라 하였다.

【苔菜】채소의 일종. 거친 음식을 표현한 것이다.

[참고 및 관련 자료]

1. 《晏子春秋》152·159·160·194·196과 관련된다.

2. 《太平御覽》849·850·867에 본 장의 내용이 전재되어 있다.

3. 《北堂書鈔》143·144에 본 장의 내용이 전재되어 있다.

4. 《初學記》26에 본 장의 내용이 전재되어 있다.

양구거가 스스로는 안자를 미칠 수 없다고 걱정하자, 안자는 떳떳한 행동을 하면 된다고 양구거를 면려시킴

양구거梁丘據가 안자에게 이렇게 말하였다.

"저는 죽을 때까지 선생님에게 미칠 수 없을 것 같습니다!"

안자는 이렇게 대답하였다.

"제가 듣건대 행동으로 하는 자는 늘 성취하는 것이 있게 마련이고, 걷는 자는 끝내 목적지에 닿게 마련이라 하였습니다. 나라고 해서 다른 사람과 특이한 점이 있는 것은 아닙니다. 항상 움직여 포기하는 일이 없고 항상 실행하면서 쉬지 않을 뿐입니다. 어찌 미치지 못한다는 것입니까?"

梁丘據謂晏子曰:「吾至死不及夫子矣!」

晏子曰:「嬰聞之: 爲者常成, 行者常至. 嬰非有異于人也, 常爲而不置, 常行而不休者, 故難及也?」

【梁丘據】景公의 臣下, 晏子와 동시대 인물.

【故難及也】'故' '胡'(의문사)로 풀이한다.(陶洪慶)

1. 《說苑》建本篇

梁丘據謂晏子曰:「吾至死不及夫子矣.」晏子曰:「嬰聞之, 爲者常成, 行者常至; 嬰非有異於人也, 常爲而不置, 常行而不休者, 故難及也?」

168(6-28) 晏子老謝邑, 景公不許, 致車一乘而後止

안자가 늙어 자신의 봉읍을 사양하였지만 경공이 허락하지 않음.
이에 수레 일 승까지 반납한 후 물러남

안자가 경공의 재상으로 있다가 늙어지자 봉읍을 사양하였다. 경공은 이렇게 말렸다.

"선생께서는 우리 선군 정공定公 때부터 오늘에 이르기까지 세상을 이끌어 주신 것이 많습니다. 우리 제齊나라 대부 중에 늙었다고 봉읍을 사양한 자는 이제껏 없었습니다. 그런데 지금 선생 홀로 유독 사양하시니, 이는 나라의 인습을 허물어뜨려 과인을 버리는 행동입니다. 안 됩니다!"

그러자 안자는 이렇게 대답하였다.

"제가 듣기로 옛날에는 임금을 섬기면서 자기 신분에 맞게 식읍을 받았다 하였습니다. 덕이 후하면 봉록을 받고, 덕이 박하면 그 녹을 사양하는 것이지요. 덕이 후하여 녹을 받는 것은 임금을 명철하게 해 주었기 때문이요, 덕이 박하여 녹을 사양하는 것은 아랫사람을 깨끗하게 하기 위함입니다. 제가 늙어 덕도 박하고 능력도 없는데 봉록만 후하게 받는다면, 이는 임금의 명철을 엄폐하고 아랫사람으로서의 행동을 더럽히는 셈이 됩니다. 안 됩니다."

그래도 경공은 허락하지 아니하였다.

"지난날 우리 선군 환공桓公께서는 관중管仲이 제齊나라 일로 노고를 아끼지 않은 점을 긍휼히 여겨, 그가 늙자 그에게 삼귀三歸를 내려 그 혜택이 자손에게까지 미치게 하였습니다. 지금 선생 역시 과인을 도와주었소. 이에 그대를 위해 삼귀를 주어 그 혜택이 자손에게까지 이르도록 해 주려는데, 어찌 안 된다는 것입니까?"

안자는 다시 이렇게 설명하였다.

"옛날 관자가 환공을 섬길 때, 환공의 의義는 제후들에게 높았고, 덕은 백성에게 널리 갖추어졌습니다. 그러나 지금 제가 임금을 섬김에는 나라는 겨우 여러 제후들과 비등할 정도이고, 원망은 백성에게 아직도 쌓여 있습니다. 이는 제가 잘못한 것이 많기 때문입니다. 그런데도 임금께서 상을 내리려 하시니, 어찌 그 불초한 아버지인 제가 불초한 나의 후손을 위한답시고 큰 상을 받아 나라와 백성의 의를 손상시킬 수 있겠습니까? 또 무릇 덕이 박하면서도 녹이 후하거나 지혜가 혼암하면서 집만 부유하게 한다면 이는 더러움을 드러내고 교화를 거스르는 행위입니다. 아니됩니다."

그래도 경공은 허락하지 않았다. 안자는 나가 버렸다. 다른 날에 안자가 입조하여 사직하고, 한가함을 얻어 자신의 봉읍으로 가서 남은 수레 하나조차 경공에게 보내 버리고 나서야 이 일을 끝냈다.

晏子相景公, 老, 辭邑.

公曰:「自吾先君定公至今, 用世多矣, 齊大夫未有老辭邑者. 今夫子獨辭之, 是毀國之故, 棄寡人也. 不可!」

晏子對曰:「嬰聞古之事君者, 稱身而食; 德厚而受祿, 德薄則辭祿. 德厚受祿, 所以明上也; 德薄辭祿, 可以潔下也. 嬰老, 德薄無能而厚受祿, 是掩上之明, 汙下之行, 不可.」

公不許, 曰:「昔吾先君桓公, 有管仲恤勞齊國, 身老, 賞之以三歸, 澤及子孫. 今夫子亦相寡人, 欲爲夫子三歸, 澤至子孫, 豈不可哉?」

對曰:「昔者, 管子事桓公, 桓公義高諸侯, 德備百姓. 今嬰事君也, 國僅齊於諸侯, 怨積乎百姓, 嬰之罪多矣. 而君欲賞之, 豈以其不肖父爲不肖子, 厚受賞, 以傷國民義哉? 且夫德薄而祿厚, 智惛而家富, 是彰汙而逆敎也, 不可!」

公不許. 晏子出. 異日朝, 得閒而入邑, 致車一乘而後止.

【定公】齊나라에는 定公이 없다. 이에 대해 蘇時學은 "齊之正公, 不見傳記, 蓋丁公也. 丁公始居齊, 故以爲言, 定與丁聲近, 蓋古字通用. 又二諡幷見諡法, 豈丁本諡定, 後省而爲丁歟?"라 하였고, 張氏本의 注에는 "案齊先君無定公, 或卽太公子丁公. 丁定音近. 言子丁公至莊公, 用世者共二十一君, 齊大夫未有以老辭邑者"라 하였다.

【桓公】春秋五霸의 首長. 齊나라 桓公, 小白

【管仲】管子. 夷吾. 仲父.

【三歸】여러 說이 있다. 張氏本에 "孫云: 韓非外儲說左. 管仲相齊曰: 臣貴矣, 然而臣貧, 桓公曰: 使子有三歸之家, 論語八佾篇, 子曰: 管氏有三歸. 包咸注三歸, 娶三姓女, 婦人謂嫁曰歸. 或據說苑云三歸之臺, 以爲臺名, 非也. 說苑蓋言築臺以居三歸二. 此云賞之以三歸, 韓非云使子有三歸之家, 則非臺名矣"라 하였다.

【一乘】張氏本 原文 包咸 注에 "古者, 井田方里爲井, 十井爲乘. 此云: 致車一乘, 蓋地約十井也"라 하였다.

169(6-29) 晏子病將死, 妻問所欲言, 云毋變爾俗

안자가 병어 장차 죽게 되었을 때
그 아내가 하고 싶은 말을 묻자,
집안의 지켜온 풍속을 바꾸지 말라고 말함

안자가 병이 나서 장차 죽게 되자, 그 아내가 물었다.
"선생께서는 유언을 남기고 싶지 않소?"
안자는 이렇게 말하였다.
"나는 내 죽은 후 풍속이 바뀔까 두렵소. 집안일을 잘 살펴 집안의 풍속이 변하지 않도록 하시오."

晏子病, 將死, 其妻曰:「夫子無欲言乎?」
晏子曰:「吾恐死而俗變, 謹視爾家, 毋變爾俗也.」

참고 및 관련 자료

1. 晏子의 집에 家俗이 있다고 한 것은 卷5 內篇 雜上. 139(5-29)를 볼 것.

170(6-30) 晏子病將死, 鑿楹納書, 命子壯而示之

안자가 병으로 장차 죽게 되었을 때,
기둥을 파서 글을 집어넣은 다음
자식이 자라거든 이를 보여 주라고 명함

안자가 병 들어 죽음에 임박하자, 기둥을 파서 그 속에 유서를 집어넣고는 그 아내에게 이렇게 부탁하였다.

"기둥 속에 감추어 둔 유서는 아이가 장성하거든 꺼내어 보여 주시오!"

아들이 자라자 글을 꺼내어 펴보았더니 이렇게 쓰여 있었다.

"옷감은 궁하지 않도록 준비할 것, 옷이 궁해지면 치장을 할 수 없다. 우마牛馬를 궁하게 하지 말 것, 우마가 궁하면 일을 할 수가 없다. 선비를 궁하게 하지 말 것, 선비가 궁하면 임무를 맡길 수 없다. 나라를 궁하게 하지 말 것, 나라가 궁해지면 보존시켜 나갈 수가 없느니라."

晏子病, 將死, 鑿楹納書焉.

謂其妻曰:「楹語也, 子壯而示之.」

及壯, 發書. 書之言曰:「布帛不可窮, 窮不可飾; 牛馬不可窮, 窮不可服; 士不可窮, 窮不可任; 國不可窮, 窮不可竊也.」

【窮不可服】牛馬가 없으면 짐 나르고 밭가는 일을 해낼 수 없음을 말함.

1. 《說苑》反質篇

晏子病將死, 斷楹內書焉, 謂其妻曰:「楹也語, 子壯而視之.」及壯發書, 書之言曰:
「布帛不窮, 窮不可飾; 牛馬不窮, 窮不可服; 士不可窮, 窮不可任. 窮乎? 窮乎?
窮也!」

卷七. 外篇 重而異者

중복되면서 서로 다른 것들

총27장 (171-197)

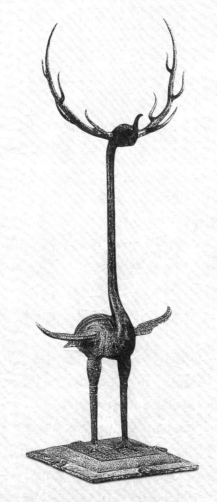

〈鹿角立鶴〉 (戰國) 湖北 隋州 曾侯乙墓 출토

171(7-1) 景公飮酒, 命晏子去禮, 晏子諫

경공이 술을 마시면서
안자에게 예를 차리지 말자고 명하자,
안자가 간함

경공이 며칠을 이어 술을 마시면서 즐겼다. 게다가 관도 벗고 치마를 걸치고 스스로 분옹盆甕까지 두드리며 좌우 신하에게 이렇게 물었다.

"어진 사람도 역시 이런 것을 즐거움으로 느낄까?"

양구거梁丘據가 대답하였다.

"어질다는 사람들의 이목耳目도 역시 보통 사람과 같습니다. 그들이라고 어찌 이런 것을 즐거움인 줄 모르겠습니까?"

이 말에 경공은 이렇게 명하였다.

"그렇다면 얼른 가서 안자를 맞이해 오시오!"

안자가 조복朝服을 입고 나타나 술잔을 받고는 재배하였다. 경공이 청하였다.

"과인이 이 즐거움이 너무 좋아 선생과 함께하고 싶어 모신 것이오. 청컨대 예禮에 얽매이지 말고 놀아 봅시다."

그러자 안자는 이렇게 대답하였다.

"임금의 말씀은 잘못 되었습니다! 여러 신하들이 모두 예를 저버리고 임금을 섬기고자 한다 해도, 저는 임금은 그렇게 해서는 안 될 것이라 걱정됩니다. 지금 이 제齊나라의 오척五尺 동자만 해도 그 힘으로 말하면 저보다 셀 것이요, 임금도 이겨 낼 수 있습니다. 그런데도 감히 그런

난을 벌이지 않는 것은, 예의禮義가 두렵기 때문입니다. 임금께서 만약 예를 없이한다면 신하를 부릴 수 없고, 신하가 예를 없이한다면 그 임금을 섬길 수가 없습니다. 무릇 미록麋鹿같은 짐승은 예가 없기 때문에, 부자가 함께 암사슴을 차지합니다. 사람이 금수보다 귀하다는 까닭은, 바로 예가 있기 때문입니다. 제가 듣건대 임금 된 자가 예가 없으면 나라를 다스릴 수 없고, 대부가 예가 없으면 관리들의 공손함이 없어지고, 부자 사이에 예가 없으면 그 집은 반드시 흉가가 되고 말 것이며, 형제 사이에 예가 없으면 함께 오랫동안 같이 살 수 없는 것이라 하였습니다. 《시詩》에 이렇게 말하였습니다.

'사람으로서 예가 없으면서   人而無禮
 어찌 일찍 죽지도 않노?'   胡不遄死

그 까닭으로 예란 벗어 버릴 수가 없는 것입니다."
경공이 수긍하였다.
"과인이 불민하여 좌우에 어진 이를 두지 못하였소. 그들이 과인을 이렇게 잘못된 길로 빠뜨려 이 지경까지 이르게 된 거라오. 청컨대 그들을 죽여 버리겠소."
안자가 물었다.
"좌우 신하가 무슨 죄를 지었다는 것입니까? 임금께서 예 없이 굴면 예를 좋아하는 자들은 곁을 떠나고, 예 없는 자가 몰려들기 마련입니다. 또 임금께서 예를 좋아하시면, 예 있는 자는 몰려들고 무례한 자는 사라지게 마련입니다."
경공은 이렇게 말하였다.
"좋소! 청컨대 의관을 고치고 다시 명령을 받겠소이다."
안자는 그 자리를 피해 문 밖으로 달려 나가서 서서 기다렸다. 경공은 물을 뿌리고 청소를 시킨 다음 자리를 다시 마련해 놓고, 안자를 불러 의관을 정제하고 맞이하였다. 안자는 문으로 들어서자, 세 번 양보하고

계단을 올라 삼헌三獻의 예로 하였다. 술과 안주를 맛본 다음 재배하고
실컷 먹었노라 하였다. 경공은 하배下拜하고 문 앞까지 배송하였다.
그리고 자리로 와서는 술과 음악을 모두 철거시키도록 명하고 이렇게
말하였다.

"나는 안자의 가르침을 널리 현창하리라."

景公飮酒數日而樂, 去冠披裳, 自鼓盆甕, 謂左右曰:「仁人亦
樂是乎?」

梁丘據對曰:「仁人之耳目, 亦猶人也. 夫奚爲獨不樂此也?」

公曰:「趣駕迎晏子!」

晏子朝服而至, 受觴, 再拜.

公曰:「寡人甚樂此樂, 欲與夫子共之, 請去禮.」

晏子對曰:「君之言過矣! 羣臣皆欲去禮以事君, 嬰恐君之
不欲也. 今齊國五尺之童子, 力皆過嬰, 又能勝君, 然而不敢
亂者, 畏禮義也. 上若無禮, 無以使其下; 下若無禮, 無以事其上.
夫麋鹿維無禮, 故父子同麀, 人之所以貴于禽獸者, 以有禮也.
嬰聞之: 人君無禮, 無以臨邦; 大夫無禮. 官吏不恭; 父子無禮.
其家必凶; 兄弟無禮. 不能久同. 詩曰:『人而無禮, 胡不遄死?』
故禮不可去也.」

公曰:「寡人不敏, 無良左右, 淫蠱寡人, 以至于此, 請殺之.」

晏子曰:「左右何罪? 君若無禮, 則好禮者去. 無禮者至; 君若
好禮, 則有禮者至, 無禮者去矣.」

公曰:「善! 請易衣革冠, 更受命.」

晏子避走, 立乎門外. 公令人糞灑, 改席. 召晏子, 衣冠以迎.

晏子入門, 三讓, 升階, 用三獻禮焉. 嗛酒嘗膳, 再拜, 告饜而出.
公下拜, 送之門, 反, 命撤酒去樂, 曰:「吾以彰晏子之敎也.」

【盆甕】다른 기록에는 '鼓缶'로 실려 있다. 盆甕은 옹기 그릇. 이를 악기로 여겨
두드림을 말한다.
【梁丘據】景公의 신하.
【朝服】朝會 때의 禮服. 正服.
【擺脫】자유롭게 하기 위하여 구속이나 예절 등으로부터 벗어남.
【麋鹿】사슴.
【詩】《詩經》鄘風 相鼠篇의 구절.
【三獻】古代 제사 때 올리는 세 번의 술. 즉 初獻爵, 亞獻爵, 終獻爵이라 한다.

〔 참고 및 관련 자료 〕

1.《晏子春秋》卷1 內篇 諫上 002(1-2)의 『景公飮酒酣, 願諸大夫無爲禮, 晏子諫』
과 그 내용과 주제가 같다.

2.《韓詩外篇》卷9

齊景公縱酒, 醉, 而解衣冠, 鼓琴以自樂. 顧左右曰:「仁人亦樂此乎?」左右曰:「仁人
耳目猶人, 何爲不樂乎?」景公曰:「駕車以迎晏子.」晏子聞之, 朝服而至. 景公曰:
「今者, 寡人此樂, 願與大夫同之.」晏子曰:「君言過矣. 自齊國五尺已上, 力皆能勝嬰
與君. 所以不敢者, 畏禮也. 故自天子無禮, 則無以守社稷; 諸侯無禮, 則無以守其國;
爲人上無禮, 則無以使其下; 爲人下無禮, 則無以事其上; 大夫無禮, 則無以治其家;
兄弟無禮, 則不同居; 『人而無禮, 不若遄死.』」景公色魃, 離席而謝曰:「寡人不仁,
無良左右, 淫湎寡人, 以至於此, 請殺左右, 以補其過.」晏子曰:「左右無過. 君好禮,
則有禮者至, 無禮者去; 君惡禮, 則無禮者至, 有禮者去. 左右何罪乎?」景公曰:
「善哉!」乃更衣而坐, 觴酒三行, 晏子辭去. 公拜送. 詩曰:『人而無禮, 胡不遄死.』

3.《新序》刺奢篇

齊景公飮酒而樂, 釋衣冠自鼓缶, 謂侍者曰:「仁人亦樂是夫?」梁丘子曰:「仁人耳目亦猶人也. 奚爲獨不樂此也?」公曰:「速駕迎晏子.」晏子朝服以至. 公曰:「寡人甚樂此樂也, 願與夫子共之, 請去禮.」晏子對曰:「君之言過矣, 齊國五尺之童子, 力盡勝嬰而又勝君, 所以不敢亂者, 畏禮也. 上若無禮, 無以使其下; 下若無禮, 無以事其上. 夫麋鹿唯無禮, 故父子同麀. 人之所以貴於禽獸者, 以有禮也, 詩曰:『人而無禮, 胡不遄死?』故禮不可去也.」公曰:「寡人無良, 左右淫湎寡人, 以至於此, 請殺之.」晏子曰:「左右何罪? 君若好禮, 左右有禮者至, 無禮者去. 君若惡禮, 亦將如之.」公曰:「善. 請革衣冠, 更受命.」乃廢酒而更尊朝服而坐, 觴三行, 晏子趨出.

4.《太平御覽》109·468·696에 본 장의 내용이 전재되어 있다.

5.《群書治要》에는 본 장이 諫上篇으로 옮겨져 있다. 002와 같기 때문이다.

6.《北堂書鈔》衣冠部 3에 본 장의 내용이 전재되어 있다.

7. 張純一 校注本의 注

「元刻注云: 此章與景公酒酣, 願無爲禮, 晏子諫, 大旨同. 但辭有詳略爾, 故著于此篇. 孫云: 韓詩外傳九, 新序刺奢篇, 用此文. 蘇云: 治要載此章在諫上篇. 純一案: 此與諫上二章爲一事.」

172(7-2) 景公置酒泰山四望而泣, 晏子諫

경공이 태산과 사방에 망제를 지내면서 울자, 안자가 간함

경공이 태산泰山 곁에 술자리를 마련하였다. 술기운이 오르자, 경공은 사방을 둘러보며 위연히 탄식하였다. 그리고 몇 줄 눈물까지 흘리며 이렇게 슬퍼하는 것이다.

"과인은 장차 이런 당당한 나라를 두고 죽어야 한단 말인가?"

좌우에서 경공의 슬픔에 맞추어 우는 자가 셋이나 되었다. 그러면서 이렇게 말하였다.

"저희처럼 보잘것없는 자들도 오히려 장차 다가올 죽음이 난감하거늘 하물며 임금께서야 오죽하리요? 이 나라를 버리고 돌아가신다니 어찌 가히 그런 일이 있을 수 있겠습니까?"

그러나 안자만은 홀로 무릎을 두드리며 하늘을 우러러 크게 웃는 것이었다.

"즐겁도다! 오늘의 술자리여."

임금은 이 소리를 듣고 불쾌히 여겨 노기 띤 모습으로 물었다.

"과인이 슬픔에 젖어 있는데 그대 홀로 크게 웃으니 무슨 이유요?"

안자는 이렇게 대답하였다.

"오늘 겁 많은 임금 한 분과 아첨하는 신하 셋을 보게 되어, 이 까닭으로 크게 웃은 것입니다."

임금이 다시 따져 물었다.

"무엇을 두고 겁쟁이라 하고, 어떤 것을 두고 아첨꾼이라 하는 것이오?"

안자는 이렇게 설명하였다.

"무릇 예로부터 죽음이 있었던 것은 후대의 어진 자에게는 뒤를 이을 수 있도록 하기 위함이요, 불초한 자는 복종함을 일러 주기 위함입니다. 만약 옛날의 왕이었던 자들이 죽지 않았다면, 지난날 선군이신 태공太公부터 지금까지의 모든 왕들이 다 살아 있을 것입니다. 그렇게 되었다면 임금께서 어찌 이 나라를 차지하고 지금 슬퍼할 겨를이 있겠습니까? 무릇 성한 것은 쇠함이 있고, 산 것은 죽음이 있는 것, 이것은 하늘의 구분입니다. 만물은 반드시 다다르는 곳이 있고, 일이란 반드시 그렇게 될 수밖에 없는 것이 옛날부터의 도道입니다. 그런데 어찌 슬퍼할 일이겠습니까? 늙음에 이르러 오히려 죽음을 슬퍼하는 것을 겁쟁이라 하며, 곁에서 그런 슬픔에 맞장구를 치는 것을 아첨꾼이라 합니다. 겁쟁이와 아첨꾼이 함께 모여 있으니 그래서 웃은 것입니다."

경공은 부끄러워하면서 말을 바꾸었다.

"나는 나라를 버리고 떠나면서 죽는 것을 슬퍼한 것이 아니라오. 과인이 듣기로 혜성이 나타나 향하는 바의 나라가 바로 그 임금이 화를 당한다고 하였소. 지금 혜성이 나타나 우리나라를 향하고 있소. 그 까닭으로 내 슬퍼하고 있는 거요."

안자는 이렇게 대책을 일러 주었다.

"임금이 의를 실행하시면 사악함은 물러나고 맙니다. 나라에 아무런 덕은 베풀지 않으면서 못을 팔 때는 더 깊이 더 넓게 하시고, 대사臺榭는 더욱 높게 더욱 크게 지으려 하시며, 세금을 마치 빼앗듯이 거두고 남 죽이기를 마치 원수 없애듯이 하고 있으니, 이를 보건대 불성孛星까지 나타날 텐데 그까짓 혜성쯤이야 어찌 두려워할 정도이겠습니까?"

이에 경공은 겁을 먹은 채 되돌아와서는 못을 메워 버리고 대사 짓는 일을 철회하였으며, 부렴賦斂도 줄이고 형벌도 완화하였다. 그로부터 37일 만에 혜성은 사라지고 말았다.

景公置酒于泰山之上, 酒酣.

公四望其地, 喟然歎, 泣數行而下, 曰:「寡人將去此堂堂國
而死乎?」

左右佐哀而泣者三人, 曰:「臣細人也, 猶將難死, 而況公乎?
棄是國也而死, 其孰可爲乎?」

晏子獨搏其髀, 仰天而大笑曰:「樂哉! 今日之飮也.」

公怫然怒曰:「寡人有哀, 子獨大笑, 何也?」

晏子對曰:「今日見怯君一, 諛臣三, 是以大笑.」

公曰:「何謂諛怯也?」

晏子曰:「夫古之有死也, 令後世賢者得之以息, 不肖者得之
以伏. 若使古之王者如毋有死, 自昔先君太公, 至今尚在, 而君
亦安得此國而哀之? 夫盛之有衰, 生之有死, 天之分也. 物有必至,
事有常然, 古之道也. 曷爲可悲? 至老尚哀死者, 怯也; 左右助
哀者, 諛也. 怯諛聚居, 是故笑之.」

公慙而更辭曰:「我非爲去國而死哀也. 寡人聞之: 彗星出, 其所
向之國, 君當之, 今彗星出而向吾國, 我是以悲也.」

晏子曰:「君之行義回邪, 無德于國, 穿池沼, 則欲其深以廣也,
爲臺榭, 則欲其高且大也; 賦斂如撝奪, 誅僇如仇讎. 自是觀之,
茀又將出, 彗星之出, 庸可懼乎?」

于是公懼, 迺歸, 寶池沼. 廢臺榭, 薄賦斂, 緩刑罰, 三十七日
而彗星亡.

【泰山】齊나라 경내에 있는 산. 五嶽 중의 하나.
【太公】太公 望, 姜子牙, 呂尙. 齊나라의 始祖.

【臺榭】누대와 조망대.

【茀星】彗星의 일종. 고대에는 이것이 나타나면 凶한 것으로 여겼다.

【賦斂】조세를 부과하여 징수함.

참고 및 관련 자료

1.《史記》齊太公世家

三十二年, 彗星見. 景公坐柏寢, 嘆曰:「堂堂! 誰有此乎?」群臣皆泣, 晏子笑, 公怒. 晏子曰:「臣笑群臣諫甚.」景公曰:「彗星出東北, 當齊分野, 寡人以爲憂.」 晏子曰:「君高臺深池, 賦斂如弗得, 刑罰恐弗勝, 茀星將出, 彗星何懼乎?」公曰: 「可禳否?」晏子曰:「使神可祝而來, 亦可禳而去也. 百姓苦怨以萬數, 而君令一人 禳之, 安能勝衆口乎?」是時景公好治宮室, 聚狗馬, 奢侈, 厚賦重刑, 故晏子以 此諫之.

2.《藝文類聚》卷9 人部(三) 笑

晏子曰: 齊景公置酒太山. 公四望爲然歎. 泣數行. 曰:「寡人將去此堂國者而死取?」 左右泣者三人, 晏子搏髀仰天大笑曰:「樂哉! 今之飮也.」公怒曰:「子笑何也?」 對曰:「臣見怯君一, 諛臣三, 是以大笑.」公慚.

3.《晏子春秋》 017(1-17), 173(7-13), 174(7-4), 175(7-5)와 관련된다.

4.《列子》 力命篇 → 017 참조.

5.《韓詩外傳》 卷10 → 017 참조.

6.《文選》 卷28 陸士衡 樂府 齊謳行 注 → 017 참조.

7.《左傳》 昭公 20年 12月 傳 → 017 참조.

8.《晏子春秋》 018 참조.

9.《左傳》 昭公 26年 傳 참조.

10.《太平御覽》 人事部 391·491.

11.《文選》 秋興賦 注.

12. 본장은『景公登牛山而悲』.『登公阜睹彗星而感』과 같으며, 전반부는 卷1 內篇 諫上 017·018과 같고, 후반부는 018의 末段과 같다.

13. 張純一 校注本 注

「元刻注云: 此章與景公登牛山而悲, 登公阜睹彗星而感, 旨同而辭少異爾, 故著
于此篇. 純一案: 此章前半與諫上十七章並十八章首段爲一事, 後半與諫上十八章
末段爲一事.」

173(7-3) 景公嘗見彗星, 使人占之, 晏子諫

경공이 꿈에 혜성을 보고
사람을 시켜 점을 치자, 안자가 간함

경공이 꿈 속에 혜성을 보고 불길하게 생각하여 이튿날 안자를 불러 물어 보았다.

"과인이 듣기로 혜성이 나타나면 반드시 어느 나라인가 하나는 망한다고 하던데 어젯밤에 꿈 속에서 과인이 혜성을 보았소. 내 해몽하는 자를 불러 이를 점쳐 보고 싶소."

안자는 이렇게 설명하였다.

"임금이 평소에 절제가 없고 의복에 절도가 없으며, 정간正諫을 듣지 않고 끝없이 일을 벌이고 부렴을 한없이 받아내며, 백성을 부리되 더 이상 부려먹지 못할까 안달 내듯이 하고 있으니, 만민의 원망으로 보아 불성孛星이 곧 꿈에 보일 텐데 어찌 유독 혜성 하나로 그리 법석을 떠십니까?"

景公嘗見彗星.

明日, 召晏子而問焉曰:「寡人聞之, 有彗星者, 必有亡國. 夜者, 寡人嘗見彗星. 吾欲召占夢者使占之.」

晏子對曰:「君居處無節, 衣服無度, 不聽正諫, 興事無已, 賦斂無厭, 使民如將不勝, 萬民懟怨. 孛星又將見夢, 奚獨彗星乎?」

【茀星】 凶兆의 彗星. 前出.

참고 및 관련 자료

1. 《晏子春秋》 017(1-17)과 관련된다. 018(1-18) 및 172(7-2) 참조.

2. 《列子》 力命篇 → 017 참조.

3. 《韓詩外傳》 卷10 → 017 참조.

4. 《文選》 卷28 陸士衡 樂府 齊謳行 注 → 017 참조.

5. 《左傳》 昭公 20年 12月 傳 → 017 참조.

6. 기타 관련 자료는 172를 참조.

7. 張純一本 注

「元刻注云: 此章與景公登公阜, 見彗星, 使禳之, 晏子諫, 辭之同, 而此特言夢見爲而爾, 故著于此篇. 盧云: 此章吳本缺. 純一案: 諫上十八章末段宜參觀.」

174(7-4) 景公問古而無死其樂若何, 晏子諫

경공이 예로부터 죽지 않으면서
그 즐거움을 누릴 수 있는가를 묻자,
안자가 간함

경공이 술판을 벌여 놓고 즐기다가 이렇게 물었다.

"예로부터 사람에게 죽음이 없다면 그 즐거움이 어떠할까?"

안자는 이렇게 대답하였다.

"옛사람이 죽지 않았다면 그들이 지금까지 모든 것을 차지하고 즐기고 있을 텐데, 임금께서 이런 즐거움을 어찌 맛볼 수 있겠습니까? 옛날 상구씨爽鳩氏가 제일 먼저 여기 이 땅을 차지하고 살고 있었고, 뒤이어 계측季萴이 살았으며, 그 다음으로 봉백릉逢伯陵이 살았었고, 또 포고씨 蒲姑氏가 뒤를 이었습니다. 그런 다음에야 태공太公께서 이 자리를 차지 하였지요. 예로부터 만약 죽음이 없었다면 상구씨가 즐거워하였겠지요. 임금께서 원하시는 바는 그 아무것도 이루어질 수 없었을 것입니다."

景公飮酒, 樂. 公曰:「古而無死, 其樂若何?」

晏子對曰:「古而無死, 則古之樂也, 君何得焉? 昔爽鳩氏始 居此地, 季萴因之, 有逢伯陵因之, 蒲姑氏因之, 而後太公因之. 古若無死, 爽鳩氏之樂, 非君所願也.」

【爽鳩氏】 고대의 씨족 이름. 杜預 注에 "爽鳩氏, 少皞氏之司寇也"라 하였다.

【季萴】 杜預 注에 「季萴, 虞夏諸侯代爽鳩氏者」라 하였다.

【逢伯陵】 杜預 注에 "逢伯陵, 殷諸侯姜姓"이라 하였다. 吳則虞는 《左傳》昭公
　10年 傳 正義를 인용하여 "有逢伯陵因之, 則陵是逢君之祖也. 伯陵之後, 世爲
　逢君"이라 하였다.

【浦姑氏】 杜預 注에 "浦姑氏, 殷周之間, 代逢公者"라 하였다.

【太公】 姜太公. 呂尙

참고 및 관련 자료

1. 《左傳》 昭公 20年 傳

飮酒樂. 公曰:「古而無死, 其樂若何!」 晏子對曰:「古而無死, 則古之樂也, 君何得焉?
昔爽鳩氏始居此地, 季萴因之, 有逢伯陵因之, 蒲姑氏因之, 而後大公因之. 古若無死,
爽鳩氏之樂, 非君所願也.」

2. 《文選》 卷38 陸士衡 樂府 齊謳行 注

左氏傳: 齊侯飮注樂. 公曰:「古而無死其樂若何?」 晏子對曰:「古而無死, 古之樂也.
君何得焉? 爽鳩氏始居此地, 季萴因之, 而逢伯凌因之, 浦姑氏因之, 而太公因之.
古若無死. 爽鳩氏之樂, 非君所願也.」

3. 《文選》 卷13 潘安人 秋興賦 注 → 205(8-8) 참조.

4. 《列子》 力命篇 → 017 참조.

5. 《韓詩外傳》 卷10 → 017 참조.

6. 《晏子春秋》 017·172·175와 관련된다.

7. 張氏本 말미의 注

「元刻注云: 此章與景公謂梁丘據與我和, 景公使祝史禳彗星, 皆出於景公遊公阜,
一日而有三過言, 但析爲章而辭少異, 皆著于此篇. 純一案: 此章與諫上十七章並
十八章首段宜參觀.」

175(7-5) 景公謂梁丘據與己和, 晏子諫
경공이 양구거는 자기와 화합한다고 말하자, 안자가 간함

경공이 사냥을 나갔다가 돌아오는 도중에, 안자가 천대遄臺라는 곳에서 모시고 있었다. 그 때 양구거梁丘據가 급히 찾아오자 경공은 이렇게 반가워하였다.

"오직 양구거와 나는 서로가 화和한 관계로군!"

그러자 안자는 이렇게 말하였다.

"양구거 역시 동同이지, 어찌 화和라 할 수 있겠습니까?"

경공이 되물었다.

"화와 동은 어떻게 다른 것이오?"

안자는 이렇게 설명하였다.

"다르지요. 화란 마치 국과 같습니다. 물·불·젓·해醢·소금·매실을 넣어 어육魚肉을 조리하되 장작으로 불을 지펴 주방장이 화하게 하여 맛을 고르게 하는 것입니다. 부족한 것을 보충하고 지나친 것은 덜어 내어 군자가 이를 맛보면 그 마음이 평온해지지요. 임금과 신하도 마찬가지입니다. 임금이 옳다고 말하되 아니라고 하는 자가 있어야 합니다. 신하가 부정否定할 거리가 있음으로 해서 그 옳다고 하는 것이 성립되는 것입니다. 또 임금이 부정하더라도 신하로부터 옳다는 주장이 있어야 합니다. 신하로서 옳다는 주장이 있음으로써 그 부정을 제거할 수 있는 것입니다. 이렇게 해야 정치는 평온하고 전쟁도 없으며, 백성은 다투는 마음을 갖지 않게 되는 것입니다. 그래서 《시詩》에는 이렇게 노래하였지요.

'온갖 맛을 조화시킨 고기국물,   亦有和羹
  그 맛 아름답고 조화롭도다.   既戒且平
  제물을 올리며 말없이 엄숙히,   鬷嘏無言
  모두들 경건하여 다툼이 없네.'   時靡有爭

이처럼 선왕先王들은 오미五味를 갖추고 오성五聲에 조화롭게 하였던 것입니다. 그리하여 그 마음에 평정을 얻어 그 정치를 성취시킬 수 있었던 것입니다. 소리 역시 맛과 같아, 일기一氣·이체二體·삼류三類·사물四物·오성五聲·육률六律·칠음七音·팔풍八風·구가九歌가 있어 상성相成하며, 청탁淸濁·대소大小·장단短長·서질疾徐·애락哀樂·강유剛柔·지속遲速·고하高下·출입出入·주소周疏가 있어 상제相濟하게 되는 것입니다. 그리고 나서 군자가 이런 음악을 들으면 그 마음이 평온해지고 심평덕화心平德和를 이루는 것입니다. 그 때문에 《시》에는 이렇게 노래한 것입니다.

'덕스러운 그 음성 흠 하나 없네.'   德音不瑕

지금 양구거는 그렇지 못합니다. 임금께서 옳다하면 양구거 역시 옳다하고, 임금이 안 된다는 것은 그 역시 안 된다고 맞장구를 칩니다. 이는 물로써 물을 맞추는 것이니, 누가 그런 국물을 먹겠습니까? 또 금슬 악기 하나로 한 가지 소리만 내고 있으니, 누가 그런 음악을 들어주겠습니까? 동同으로만 하였을 때 불가不可함이 이와 같은 것입니다."

경공은 수긍하였다.

"훌륭하오!"

景公至自畋, 晏子侍于遄臺, 梁丘據造焉.

公曰:「維據與我和夫!」

晏子對曰:「據亦同也, 焉得爲和?」

公曰:「和與同異乎?」

對曰:「異. 和如羹焉, 水·火·醯·醢·鹽·梅, 以烹魚肉, 燀之以薪, 宰夫和之, 齊之以味, 濟其不及; 以洩其過, 君子食之, 以平其心. 君臣亦然. 君所謂可, 而有否焉. 臣獻其否, 以成其可; 君所謂否, 而有可焉. 臣獻其可, 以去其否. 是以政平而不干, 民無爭心. 故詩曰:『亦有和羹, 旣戒且平; 鬷嘏無言, 時靡有爭.』先王之濟五味, 和五聲也, 以平其心, 成其政也. 聲亦如味: 一氣·二體·三類·四物·五聲·六律·七音·八風·九歌, 以相成也; 清濁·大小·短長·疾徐·哀樂·剛柔·遲速·高下·出入·周疏, 以相濟也. 君子聽之, 以平其心, 心平德和. 故詩曰:『德音不瑕.』今據不然. 君所謂可, 據亦曰可; 君所謂否, 據亦曰否. 若以水濟水, 誰能食之? 若琴瑟之專一, 誰能聽之? 同之不可也如是.」

公曰:「善!」

【遄臺】지명. 혹 누대 이름.

【梁丘據】景公의 臣下.《左傳》에는 '子猶'로 실려 있다.

【詩】《詩經》商頌 烈相의 구절.

【五味】辛·酸·鹹·苦·甘 등의 맛.

【五聲】宮·商·角·徵·羽.

【一氣】萬物의 一元.

【二體】陰陽의 대립적 구분.

【三類】天·地·人, 혹은 風·雅·頌.

【四物】四方之物, 四季之物 등.

【六律】十二律 중의 陽聲에 속하는 여섯 가지 音. 곧 黃鐘·太簇·姑洗·蕤賓·
夷則·無射.

【七音】고대 음악 중 五音에 變徵·變羽를 더함. 혹은 牙·舌·脣·齒·喉·半舌·
半齒의 七音.

【八風】八方의 바람.《呂氏春秋》有始篇에는 "何謂八風? 東北曰炎風, 東方曰
滔風, 東南曰熏風, 南方曰巨風, 西南曰凄風, 西方曰飂風, 西北曰厲風, 北方曰
寒風"이라 하였고《淮南子》地形訓에는 "炎風, 條風, 景風, 巨風, 涼風, 飂風,
麗風, 寒風"이라 하였다.

【淸濁】淸音과 濁音

【疾徐】빠름과 느림.

【周疏】원래 '周流'로 되어 있으나 이는 '周疏'의 오기임. 주도면밀함과 소략함을
구분하여 표현한 것.

【詩】《詩經》豳風 狼跋의 구절.

참고 및 관련 자료

1.《晏子春秋》卷1 內篇 諫上 018(1-18)과 일부가 중복된다.

2.《論語》子路篇

子曰:「君子和而不同, 小人同而不和.」

3.《左傳》昭公 20年 12月 傳.

齊侯至自田, 晏子侍于遄臺, 子猶馳而造焉. 公曰,:「唯據與我和夫!」晏子對曰:
「據亦同也, 焉得爲和?」公曰:「和與同異乎?」對曰:「異. 和如羹焉, 水·火·醯·
醢·鹽·梅, 以烹魚肉, 燀之以薪, 宰夫和之, 齊之以味, 濟其不及, 以洩其過. 君子食之,
以平其心. 君臣亦然. 君所謂可而有否焉, 臣獻其否以成其可; 君所謂否而有可焉,
臣獻其可以去其否, 是以政平而不干, 民無爭心. 故詩曰:『亦有和羹, 旣戒旣平.
鬷嘏無言, 時靡有爭.』先王之濟五味·和五聲也, 以平其心, 成其政也. 聲亦如味,
一氣, 二體, 三類, 四物, 五聲, 六律, 七音, 八風, 九歌, 以相成也; 淸濁·小大·短長·
疾徐·哀樂·剛柔·遲速·高下·出入·周疏, 以相濟也. 君子聽之, 以平其心. 心平,

德和. 故詩曰『德音不瑕』. 今據不然. 君所謂可, 據亦曰可; 君所謂否, 據亦曰否. 若以水濟水, 誰能食之? 若琴瑟之專壹, 誰能聽之? 同之不可也如是.」

4. 張純一本 注

「此章與諫上十八章中段, 景公曰據與我和爲一事.」

176(7-6) 景公使祝史禳彗星, 晏子諫

경공이 축사를 시켜 혜성을 없애려 하자, 안자가 간함

제齊나라에 혜성이 나타나자 경공은 축祝을 시켜 그로부터 올 재앙을 제거하려 하였다. 그러자 안자가 나섰다.

"소용없습니다. 오직 허망한 일일뿐입니다. 하늘의 도리는 의심할 수 없습니다. 그 명도 변경시킬 수 없습니다. 그러한데도 어찌 이를 제거할 수 있단 말입니까? 또 혜성이 나타나는 것은 더러운 것을 제거해 버리겠다는 하늘의 뜻입니다. 임금께서 덕을 더럽힌 것이 없다면, 또한 어찌 이를 빌 필요가 있겠습니까? 그러나 만약 덕을 더럽힌 사실이 있다면, 빌어 본들 어찌 그 벌이 줄어들겠습니까? 《시詩》에는 이렇게 말하였습니다.

'오직 우리 문왕께서는	維此文王
모든 일 조심하고 보살피시며	小心翼翼
밝히 하늘을 섬기오시니	昭事上帝
어찌 많은 복 받지 않으랴.	聿懷多福
그 이루신 덕 헛되지 않아	厥德不回
천하의 모든 나라 맡게 되셨네.'	以受方國

임금께서 덕을 위배되는 일을 하지 않았다면, 온 나라들이 다 몰려 친부해 올 텐데 어찌 혜성을 두고 걱정하실 일이 있겠습니까? 역시 《시》에 이렇게 노래하였습니다.

'나는 그 어디 비춰볼 데도 없네   我無所監
하나라부터 상나라 이르기까지   夏后及商
나라가 혼란한 이유 때문에   用亂之故
백성은 마침내 흩어져 버렸네.'   民卒流亡

만약 덕을 휘젓고 혼란스럽게 하셨다면, 백성들이 모두 흩어져 도망가 버리고 말 것인데, 그 때는 축사祝史에게 빌도록 한들 아무런 도움이 없을 것입니다."

경공은 기뻐하며 계획을 철회하였다.

齊有彗星, 景公使祝禳之.

晏子諫曰:「無益也, 祇取誣焉. 天道不諂, 不貳其命, 若之何禳之也? 且天之有彗, 以除穢也. 君無穢德, 又何禳焉? 若德之穢, 禳之何損? 詩云:『維此文王, 小心翼翼, 昭事上帝, 聿懷多福, 厥德不回, 以受方國.』君無違德, 方國將至. 何患于彗? 詩曰:『我無所監, 夏后及商, 用亂之故, 民卒流亡.』若德令回亂, 民將流亡, 祝史之爲, 無能補也.」

公說, 乃止.

【祝】太祝. 史祝. 祝史. 제사. 기도 등을 담당하던 관직.
【詩】앞에 인용된 것은 《詩經》大雅 大明篇의 구절이다. 그러나 뒤에 인용된 구절은 지금의 《詩經》에는 실려 있지 않다. 逸詩이다.

1. 《晏子春秋》018(1-18)과 관련이 있다. 그 외 172(7-2)·173(7-3)과도 관련이 있다.

2. 《左傳》昭公 26年 傳 ⇒ 018 참조.

3. 《史記》齊太公世家 ⇒ 018 참조.

4. 《新序》卷4 雜事의 26 ⇒ 018 참조

5. 《論衡》變虛篇 ⇒ 018 참조.

6. 張純一本 注

「元刻注云: 此章與景公登公阜見彗星章旨同, 故著于此篇. 純一案: 此與諫上十八章, 使禳彗星爲一事.」

177(7-7) 景公有疾, 梁丘據裔款請誅祝史, 晏子諫

경공이 병이 나서 양구거와 예관이
축사를 죽이라고 하자, 안자가 간함

경공이 몸에 옴이 나더니 드디어 학질까지 걸리고 말았다. 그런데 일 년이 되도록 낫지 않는 것이었다. 제후들이 사신을 보내어 병문안 온 자가 제나라에 들끓게 되었다. 이 때 양구거梁丘據와 예관裔款 두 사람이 임금에게 이런 제의를 하였다.

"우리는 귀신을 섬깁니다. 선군先君보다 더욱 풍성히 하여 제물을 더 많이 합시다. 현재 임금의 병은 제후들의 걱정거리가 되고 있습니다. 이는 바로 축사祝史가 잘못하여 이렇게 된 것입니다. 제후들은 그 사실을 모른 채, 우리가 귀신을 잘 섬기지 않는다고 수군거립니다. 임금께서는 어찌 축관祝官 고固와 사관史官 은嚚을 죽여 빈객들을 되돌아가도록 하지 않습니까?"

임금은 이 말을 듣고 기뻐하며 안자에게 고하였다. 그러자 안자는 이렇게 대답하였다.

"지난 날 송宋나라와 회맹을 할 때, 굴건屈建이 조무趙武에게 범회范會의 덕이 어느 정도냐고 물었습니다. 그러자 조무는 '그 선생은 집안일도 잘 처리할 뿐 아니라 진晉나라에서 그의 말이라면 누구나 믿지요. 뜻을 다하되 사심이 없는 분입니다. 그의 축사祝史조차 제사를 잘 모시되 주인의 언어에 부끄러움이 없고, 그 집안일은 흠잡을 데가 없기 때문에

〈南都繁會圖〉(明)

축사는 귀신에게 무엇을 어떻게 달라고 기원할 게 없을 정도입니다'라 하였답니다. 그러자 굴건은 이 말을 강왕康王에게 전하였지요. 이에 강왕은 '귀신과 백성이 모두 원망이 없으니, 그런 분이 다섯 임금을 보좌하는 것은 마땅한 일이 되고도 남는다. 그리하여 진晉나라를 제후의 맹주가 되게 한 것이로다'라 하였답니다."

경공은 안자의 말을 듣고 이렇게 물었다.

"양구거와 예관이 나에게 능히 귀신을 섬기라고 하기에, 이에 내가 축사에게 죽음을 내리려 하였던 것입니다. 그런데 선생께서 방금 하신 말은 무슨 뜻입니까?"

안자는 이렇게 설명하였다.

"만약 덕이 있는 임금이라면, 안팎에 잔폐殘廢함이 없고 위아래로 원망이 없으며, 어떠한 행동에도 위배됨이 없게 됩니다. 그럴 때 축사가 귀신에게 어떤 말을 올려도 마음에 부끄러움이 없게 되는 것입니다. 그렇게 되면 귀신은 흠향을 하게 되고 나라는 그 복을 받게 되는 것이니, 이것이 축사가 참여할 역할입니다. 그 축사들도 자손이 번성하고 늙도록 오래 사는 것은, 바로 그들이 임금의 믿을 만한 신하인 동시에 그들의 말은 귀신에게 충성되고 믿음이 있기 때문입니다. 그러나 그들이 임금의 잘못에 아부하여 맞장구를 친다면, 안팎은 사악해지고 위아래는 원망과 질시가 횡행하며, 움직였다 하면 어그러지는 일 뿐, 사사로운 욕심을 채우기에 여념이 없고 누대나 연못을 높이 깊게 하고, 무녀와 음악에 빠지며, 백성의 힘을 제 마음대로 사용하고, 죽이며 약탈하면서 그 잘못을 끝없이 저지르면서도 뒷사람을 불쌍히 여기지도 않고 포악하고 음란하며 방종하고, 행동에 법도도 없고 되돌아올 환난을 꺼리지도 않으며, 귀신도 무서워하지 않아 신은 노하고 백성의 고통은 심한데도 마음에 개전改悛의 빛이 없다면, 축사가 이 사실을 그대로 신에게 고하게 되면 그들은 할 수 없이 임금의 죄를 말하지 아니할 수 없게 됩니다. 그들이 잘못을 감추고 훌륭한 것만 거론한다면, 이는 신을 속이는 것이 됩니다. 진퇴進退에 바른말이 없게 되면 거짓으로 예쁨을 받으려는 짓이 되어 귀신은 흠향하지 않고 그 나라에게는 앙화로써 보답을 내리게 됩니다. 축사도 그런 역할에 참여하게 됩니다. 그렇게 되면 그 축사의 자손들도 요절하고 혼미하며 고아가 되거나 몹쓸 병에 걸리게 되는 것이니, 이는 임금을 포악하게 되도록 하고, 그 말이 귀신에게 거짓으로 가득 찼기 때문에 받는 죄 값입니다."

경공이 물었다.

"그럼 어찌하면 좋겠소?"

안자는 이렇게 일러 주었다.

"방법이 없습니다. 숲 속의 나무는 형록衡鹿이 지키고 있고, 못 가의 갈대는 주교舟鮫가 간섭하며, 바다의 소금과 조개를 구하러 가도 기망祈望이 못살게 굽니다. 저 시골 편벽된 곳에서 나라에 부역을 하러 도읍으로 올 때도 관문 가까이 오면 포악한 세리稅吏는 자신의 이익을 채우려고 하고, 세습의 대부大夫는 강제로 뇌물을 바꾸자고 요구합니다. 공포되는 법령은 기준이 없고, 부과되는 세금은 법도가 없으며, 궁실은 날마다 고쳐 짓고 음락淫樂은 그만둘 줄 모르며, 안으로 사랑 받는 첩들은 시장에서 제멋대로 약탈하고, 밖으로 사랑 받는 신하들은 저 시골까지 가서 임금의 명령을 참칭하고 다니면서 자신의 사욕을 채우되 내놓지 않으면 자신의 법으로 괴롭히고 있습니다. 백성은 이런 고통에 신음하면서 부부가 다 저주하고 있습니다. 빌면 이익이 있게 마련이고, 저주하면 화가 미치는 법입니다. 요聊·섭攝으로부터 동쪽, 고수姑水·우수尤水의 서쪽 지역, 그 안은 인구가 매우 많은 지역입니다. 아무리 잘 빈다고 해도 어찌 억조億兆같이 많은 그 사람들의 저주를 이겨낼 수 있겠습니까? 임금께서 만약 축사에게 죽음을 내리고 싶거든, 먼저 덕을 잘 닦은 다음에나 할 수 있는 일입니다."

경공은 이 말을 듣고 즐거워하며 유사有司로 하여금 정치를 관대히 하고, 관關과 금법禁法을 없애며, 세금을 줄이고 책임을 없애도록 해 주었다. 그제야 경공의 병은 나아졌다.

景公疥遂疸, 期而不瘳. 諸侯之賓, 問疾者多在.

梁丘據·裔款, 言於公曰:「吾事鬼神, 豐于先君有加矣. 今君疾病, 爲諸侯憂, 是祝史之罪也. 諸侯不知, 其謂我不敬, 君盍誅于祝固史囂以辭賓?」

公說, 告晏子.

晏子對曰:「日宋之盟, 屈建問范會之德于趙武, 趙武曰:『夫子家事治, 言于晉國, 竭情無私, 其祝史祭祀, 陳信不愧; 其家事無猜, 其祝史不祈.』建以語康王, 康王曰:『神人無怨, 宜夫子之光輔五君, 以爲諸侯主也.』」

公曰:「據與款謂寡人能事鬼神, 故欲誅于祝史, 子稱是語, 何故?」

對曰:「若有德之君, 外內不廢, 上下無怨, 動無違事, 其祝史薦信, 無愧心矣. 是以鬼神用饗, 國受其福, 祝史與焉. 其所以蕃祉老壽者, 爲信君使也, 其言忠信于鬼神. 其適遇淫君, 外內頗邪, 上下怨疾, 動作辟違, 從欲厭私, 高臺深池, 撞鐘舞女, 斬刈民力, 輸掠其聚, 以成其違, 不恤後人, 暴虐淫縱, 肆行非度, 無所還忌, 不思謗讟, 不憚鬼神, 神怒民痛, 無悛于心, 其祝史薦信, 是言罪也. 其蓋失數美, 是矯誣也; 進退無辭, 則虛以求媚, 是以鬼神不饗, 其國以禍, 祝史與焉. 其所以夭昏孤疾者, 爲暴君使也, 其言僭嫚于鬼神.」

公曰:「然則若之何?」

對曰:「不可爲也. 山林之木, 衡鹿守之; 澤之萑蒲, 舟鮫守之; 藪之薪蒸, 虞侯守之; 海之鹽蜃, 祈望守之; 縣鄙之人, 入從其政; 偪介之關, 暴征其私; 承嗣大夫, 彊易其賄; 布常無藝, 徵斂無度;

宮室日更, 淫樂不違; 內寵之妾, 肆奪于市; 外寵之臣, 僭令于鄙;
私欲養求, 不給則應. 民人苦病, 夫婦皆詛. 祝有益也, 詛亦有損,
聊攝以東, 姑尤以西, 其爲人也多矣. 雖其善祝, 豈能勝億兆人
之詛? 君若欲誅于祝史, 修德而後可.」

　公說, 使有司寬政, 毀關去禁, 薄斂已責, 公疾愈.

【梁丘據】景公의 臣下.
【裔款】齊나라 大夫.
【祝史】太祝. 史祝. 제사. 기도를 담당하던 관직.
【祝官 固】固는 인명.
【史官 嚚】嚚은 인명.
【宋之盟】《左傳》襄公 27年에 실려 있다.
【屈建】楚나라 臣下. 이 일은 屈建이 趙武에게 范會의 덕행을 물은 것이다.
【趙武】趙文子. 晉나라 大夫.
【范會】晉나라 公族. 晉六卿의 하나.
【康王】楚나라 康王. 재위 15년(B.C.559~545)
【衡鹿】山林을 관리. 감시하는 관리.
【舟鮫】沼澤을 관리. 감시하는 관리.
【祈望】海産物. 水産物을 관리하는 관직.
【偪介】舊本에는 '偪介'로 되어있다. 그러나 王引之는 '偪尒'의 오기로 보았고
　이는 '偪邇'(가깝다)의 뜻이라 하였다.
【聊·攝】齊나라 서쪽의 地名.
【姑水·尤水】둘 모두 물 이름. 齊나라 동부 지역.
【有司】일을 맡은 관리.
【關】稅關·海關·關門.

1. 《晏子春秋》 卷1 內篇 諫上 012(1-12)와 관련이 있다.

2. 《左傳》 昭公 20年 傳

齊侯疥, 遂痁, 期而不瘳. 諸侯之賓問疾者多在. 梁丘據與裔款言於公曰:「吾事鬼神豐, 於先君有加矣. 今君疾病, 爲諸侯憂, 是祝·史之罪也. 諸侯不知, 其謂我不敬, 君盍誅 於祝固·史嚚以辭賓?」公說, 告晏子. 晏子曰:「日宋之盟, 屈建問范會之德於趙武. 趙武曰『夫子之家事治; 言於晉國, 竭情無私. 其祝·史祭祀, 陳信不愧; 其家事無猜, 其祝·史不祈.』建以語康王. 康王曰『神·人無怨, 宜夫子之光輔五君以爲諸侯主也.』」 公曰:「據與款謂寡人能事鬼神, 故欲誅于祝·史, 子稱是語, 何故?」對曰:「若有德 之君, 外內不廢, 上下無怨, 動無違事, 其祝·史薦信, 無愧心矣. 是以鬼神用饗, 國受其福, 祝·史與焉. 其所以蕃祉老壽者, 爲信君使也, 其言忠信於鬼神. 其適遇 淫君, 外內頗邪, 上下怨疾, 動作辟違, 從欲厭私, 高臺深池, 撞鐘舞女. 斬刈民力, 輸掠其聚, 以成其違, 不恤後人. 暴虐淫從, 肆行非度, 無所還忌, 不思謗讟, 不憚鬼神. 神怒民痛, 無悛於心. 其祝·史薦信, 是言罪也; 其蓋失數美, 是矯誣也. 進退無辭, 則虛以求媚. 是以鬼神不饗其國以禍之, 祝·史與焉. 所以夭昏孤疾者, 爲暴君使也, 其言僭嫚於鬼神.」公曰:「然則若之何?」對曰:「不可爲也, 山林之木, 衡鹿守之; 澤之萑蒲, 舟鮫守之; 藪之薪蒸, 虞候守之; 海之鹽·蜃, 祈望守之. 縣鄙之人, 入從 其政; 偪介之關, 暴征其私; 承嗣大夫, 强易其賄. 布常無藝, 徵斂無度; 宮室日更, 淫樂不違. 內寵之妾, 肆奪於市; 外寵之臣, 僭令於鄙. 私欲養求, 不給則應. 民人苦病, 夫婦皆詛. 祝有益也, 詛亦有損. 聊·攝以東, 姑·尤以西, 其爲人也多矣. 雖其善祝, 豈能勝億兆人之詛? 君若欲誅於祝·史, 修德而後可.」公說, 使有司寬政, 毀關, 去禁, 薄斂, 已責.

3. 張純一本 注

「元刻注云: 此章與景公病久, 欲誅祝史以謝, 事旨悉同. 但述辭有首末之異, 故著于 此篇. 純一案: 此與諫上十二章爲一事.」

178(7-8) 景公見道殣自慙無德, 晏子諫

경공이 길에서 굶어 죽는 자를 보고
스스로 덕이 없다고 참회하자, 안자가 간함

경공은 상賞이 후궁까지 미치고, 무늬 좋은 비단으로 대사臺榭를 장식하며, 오리와 기러기에게 콩과 좁쌀을 먹일 정도로 사치스러웠다. 그런데 마침 밖에 나갔다가 길에서 굶어 죽은 자를 보게 되었다. 안자에게 물었다.

"이는 무슨 일로 죽은 사람이오?"

안자가 대답하였다.

"먹을 것이 없어 굶어 죽은 것입니다."

경공은 슬퍼하였다.

"아! 과인에게 덕이 없음이 이와 같이 심하군요."

안자는 이렇게 빈정댔다.

"임금의 덕은 드러나고 빛납니다. 어찌 덕이 없다 하십니까?"

경공이 물었다.

"무슨 뜻이오?"

안자는 이렇게 설명하였다.

"임금의 덕은 후궁과 대사에까지 미치고 있으며, 임금이 좋아하시는 것들은 무늬 있는 비단을 입으며, 임금께서 기르시는 오리와 기러기는 콩과 좁쌀 같은 귀한 곡식을 먹고 있습니다. 임금의 영내는 누구나 즐거움을 누릴 뿐만 아니라 그것이 후궁의 가족에게까지 미치고 있는데 어찌 덕이 없다 말하십니까? 생각건대 저는 임금께 요청할 것이 있습니다. 임금의 그처럼 스스로 즐거워하시는 심정을 미루어, 백성과 함께 하신다면 어찌 굶어 죽는 사람이 있겠습니까? 그러나 임금께서 이를 미루어 살피지 않고 실로 영내에서는 사사로운 이익을 쫓는 자들이 그 재물로 하여금 한쪽으로 치우치게 하며, 곡식과 좋은 옷감이 창고에서 썩어 가게 하고, 그 은혜를 백성에게 고루 퍼지지 못하게 하며, 임금의 마음을 만국에게 두루 펼쳐지게 하지 못하게 하니, 이는 걸주桀紂가 망한 이유와 다를 바 없습니다. 무릇 사민士民이 배반하게 되는 이유는 바로 치우침이 그 원인인 것입니다. 임금께서 저의 말을 잘 살피시고, 임금의 성덕盛德을 이루어 천하에 이를 공포하신다면, 탕무湯武와 같은 임금도 될 수 있을 터이니, 어찌 다만 한 사람 굶어 죽은 것을 불쌍히 여기는 심정으로 족할 일이겠습니까?"

景公賞賜及後宮, 文繡被臺榭, 菽粟食鳧鴈.
出而見殣, 謂晏子曰:「此何爲而死?」
晏子對曰:「此餒而死.」
公曰:「嘻! 寡人之無德也甚矣.」
對曰:「君之德著而彰, 何爲無德也?」
景公曰:「何謂也?」
對曰:「君之德及後宮與臺榭, 君之玩物, 衣以文繡; 君之鳧鴈, 食以菽粟; 君之營內自樂, 延及後宮之族, 何爲其無德? 顧臣願有請于君. 由君之意, 自樂之心, 推而與百姓同之, 則何殣之有? 君不推此, 而苟營內好, 私使財貨, 偏有所聚, 菽粟幣帛, 腐于囷府, 惠不偏加于百姓, 公心不周乎萬國, 則桀紂之所以亡也. 夫士民之所以叛, 由偏之也. 君如察臣嬰之言, 推君之盛德, 公布之于天下, 則湯武可爲也. 一殣何足恤哉?」

【臺榭】누대. 조망대. 놀이터.

【桀·紂】폭군들. 夏나라의 末王인 桀과 殷나라의 末王인 紂.

【湯·武】聖君. 商나라의 始祖인 湯임금과 周나라의 武王.

참고 및 관련 자료

1. 《晏子春秋》卷1 内篇 諫上 019(1-19)와 관련이 있다.

2. 《說苑》至公篇

齊景公嘗賞賜及後宮, 文繡被臺榭, 菽粟食鳧鴈. 出而見殣, 謂晏子曰:「此何爲而死?」
晏子對曰:「此餒而死」公曰:「嘻! 寡人之無德也, 何甚矣!」晏子對曰:「君之德著而彰,
何爲無德也?」景公曰:「何謂也?」對曰:「君之德及後宮與臺榭, 君之玩物, 衣以文繡,
君之鳧鴈, 食以菽粟, 君之營内自樂, 延及後宮之族, 何爲其無德也? 顧臣願有請於君,
由君之意, 自樂之心, 推而與百姓同之, 則何殣之有? 君不推此而苟營内好私, 使財
貨偏有所聚, 菽粟幣帛腐於困府, 惠不遍加于百姓, 公心不周乎國, 則桀紂之所以亡也.
夫士民之所以叛, 由偏之也. 君如察臣嬰之言, 推君之盛德, 公布之於天下, 則湯武
可爲也, 一殣何足恤哉?」

3. 《太平御覽》548·841에 본 장의 내용이 전재되어 있다.

179(7-9) 景公欲誅斷所愛檟者, 晏子諫

경공이 자신이 아끼던 숙이라는 나무를
자른 자를 죽이려 하자, 안자가 간함

경공이 청실簧室에 올라 사방을 살피다가 옹문雍門에 심어 둔 숙檟이라는 귀한 나무를 잘라 가는 자를 발견하게 되었다. 경공은 관리를 시켜 그를 잡아오게 하였다. 그리고 안자를 돌아보고 다급히 그에게 벌을 내리라고 하였다. 안자는 묵묵히 아무 대꾸도 아니하는 것이었다. 경공이 재촉하였다.

"옹문의 숙은 내가 심히 아끼는 나무요, 이를 베는 자를 잡았소. 그래서 선생에게 벌을 내리라고 하였는데 묵묵히 응하지 않으시니 무슨 이유요?"

안자는 이렇게 대답하였다.

"제가 듣기로 옛날에 임금께서 외출하게 되면 십 리 사방을 사람이 못 오게 하니 이는 백성이 두려워 그렇게 한 것이 아니었습니다. 또 면류관 앞에 많은 술을 늘어뜨린 이유는 많이 보이지 않게 하기 위해서입니다. 그런가 하면 광굉纊紘을 귀에 덮은 것은 많이 들리는 것을 싫어해서였습니다. 그리고 태대泰帶의 띠를 무게가 반균半鈞이나 되게 하고 신발의 무게를 보통의 두 배나 되게 한 것도 몸을 가볍게 놀리지 못하게 하기 위한 것이라 하였습니다. 사형에 처할 죄인이 한낮에 불려 나왔다가 마침 임금의 눈에 띄게 되면 이를 사면시켜 주는 법인데

저는 아직까지 임금이 되어 자신의 백성을 스스로 죄에 얽어맨다는
소리를 듣지 못하였습니다."

이 말에 경공은 이렇게 명하였다.

"풀어 주시오. 선생으로 하여금 더 이상 할 말이 없도록 하시오."

景公登箐室而望, 見人有斷雍門之橚者, 公令吏拘之, 顧謂
晏子趣誅之. 晏子黙然不對.

公曰:「雍門之橚, 寡人所甚愛也, 比見斷之, 故令夫子誅之,
黙然而不應, 何也?」

晏子對曰:「嬰聞之: 古者, 人君出, 則闢道十里, 非畏也; 冕前
有旒, 惡多所見也; 纊紘充耳, 惡多所聞也; 泰帶重半鈞, 烏履
倍重, 不欲輕也. 刑死之罪, 日中之朝, 君過之, 則赦之. 嬰未嘗
聞爲人君, 而自坐其民者也.」

公曰:「赦之, 無使夫子復言.」

【箐室】 궁궐 이름. 《藝文類聚》에는 '靑堂'으로 실려 있다.

【雍門】 齊나라 궁궐의 문 이름. 《藝文類聚》에는 '淮門'으로 잘못 실려 있다.

【橚】 나무 이름. 추자나무. 호도나무. 《說文》에 '楸, 梓也'라 하였다.

【旒】 제왕의 관 앞에 늘어뜨린 옥(垂玉). 면류관. 《大戴禮記》子張問入官篇에
"冕而前旒, 所以蔽明也"라 하였다.

【纊紘】 物名. 쌍성연면어. 귀의 가장자리에 늘어뜨리는 수술.

【泰帶】 허리띠의 일종.

【半鈞】 鈞은 무게의 단위. "三十斤曰鈞"이라 하였다.

1. 《晏子春秋》 027(2-2)·028(2-3)·208(8-11)과 관련이 있다.

2. 《藝文類聚》 卷89 本部(下) 櫺

晏子春秋曰: 景公登靑堂, 見斷櫺淮門者. 令誅之, 晏子諫曰:「前冕旒, 惡多見也. 黈纊塞耳, 惡多聞也. 人君自生其民.」公曰:「趨舍之.」

3. 張純一本 注

「元刻注云: 此章與景公欲殺犯槐者, 景公逐得斬竹者(者字舊脫今補), 事悉同. 但辭少異耳, 故著于此篇. 純一案: 犯槐斬竹事, 見諫下第二章第三章.」

180(7-10) 景公坐路寢曰誰將有此, 晏子諫

경공이 노침에 앉아 장차 누가 이를
소유할까 라고 하자, 안자가 간함

경공이 노침路寢에 앉아서 이렇게 감탄하였다.

"아름답도다! 이 건물이여! 나중에 장차 누가 이를 차지하게 될까?"

안자가 곁에 있다가 이렇게 대답하였다.

"전씨田氏가 아닐까요? 전무우田無宇는 지금 수재를 막기 위해 제방을 쌓고 있습니다."

경공이 물었다.

"그렇다면 어찌하면 되겠소?"

안자는 이렇게 대답하였다.

"훌륭한 일이란 임금께서 권장하실 일입니다. 어찌 가히 금할 수 있겠습니까? 무릇 전씨는 이 나라에 문에 나무를 매달아 놓고 이를 두드려 가족을 모을 정도로 식구가 많습니다. 아버지가 아들에게 이를 물려주었고, 형이 그 아우에게 이어지게 하고 있으며, 지금에 이미 삼세三世에 이르렀습니다. 산에 있는 나무를 해다 공급하되 산에 있을 때의 값과 같이하여 나누어 주며, 어염이나 조개 등 해산물도 바다에 있을 때와 같은 값으로 남에게 공급하고 있습니다. 이처럼 자신의 이익을 다투지 않고 있어, 백성의 재물이 그의 집으로 몰려들고 있습니다. 올해는 흉년이 들어 굶주리고 있습니다. 심은 곡식은 평소의 반도 거두어들일 수 없어 길에는 죽은 자가 나뒹굴고 있습니다. 제齊나라는 4량量을 기준으로 4승升이 한 두豆가 되고, 4두豆가 1구區, 10부釜가 한 종鍾이 됩니다. 그런데 이런 흉년에 전씨는 4량의 기준에 각각 하나씩 더하여 자신의 가량家量으로 빌려 주고 되돌려 받을 때는 제나라 공량公量으로 하고 있습니다. 이렇게 쌀을 꾸어 주어 백성을 죽을 운명에서 살리는 혜택을 베풀고 있는 것입니다. 이처럼 지금의 공가公家는 교만과 사치에 정신없을 때 전씨는 사랑과 은혜를 베풀고 있으니, 이 나라의 혜택이 장차 누구에게 돌아가겠습니까? 전씨 자신은 비록 덕이 없으나, 백성에게 베푸는 것이 있습니다. 임금은 거두기에 바쁜데 비해, 전씨는 베푸느라 정신이 없습니다. 《시詩》에 이렇게 노래하였습니다.

'비록 너에게 덕을 베풀지 못해도   雖無德與汝
너는 노래하고 춤추네.'   式歌且舞

전씨의 베풂에 백성은 노래하고 춤추고 있습니다. 그러니 나라가 그에게 돌아감이 어찌 마땅하지 않겠습니까?"

景公坐于路寢, 曰:「美哉! 室, 其誰將有此乎?」
晏子對曰:「其田氏乎? 田無宇爲埄矣.」
公曰:「然則奈何?」
晏子對曰:「爲善者, 君上之所勸也, 豈可禁哉? 夫田氏, 國門擊柝之家, 父以託其子, 兄以託其弟, 於今三世矣. 山木如市, 不加于山; 魚鹽蜃蛤, 不加于海; 民財爲之歸. 今歲凶饑, 蒿種芼斂不半, 道路有死人. 齊舊四量, 四升爲豆, 豆四而區, 區四而釜, 釜十而鍾. 田氏四量, 各加一焉. 以家量貸, 以公量收, 則所以糴, 百姓之死命者澤矣. 今公家驕汰, 而田氏慈惠, 國澤是將焉歸?

田氏雖無德, 而有施于民. 公厚斂, 而田氏厚施焉. 詩曰:『雖無德
與汝, 式歌且舞.』田氏之施, 民歌舞之也, 國之歸焉, 不亦宜乎?』

【路寢】임금의 正宮. 前出.
【田無宇】田桓子·陳桓子. 陳과 田은 같은 姓氏. 처음에는 陳으로 姓氏를 삼았
　으나, 音이 田과 통용되므로 후에 田氏라 부르게 되었다.《墨子》孫詒讓의
　注에 "……田陳古音相近字通"이라 하였다. 뒤에 田氏 齊가 되었다.
【詩】《詩經》小雅 車舝의 구절.

참고 및 관련 자료

1.《晏子春秋》044(2-18)·058(3-8)·097(4-17)·185(7-15)와 관련이 있다.

2.《左傳》昭公 26年 傳

齊侯與晏子坐于路寢. 公歎曰:「美哉室!其誰有此乎?」晏子曰:「敢問, 何謂也?」
公曰:「吾以爲在德.」對曰:「如君之言, 其陳氏乎! 陳氏雖無大德, 而有施於民.
豆·區·釜·鐘之數, 其取之公也薄, 其施之民也厚. 公厚斂焉, 陳氏厚施焉, 民歸之矣.
詩曰:『雖無德與女, 式歌且舞.』陳公之施, 民歌舞之矣. 後世若少惰, 陳氏而不亡,
則國其國也已.」公曰:「善哉! 是可若何?」對曰:「唯禮可以已之. 在禮, 家施不及國,
民不遷, 農不移, 工賈不變, 士不濫, 官不滔, 大夫不收公利.」公曰:「善哉! 我不能矣.
吾今而後知禮之可以爲國也.」對曰:「禮之可以爲國也久矣, 與天地並. 君令·臣恭,
父慈·子孝·兄愛·弟敬·夫和·妻柔·姑慈·婦德, 禮也. 君令而不違, 臣共而不貳;
父慈而敎, 子孝而箴; 兄愛而友, 弟敬而順; 夫和而義, 妻柔而正; 姑慈而從, 婦聽而婉,
禮之善物也.」公曰:「善哉, 寡人今而後聞此禮之上也!」對曰:「先王所稟於天地
以爲其民也, 是以先王上之.」

3.《韓非子》外儲說右上

景公與晏子遊於少海, 登柏寢之臺而還望其國, 曰:「美哉! 泱泱乎, 堂堂乎! 後世將
孰有此?」晏子對曰:「其田成氏乎!」景公曰:「寡人有此國也, 而曰田成氏有之,
何也?」晏子對曰:「夫田成氏甚得齊民. 其於民也, 上之請爵祿行諸大臣, 下之私大斗

斛區釜以出貸, 小斗斛區釜以收之. 殺一牛, 取一豆肉, 餘以食士. 終歲, 布帛取二制焉, 餘以衣士. 故市木之價, 不加貴於山; 澤之魚鹽龜鱉蠃蚌, 不加貴於海. 君重斂, 而田成氏厚施. 齊嘗大飢, 道旁餓死者不可勝數也, 父子相牽而趨田成氏者. 不聞不生. 故周秦之民相與歌之曰:『謳乎, 其已乎! 苞乎, 其往歸田成子乎!』《詩》曰:『雖無德與女, 式歌且舞.』今田成氏之德而民之歌舞, 民德歸之矣. 故曰:『其田成氏乎!』」 公泫然出涕曰:「不亦悲乎! 寡人有國而田成氏有之. 今爲之奈何?」晏子對曰:「君何患焉? 若君欲奪之, 則近賢而遠不肖, 治其煩亂, 緩其刑罰, 振貧窮而恤孤寡, 行恩惠而給不足, 民將歸君, 則雖有十田成氏, 其如君何?」

或曰: 景公不知用勢, 而師曠・晏子不知除患. 夫獵者, 託車輿之安, 用六馬之足, 使王良佐轡, 則身不勞而易及輕獸矣. 今釋車輿之利, 捐六馬之足與王良之御, 而下走逐獸, 則雖樓季之足無時及獸矣. 託良馬固車, 則臧獲有餘. 國者, 君之車也; 勢者, 君之馬也. 夫不處勢以禁誅擅愛之臣, 而必德厚以與天下齊行以爭民, 是皆不乘君之車, 不因馬之利, 釋車而下走者也. 故曰:『景公不知用勢之主也, 而師曠・晏子不知除患之臣也.』

4.《太平御覽》160・177에 본 장의 내용이 전재되어 있다.

5. 張純一本 注

「元刻注云: 此章與景公登路寢而歎, 景公問後世有齊者, 叔向問齊國之治若何, 辭旨略同而小異, 故著于此篇. 盧云: 吳本缺此章. 純一案: 此與諫下十九章, 問上八章後段, 問下十七章前半, 後十五章爲一事.」

181(7-11) 景公臺成, 盆成适願合葬其母, 晏子諫而許

경공의 누대가 완성되자
분성괄이 그 어머니를 합장하기를 원하자,
안자가 간하여 허락함

경공이 노침궁路寢宮에서 잠을 자고 있을 때였다. 밤이 이슥한데 서쪽에서 어떤 남자 울음소리가 들리는 것이었다. 경공은 대단히 슬피 여기고 이튿날 조회 때에 안자에게 물었다.

"과인이 밤에 서쪽에서 어떤 남자가 우는 소리를 들었소. 그 소리는 심히 애처롭고 분위기가 대단히 슬펐소. 이는 어찌 된 자요?"

안자는 이렇게 대답하였다.

"서쪽 성곽에는 다만 포의布衣의 선비 하나가 살고 있을 뿐입니다. 분성괄盆成适이라 하지요. 아버지에 대해 효성이 지극하고 또 형에게는 공손한 아우로 알려져 있습니다. 게다가 일찍이 공자孔子의 제자였습니다. 지금 불행하게 그의 모친이 죽었는데, 그 시신을 관에 넣어만 놓고 아직 장례를 치르지 못하고 있습니다. 집은 가난하고 자신은 늙은데다가 아들은 어리지요. 어머니를 아버지의 묘에 합장하지 못해서 슬퍼하는 것이 아닌가 합니다."

이 설명에 경공이 이렇게 부탁하였다.

"그대는 나 대신 조문을 해 주되 어디에 합장을 하려는지 물어 봐 주시겠소?"

안자가 임금의 명령대로 찾아가 조문하고 아버지의 묘가 어디 있는가를 물었다. 그러자 분성괄은 두 번 절하고 고개를 떨군 다음 다시 일어나 이렇게 대답하였다.

"합장할 자리는 노침의 지하입니다. 돌아가신 아버지는 저 세상에서 신하가 되어 찰札과 필筆을 잡고 궁전의 오른쪽 계단 아래에서 일을 하고 계시답니다. 날을 잡아 어머니 시신을 보내드리고자 하오나 아직 임금의 동의를 얻지 못하고 있습니다. 너무 곤란한 일이어서 어떻게 처리할 방법이 없습니다. 그래서 입술과 혀가 마르고 심장과 속을 태우고 있습니다. 그런데 마침 그대가 욕됨을 무릅쓰고 찾아 주셨으니 원컨대 그대가 어떻게 처리해 주셨으면 합니다."

이 설명에 안자는 이렇게 말하였다.

"그렇군요! 이는 사람에게 있어서 아주 중요한 일이기는 하나 아마 임금이 허락하지 않을 것 같소."

분성괄은 이 대답에 퀄연히 말하였다.

"무릇 그대에게 달려 있을 뿐입니다. 또 제가 듣기로 월왕越王이 용맹하자 그의 백성은 죽음도 두려워하지 않게 되었으며, 초楚 영왕靈王이 허리 가는 여자를 좋아하자 그 조정에 굶어 죽는 자가 많았다고 하였습니다. 그런가하면 오자서伍子胥가 그의 임금에게 충성을 다하자 천하의 왕들이 모두 그런 사람을 신하로 두었으면 하였고, 효기孝己가 그의 어버이에게 효도를 다하자 천하의 어버이 된 자가 누구나 그런 아들 하나 두었으면 했다라 하였습니다. 지금 아들 된 자로서 그 친척을 다 이산시켜 버린다면 이것이 효도라 할 수 있겠으며 또 그런 자가 족히 신하가 될 수 있겠습니까? 지금 만약 여기서 합장을 할 수 있게 된다면 이는 저를 살리고, 돌아가신 어머니를 편안히 해 드리는 일이거니와 만약 이곳에 합장을 하지 못하게 한다면, 저는 영구차를 끌고 나라 대문 밖으로 가서 그곳 처마 밑에서 나 자신이 아무것도 먹지 않고 수레를 껴안은 채 고삐를 잡고는 마른 나무 위에 새둥지처럼 옷을 다 벗고 해골을 내보이며 임금을 향해 원망할 것입니다. 이 천한 자 비록 어리석으나 생각건대 그쯤 하면 명석한 임금일 경우 애처롭게 여겨 차마 들어 주지 않을 수 없을 것입니다."

안자는 궁으로 들어가 경공에게 보고하였다. 경공은 분연히 얼굴빛을 바꾸고 화를 냈다.

"그대는 하필이면 내 말을 그러한 근심거리로 만들어 나를 가르치려 드는 것입니까?"

안자는 이렇게 대답하였다.

"제가 듣기로 '충성된 자는 위험을 피하지 아니하며, 사랑할 때는 어떤 말도 꺼리지 않는다'라 하더이다. 또 제가 이미 이 일이 어려울 것이라고 일러 주기까지 하였습니다. 그런데 지금 임금께서는 놀이와 즐길 것을 마련하느라 남의 소유를 빼앗고는 다시금 그 장례까지 가로막고 있으니 이는 어진 행동이 아닙니다. 그런가 하면 방자한 마음으로 남의 간청을 들어 주지도 않으면서 백성의 근심을 긍휼히 여기지 않으시니 이는 의로운 일이 아닙니다. 어찌하여 들어 줄 수 없다는 것입니까?"

그러고 나서 분성괄의 말을 전하였다. 그제야 경공은 위연히 큰 한숨을 쉬며 이렇게 말하였다.

"슬프다! 그대는 더 이상 말하지 마시오."

이에 남자들로 하여금 단면袒免토록 하고 여자들은 좌발髽를 하게 하여 수백 명을 모아 그 상갓집 문을 열고 분성괄을 맞았다. 분성괄은 최질衰絰을 벗고 갓끈을 띠고 그 옷깃을 검게 칠한 후 경공에게 모습을 나타내었다. 경공이 물었다.

"내 듣기로 '아들이 다섯이라도 집 귀퉁이 하나 채우지 못하는데 하나뿐인 아들이 조정을 채우네'라 하였는데, 바로 그대 같은 효자를 두고 한 말이 아니겠소?"

이에 분성괄은 장례에 임해 곡하지 않고 예로서 일을 치르면서 일이 모두 끝나자, 그제야 문 밖에 나가 큰 소리로 울었다.

景公宿于路寢之宮, 夜分, 聞西方有男子哭者, 公悲之.

明日朝, 問于晏子曰:「寡人夜者, 聞西方有男子哭者, 聲甚哀, 氣甚悲, 是奚爲者也? 寡人哀之.」

晏子對曰:「西郭徒居布衣之士, 盆成适也. 父之孝子, 兄之順弟也. 又嘗爲孔子門人. 今其母不幸而死, 祔柩未葬, 家貧, 身老, 子孺, 恐力不能合祔, 是以悲也.」

公曰:「子爲寡人弔之, 因問其偏祔何所在?」

晏子奉命往弔, 而問偏祔之所在.

盆成适再拜, 稽首而不起, 曰:「偏祔寄于路寢, 得爲地下之臣, 擁札摻筆, 給事宮殿中右階之下, 願以某日送, 未得君之意也. 窮困無以圖之, 布唇枯舌, 焦心熱中, 今君不辱而臨之, 願君圖之.」

晏子曰:「然! 此人之甚重者也, 而恐君不許也.」

盆成适蹷然, 曰:「凡在君耳. 且臣聞之: 越王好勇, 其民輕死; 楚靈王好細腰, 其朝多餓死人; 子胥忠其君, 故天下皆願得以爲臣; 孝己愛其親, 故天下皆願得以爲子臣. 今爲人子, 而離散其親戚, 孝乎哉? 足以爲臣乎? 若此而得祔, 是生臣而安死母也; 若此而不得, 則臣請輓尸車, 而寄之于國門外宇溜之下, 身不敢飮食, 擁轅執輅, 木乾鳥栖, 袒肉暴骸, 以望君愍之. 賤臣雖愚, 竊意明君哀而不忍也.」

晏子入, 復乎公.

公忿然作色而怒曰:「子何必患若言, 而教寡人乎?」

晏子對曰:「嬰聞之: 忠不避危, 愛無惡言. 且嬰固以難之矣. 今君營處爲游觀, 旣奪人有, 又禁其葬, 非仁也; 肆心傲聽, 不恤民憂, 非義也. 若何勿聽?」

因道盆成适之辭.

公喟然太息曰：「悲乎哉! 子勿復言.」

迺使男子袒免, 女子髽者, 以百數, 爲開凶門, 以迎盆成适.
适脫衰絰, 冠條纓, 墨緣, 以見乎公.

公曰：「吾聞之：五子不滿隅, 一子可滿朝, 非迺子耶?」

盆成适于是臨事不敢哭, 奉事以禮, 畢, 出門, 然後擧聲焉.

【路寢宮】 임금의 正宮. 前出.

【布衣之士】 벼슬이 없는 일반 선비.

【盆成适】 人名.《孟子》盡心(下)에는 '盆成括'로 실려 있다.

【越王】 越王 勾踐을 가리킨다. 蘇時學은 "勾踐會稽之敗, 當魯哀公元年, 後四年而
齊景公卒, 不應在晏子之世, 而引以爲詞, 此與下言子胥之忠, 幷著書者所附益也"
라 하였고《墨子》兼愛(下)에는 "昔者, 越王勾踐好勇. 敎其士臣三年, 以其智爲
未足以知之也. 楚舟失火, 鼓而進之, 其士偃前列伏水火而死者, 不可勝數也"라
하였다.

【楚 靈王】 春秋時代 楚나라의 君主. 재위 12년(B.C.540~529).

【楚靈王好細腰】《墨子》兼愛(下)에 "昔荊靈王好小要, 荊國之士, 飯不踰乎一固.
據而後興, 扶垣而後行"이라 하였다.

【伍子胥】 春秋 후기 楚나라 출신으로 吳나라에 망명하여 夫差를 도운 인물.
《史記》伍子胥列傳 참조.

【子胥忠其君】 張氏本 注에는 "舊脫中二句, 文下成義. 王云: 此文原有四句, 秦策云:
子胥忠其君, 天下皆欲以爲臣"이라 하였다.

【孝己】 효성으로 이름난 인물.

【孝己愛其親】 張氏本에 "孝己愛其親, 天下皆欲以爲子. 文義正與此同. 下文今爲
人子臣云云, 正承上四句言之. 純一今據補"라 하였다.

【袒免】 초상 때 웃옷의 왼쪽 소매를 벗는 일과 관을 벗고 머리를 묶어 매는 일.

【髽】 부인이 喪中에 하는 結髮.

【衰絰】 縗絰, 상복.

1. 《**晏子春秋**》 卷2 内篇 諫下 045(2-20)와 관련이 있다.

2. 張純一 校注本 注

「元刻注云: 此章與逢于何請合葬正同, 而辭少異, 故著于此篇. 純一案: 逢于何
請合葬, 諫下二十章.」

182(7-12) 景公築長庲臺, 晏子舞而諫
경공이 장래대를 짓자,
안자가 춤을 추면서 간함

경공이 장래대長庲臺를 축성하면서 술자리를 열었다. 안자가 곁에 모시고 있다가 술잔이 세 번 돌자, 춤을 추며 이렇게 노래하였다.

'올해는 저물어 가는데	歲已暮矣
벼는 수확할 게 없도다.	而禾不穫
빠르고 빠른 세월	忽忽矣
어찌하면 좋을꼬?	若之何
날은 점점 추워지는데	歲已寒矣
노역은 끝나지 않네.	而役不罷
슬프고 슬프도다	慨慨矣
어찌하면 좋을꼬?'	如之何

이렇게 세 번 춤을 추고는 흐르는 눈물로 옷깃을 적셨다. 경공이 부끄럽게 여기고, 장래대 짓는 노역勞役을 그만두게 하였다.

景公築長庲之臺, 晏子侍坐.
觴三行, 晏子起舞, 曰:『歲已暮矣, 而禾不穫. 忽忽矣, 若之何!

歲已寒矣, 而役不罷. 惄惄矣, 如之何!』
　舞三而涕下沾襟. 景公慚焉. 爲之罷長庲之役.

【長庲】누대의 이름. 혹은 형태가 긴 집으로 보기도 한다.

참고 및 관련 자료

1.《晏子春秋》卷2 内篇 諫下 030(2-5)・031(2-6)과 그 주제가 같다.

2. 張氏本 注

「元刻注云: 此章與景公爲長庲欲美之, 景公冬起大臺之役, 辭旨同而小異, 故著
於此篇. 純一案: 諫下第五章, 第六章, 宜參觀.」

183(7-13) 景公使燭鄒主鳥而亡之, 公怒將加誅, 晏子諫

> 경공이 촉추로 하여금
> 새를 관장토록 하였으나 이를 놓치자,
> 경공이 노하여 죽이려 함.
> 이에 안자가 간함

경공은 익弋이라는 방법의 사냥을 좋아하였다. 그리고 그렇게 사로잡은 새들을 촉추燭鄒라는 자를 시켜 관리하도록 시켰는데, 촉추는 그만 그 새를 놓치고 말았다. 경공은 노하여 그를 죽여 버릴 참이었다. 그러자 안자가 이렇게 제안하였다.

"촉추는 세 가지 죄를 범하였습니다. 청컨대 그 죄가 무엇인지 따져 알려 주고 죽이지요."

경공이 허락하였다.

"좋소!"

안자는 이에 그를 임금 앞에 불러 놓고 이렇게 따졌다.

"촉추! 너는 우리의 임금을 위해 새를 관리하다가 이를 놓쳤다. 이것이 첫 번째 죄이다. 또 우리 임금으로 하여금 까짓 것 새 한 마리 때문에 사람의 귀한 생명을 없애게 하였으니 이것이 두 번째 죄이다. 그리고 제후들로 하여금 이 소문이 퍼져서 우리 임금이 새는 중히 여기면서 선비는 가볍게 여기는 인물로 비쳐지게 하였으니 이것이 세 번째 죄이다. 촉추의 죄를 알려 주는 일이 끝났습니다. 청컨대 이제 사형을 집행하시지요."

경공은 이렇게 소리쳤다.

"죽이지 마시오! 과인이 그대의 명령을 따르겠소."

景公好弋. 使燭鄒主鳥而亡之, 公怒, 召吏欲殺之.

晏子曰:「燭鄒有罪三, 請數之以其罪而殺之.」

公曰:「可.」

于是召而數之公前, 曰:「燭鄒! 汝爲吾君主鳥而亡之, 是罪
一也; 使吾君以鳥之故殺人, 是罪二也; 使諸侯聞之, 以吾君重
鳥以輕士, 是罪三也. 數燭鄒罪已畢, 請殺之!」

公曰:「勿殺! 寡人聞命矣.」

【弋】繒과 같다. 활의 오늬에 줄을 매어 새를 산 채로 사로잡는 사냥법.
【燭鄒】景公의 신하.

참고 및 관련 자료

1. 《晏子春秋》卷1 內篇 諫上 024(1-24) 및 025(1-25)와 그 주제가 같다.

2. 《說苑》正諫篇

景公好弋, 使燭雛主鳥而亡之, 景公怒而欲殺之, 晏子曰:「燭雛有罪, 請數之以其罪,
乃殺之.」景公曰:「可.」於是乃召燭雛數之景公前曰:「汝爲吾君主鳥而亡之, 是一
罪也; 使吾君以鳥之故殺人, 是二罪也; 使諸侯聞之以吾君重鳥而輕士, 是三罪也.
數燭雛罪已畢, 請殺之.」景公曰:「止, 勿殺而謝之.」

3. 《韓詩外傳》卷9

齊景公出弋昭華之池, 顔鄧聚主鳥而亡之, 景公怒, 而欲殺之. 晏子曰:「夫鄧聚有死
罪四, 數而誅之.」景公曰:「諾.」晏子曰:「鄧聚爲吾君主鳥而亡之, 是罪一也;

使吾君以鳥之故而殺人, 是罪二也; 使四國諸侯聞之, 以吾君重鳥而輕士, 是罪三也; 天子聞之, 必將貶絀吾君, 危其社稷, 絶其宗廟, 是罪四也. 此四罪者, 故當殺無赦, 臣請加誅焉.」景公曰:「止. 此亦吾過矣. 願夫子爲寡人敬謝焉.」詩曰:『邦之司直.』

4.《藝文類聚》卷90 鳥部(上) 鳥

晏子曰: 齊景公使顏涿聚主鳥而亡. 公召欲殺之. 晏子曰:「涿聚有三罪, 請數之: 『爾爲吾君主鳥而亡之, 一罪也; 使吾君以鳥殺人, 二罪也; 諸侯聞之, 以吾君重鳥輕士, 三罪也.』」公曰:「勿殺之.」

5.《藝文類聚》9

韓詩外傳曰: 齊景公出弋昭華之池也.

6.《太平御覽》455·832·914에 관련 기록이 전재되어 있다.

7. 기타 참고자료

《白帖》2·《通鑑外紀》8

8. 張純一本 注

「此章與景公欲誅野人, 景公欲殺圉人章, 旨同而辭少異, 故著于此篇. 純一案: 欲誅野人, 諫上二十四章. 欲誅圉人, 諫上二十五章.」

184(7-14) 景公問治國之患, 晏子對以佞人讒夫在君側
경공이 치국의 근심거리를 묻자,
안자가 아첨하는 자들이
임금 곁에 있는 것이라 대답함

경공이 안자에게 물었다.

"나라를 다스리는 데 근심거리로서 평시에 늘 있을 수 있는 것은 무엇입니까?"

안자는 이렇게 대답하였다.

"영인佞人과 아첨꾼이 임금 곁에 있게 되면 그들은 어진 신하를 미워하는 짓을 즐겨합니다. 그러면서 그들의 행동은 소인과 같습니다. 이것이 나라 다스릴 때 늘 있을 수 있는 근심거리입니다."

경공이 다시 물었다.

"참녕讒佞의 무리는 정말 좋지 않는 족속들이지요. 비록 그렇기는 하나 그 정도가 어찌 나라에 항시 존재하는 근심거리가 되겠습니까?"

안자는 이렇게 설명하였다.

"임금께서 눈과 귀를 즐겁게 하고 싶어하는 눈치만 보이면, 그들은 즉시 일을 꾸밉니다. 그렇게 되면 임금의 눈과 귀는 거기 얽매어 아무것도 듣지도 보지도 못합니다. 이처럼 위로 이목을 혼란스럽게 하고 아래로는 여러 신하들로 하여금 자신의 직무를 바르게 처리하지 못하게 합니다. 이 어찌 환난이 되기에 부족하다는 말입니까?"

경공은 이렇게 말하였다.

"그렇게 심한 정도입니까? 그렇다면 과인이 장차 그들을 없애 버리겠소."

안자가 이렇게 말하였다.

"임금께서 능히 제거하지 못할걸요."

경공은 분연작색하며 불쾌히 여겼다.

"선생께서는 어찌 과인을 과소평가하심이 그렇게 심하십니까?"

안자가 이렇게 대꾸하였다.

"제가 어찌 감히 비꼬겠습니까? 대개 능히 임금 주위에서 스스로 잘 주선하는 자는 모두가 재능이 비상합니다. 그리고 무릇 마음속에 커다란 불성실을 숨기고 있는 자일수록, 겉으로는 근신하고 조심스런 성의를 보이면서 그 큰 불성실을 감추고 있는 것입니다. 조정에 들어와서는 임금이 즐겨 하시는 것이면 무엇이든지 구하여 이에 맞추어 주며, 임금이 즐겨 하시는 것이면 무엇이든지 구하여 있는 대로 다 찾아내어 덧보태 줍니다. 또 나가서는 자신의 위세를 내세워 부를 착취합니다. 무릇 아주 가까이 밀착하여 큰 이익에는 변절하면서 임금과 더불어 가장 지극한 의를 행하는 것처럼 하는 자들이 아니고 무엇이겠습니까? 이는 겉으로 드러나지도 않고 임금께선 알아차리기도 어렵습니다."

그러자 경공이 물었다.

"그렇다면 옛 성인들은 이런 일을 어떻게 처리하였습니까?"

안자는 이렇게 설명하였다.

"무릇 옛 성인의 다스림에는 빈객을 깊이 살펴 들은 바를 미루지 않고 해결하되 날짜가 모자랄까 걱정할 정도였습니다. 여러 신하들은 모두가 그 성의를 다 하기에 시간이 없었습니다. 그러니 아첨하는 무리들이 어디에 사사로움을 발붙일 수가 있었겠습니까?"

경공은 이렇게 말하였다.

"그렇다면 선생께서는 과인을 도와 이를 저지해 주시오. 과인 역시 다시는 그런 인물을 등용하지 않겠소."

그러자 안자는 이렇게 말하였다.

"참부와 영인이 임금 곁에 있는 것은 마치 사직단에 쥐가 있는 것과 같습니다. 속담에 '사직단 안에 사는 쥐는 태워 죽일 수도 없다'라 하였습니다. 이들을 없애는 것이 곧 다스림의 지름길이기는 하나 참녕의 무리는 임금의 위세를 감추고 스스로를 지키는 자들이라 그 때문에 제거하기 어려운 것입니다."

景公問晏子曰:「治國之患, 亦有常乎?」

對曰:「佞人讒夫之在君側者, 好惡良臣, 而行與小人, 此治國之常患也.」

公曰:「讒佞之人, 則誠不善矣; 雖然, 則奚曾爲國常患乎?」

晏子曰:「君以爲耳目而好謀事, 則是君之耳目繆也. 夫上亂君之耳目, 下使羣臣皆失其職, 豈不誠足患哉?」

公曰:「如是乎? 寡人將去之.」

晏子曰:「公不能去也.」

公忿然作色不說, 曰:「夫子何少寡人之甚也?」

對曰:「臣何敢撟也? 夫能自周於君者, 才能皆非常也. 夫藏大不誠于中者, 必謹小誠于外, 以成其大不誠, 入則求君之嗜欲能順之, 君怨良臣, 則具其往失而益之, 出則行威以取富. 夫何密近, 不爲大利變, 而務與君至義者? 此難見而且難知也.」

公曰:「然則先聖奈何?」

對曰:「先聖之治也, 審見賓客, 聽治不留, 患日不足, 羣臣皆得畢其誠, 讒諛安得容其私?」

公曰:「然則夫子助寡人止之, 寡人亦事勿用矣.」

對曰:「讒夫佞人之在君側者, 若社之有鼠也. 諺言有之曰:
『社鼠不可熏.』去此乃治矣. 讒佞之人, 隱君之威以自守也, 是故
難去焉.」

【佞人】구변이 좋아 아첨을 잘하는 사람.《史記》佞幸列傳 참조.

【讒夫】남을 헐뜯는 사람. 또 참소하는 사람.

【讒佞】교묘한 변설로 남을 참소하고 아첨함.

【往失而益之】張純一 校注에 "言順君之嗜欲, 舉良臣往日令君失意之事, 以益
其怨"이라 하였다.

참고 및 관련 자료

1.《晏子春秋》059(3-9) 및 071(3-21)과 관련이 있다.

2.《群書治要》에는 卷3 問上에 실려 있다.

3. 張純一 校注本 注

「元刻注云: 此章與景公問佞人之事君何如. 景公問治國何患三章. 大旨同君, 問上
二十一章. 問治國何患, 問上九章.」

185(7-15) 景公問後世孰將踐有齊者, 晏子對以田氏

경공이 후세에 누가 이 제나라를 갖게 될 것인가를 묻자, 안자는 전씨가 갖게 될 것이라고 대답함

경공이 안자와 함께 곡황曲潢 가에 가서 제齊나라를 조망하면서 안자에게 물었다.

"후세에 누가 장차 이 제나라를 차지하게 될 것 같소?"

안자는 이렇게 대답하였다.

"저 같이 천한 신하가 감히 이러쿵저러쿵할 일이 아닌가 합니다."

경공이 다시 물었다.

"꼭 그럴 필요가 있소? 한 번 얻은 자가 잃지 않고 끝까지 간다면 우虞·하夏가 지금까지 있을 텐데."

안자는 이렇게 대답하였다.

"제가 듣기로 미세한 것을 보고 족히 큰 것을 아는 것은 지智이며, 먼저 말한 것이 나중에 그에 맞게 되는 것을 혜惠라 한다 하였습니다. 제가 어찌 족히 미세한 것을 보고 미래를 알아차리는 능력이 있겠습니까? 비록 그렇기는 하나 제가 청컨대 정치를 가지고 진술해 보겠습니다. 임금이 강하고 신하가 약한 것이 정치의 근본입니다. 임금이 노래하면 신하가 화답해야 교화가 흥륭興隆해집니다. 또 형벌의 권한이 임금에게 있어야 백성의 벼리가 바로 섭니다. 지금 무릇 전무우田無宇는 두 세대에 걸쳐 이 나라에 공을 세웠으면서도, 이익이 모이면 적은 자에게 나누어 줍니다. 공실公室의 행동을 겸하고 있으며 국권을 함께 쥐고 있어서, 임금과 신하가 베푸는 임무를 바꾸어 하고 있습니다. 그러니 어찌 이 나라가 쇠퇴해지지 않겠습니까? 신하가 부유해지면 임금이 망한다 하였습니다. 이로 말미암아 보건대 전무우의 후손이 거의 그런 일을 하고 있으니, 제나라가 전씨田氏의 나라가 되고 말 것입니다. 저는 더 이상 늙어서 임금을 모시고 업무를 해 낼 수가 없습니다. 임금께서 지금처럼 하신다면 정치는 공실에서 이루어지지 못할 것입니다."

"禮可以爲國也" 구절. 靑谷 金春子(현대)

경공이 두려워 물었다.

"그렇다면 어찌하면 좋겠소?"

안자는 다시 이렇게 설명하였다.

"오직 예禮로써 다스리면 이를 그치게 할 수 있습니다. 예에 근거하는 한, 한 집안에서 사사로이 베푸는 행위는 나라가 베푸는 정도를 따를 수 없습니다. 이렇게 하여 백성이 게으름이 없고, 재화가 옮겨 다니지 못하게 하고, 백공百工과 상고商賈도 자기 자리를 잃지 않도록 하며, 선비도 외람된 짓을 하지 않도록 하고, 관에서도 태만하게 굴지 않으며, 대부는 공리公利를 사욕을 채우기 위하여 거두는 일이 없도록 하면 될 것입니다."

경공이 수긍하였다.

"훌륭하오! 지금에서야 예라는 것이 가히 나라를 다스릴 수 있는 것임을 알았소."

안자는 이렇게 덧붙였다.

"예가 곧 나라 다스림의 표준이 된 지는 오래입니다. 마치 하늘이 땅과 함께 있는 것과 같습니다. 임금이 명하면 신하는 충성을 다하고,

아버지가 자상하면 아들이 효성스러워야 합니다. 형제간에 우애가 있고 부부간에 화목하며, 고부姑婦간에 인자함과 순종함이 있어야 하는 것이 예의 경經입니다. 또 임금이 명할 때 위반하지 아니하고 신하는 충성을 다하되 두 마음을 갖지 아니하며, 아버지는 자상하면서 교육에 힘쓰고 자식은 효성스러우면서 모범이 되고, 형은 사랑을 베풀면서 아껴줌이 있고 아우는 공경을 다하면서 순종할 줄 알고, 지아비는 화목하되 의롭고 아내는 부드러우면서 정숙하며, 시어미는 자애로우면서 일을 따르고 며느리는 말을 잘 들을 줄 알면서 곱게 행동해야 하는 것, 이것이 곧 예의 질質입니다."

경공은 이렇게 말하였다.

"훌륭합니다! 과인이 이제야 예의 높음을 알게 되었습니다."

끝으로 안자는 이렇게 말하였다.

"무릇 예라고 하는 것은 선왕들께서 천하에 임하신 그 자체입니다. 그 백성을 그렇게 다스렸으니 이 때문에 그것이 숭상되는 것입니다."

景公與晏子立于曲潢之上, 望見齊國, 問晏子曰:「後世孰將踐有齊國者乎?」

晏子對曰:「非賤臣之所敢議也.」

公曰:「胡必然也? 得者無失, 則虞夏常存矣.」

晏子對曰:「臣聞見足以知之者, 智也; 先言而後當者, 惠也. 夫智與惠, 君子之事, 臣奚足以知之乎? 雖然, 臣請陳其爲政: 君彊臣弱, 政之本也; 君唱臣和, 敎之隆也; 刑罰在君, 民之紀也. 今夫田無宇, 二世有功于國, 而利取分寡, 公室兼之, 國權專之, 君臣易施, 而無衰乎! 嬰聞之: 臣富主亡. 由是觀之, 其無宇之後爲幾, 齊國, 田氏之國也. 嬰老, 不能待公之事, 公若卽世, 政不在公室.」

公曰:「然則奈何?」

晏子對曰:「維禮可以已之. 其在禮也, 家施不及國, 民不懈, 貨不移, 工賈不變, 士不濫, 官不諂, 大夫不收公利.」

公曰:「善! 今知禮之可以爲國也.」

對曰:「禮之可以爲國也久矣, 與天地並立. 君令臣忠, 父慈子孝, 兄愛弟敬, 夫和妻柔, 姑慈婦聽, 禮之經也. 君令而不違, 臣忠而不二, 父慈而教, 子孝而箴, 兄愛而友, 弟敬而順, 夫和而義, 妻柔而貞, 姑慈而從, 婦聽而婉, 禮之質也.」

公曰:「善哉! 寡人迺今知禮之尚也.」

晏子曰:「夫禮, 先王之所以臨天下也, 以爲其民, 是故尚之.」

【曲潢】 물길을 구불구불하게 하여 놀이터로 만든 곳.

【虞·夏】 舜임금 시대의 虞나라와 禹임금이 세운 夏나라.

【田無宇】 陳桓子. 田桓子. 당시의 世族으로 뒤에 田氏 齊를 세우게 된다.

【百公】 百官. 또는 온갖 匠人.

【商賈】 장수. 장사꾼.

⬥ 참고 및 관련 자료

1.《晏子春秋》044(2-19)·058(3-8)·097(4-17)·180(7-10)과 일부가 중복되어 있다.

2.《左傳》昭公 26年 傳

齊侯與晏子坐于路寢. 公歎曰:「美哉室!其誰有此乎?」晏子曰:「敢問, 何謂也?」公曰:「吾以爲在德.」對曰:「如君之言, 其陳氏乎! 陳氏雖無大德, 而有施於民. 豆·區·釜·鍾之數, 其取之公也薄, 其施之民也厚. 公厚斂焉, 陳氏厚施焉, 民歸之矣. 詩曰:『雖無德與女, 式歌且舞.』陳公之施, 民歌舞之矣. 後世若少惰, 陳氏而不亡,

則國其國也已.」公曰:「善哉! 是可若何?」對曰:「唯禮可以已之. 在禮, 家施不及國,
民不遷, 農不移, 工賈不變, 士不濫, 官不滔, 大夫不收公利.」公曰:「善哉! 我不能矣.
吾今而後知禮之可以爲國也.」對曰:「禮之可以爲國也久矣, 與天地並. 君令・臣恭,
父慈・子孝・兄愛・弟敬・夫和・妻柔・姑慈・婦德, 禮也. 君令而不違, 臣共而不貳;
父慈而教, 子孝而箴; 兄愛而友, 弟敬而順; 夫和而義, 妻柔而正; 姑慈而從, 婦聽而婉,
禮之善物也.」公曰:「善哉, 寡人今而後聞此禮之上也!」對曰:「先王所稟於天地
以爲其民也, 是以先王上之.」

3. 《韓非子》外儲說右上

景公與晏子遊於少海, 登柏寢之臺而還望其國, 曰:「美哉! 泱泱乎, 堂堂乎! 後世將
孰有此?」晏子對曰:「其田成氏乎!」景公曰:「寡人有此國也, 而曰田成氏有之,
何也?」晏子對曰:「夫田成氏甚得齊民. 其於民也, 上之請爵祿行諸大臣, 下之私
大斗斛區釜以出貸, 小斗斛區釜以收之. 殺一牛, 取一豆肉, 餘以食士. 終歲, 布帛取
二制焉, 餘以衣士. 故市木之價, 不加貴於山; 澤之魚鹽龜鱉蠃蚌, 不加貴於海. 君重斂,
而田成氏厚施. 齊嘗大飢, 道旁餓死者不可勝數也, 父子相牽而趨田成氏者. 不聞
不生. 故周秦之民相與歌之曰:『謳乎, 其已乎! 苞乎, 其往歸田成子乎!』《詩》曰:
『雖無德與女, 式歌且舞.』今田成氏之德而民之歌舞, 民德歸之矣. 故曰:『其田成
氏乎!』公泫然出涕曰:「不亦悲乎! 寡人有國而田成氏有之. 今爲之奈何?」晏子對曰:
「君何患焉? 若君欲奪之, 則近賢而遠不肖, 治其煩亂, 緩其刑罰, 振貧窮而恤孤寡,
行恩惠而給不足, 民將歸君, 則雖有十田成氏, 其如君何?」

或曰: 景公不知用勢, 而師曠・晏子不知除患. 夫獵者, 託車輿之安, 用六馬之足,
使王良佐轡, 則身不勞而易及輕獸矣. 今釋車輿之利, 捐六馬之足與王良之御, 而下走
逐獸, 則雖樓季之足無時及獸矣. 託良馬固車, 則臧獲有餘. 國者, 君之車也; 勢者,
君之馬也. 夫不處勢以禁誅擅愛之臣, 而必德厚以與天下齊行以爭民, 是皆不乘君
之車, 不因馬之利, 釋車而下走者也. 故曰:『景公不知用勢之主也, 而師曠・晏子
不知除患之臣也.』

4. 《太平御覽》71・160・177장에 본 장의 내용이 전재되어 있다.

5. 張純一 校注本 注

「元刻注云: 此章與景公坐路寢, 問誰將有此. 景公問魯莒孰先亡, 因問後世孰有齊國.
晉叔向問齊國之治若何三章, 答旨同而辭異, 故著于此篇. 純一案: 上文所擧, 卽本
篇第十章, 問上八章, 問下十七章, 而諫下十九章, 亦宜參觀.」

186(7-16) 晏子使吳, 吳王問君子之行, 晏子對以不與亂國俱滅
　　　　안자가 오나라에 사신으로 가자,
　　　　오왕이 군자의 행동을 물음.
　　　　이에 안자는 어지러운 나라와
　　　　함께 멸망하지 않는 것이라 대답함

안자가 오吳나라에 초빙을 받아가자 오왕이 물었다.
"군자의 행동이란 어떤 것입니까?"
안자는 이렇게 대답하였다.
"임금이 도에 순종하면 그의 뜻을 따르고, 바르게 다스려지면 그에게
의탁해야 합니다. 폭군의 봉록을 꿈꾸지도 않으며, 혼란한 나라에서는
벼슬자리에 앉지 않습니다. 군자란 어떤 조짐이 보이면 물러나서 혼란
한 나라와 함께 멸망하지 않아야 하며, 폭군과 함께 멸망해서도 안
됩니다."

　晏子聘于吳, 吳王問:「君子之行, 何如?」
　晏子對曰:「君順懷之, 政治歸之, 不懷暴君之祿, 不居亂國之位.
君子見兆則退, 不與亂國俱滅, 不與暴君偕亡.」

1.《**晏子春秋**》卷4 内篇 問下 090(4-10)과 관련이 있다.

2. 張純一 校注本 注

「元刻注云: 此章與吳王問可處司去, 事旨旣同. 但辭有詳略之異, 故著于此篇. 純一案: 文見問下十章.」

187(7-17) 吳王問齊君僞暴吾子何容焉, 晏子對而豈能以道食人

> 오왕이 제나라 임금은 거만하고
> 포악한데 어찌 이를 포용하는가를 묻자,
> 안자는 자신이 어찌 도로써 밥을 먹는
> 자이겠느냐고 대답함

안자가 오吳나라에 사신으로 가자 오왕이 물었다.

"과인이 편벽되고 누추한 야만 땅에 붙어살고 있어서 늘 군자의 행동에 대한 가르침을 받아 보았으면 하고 기다려 왔습니다. 청컨대 사사로운 부탁이니 허물삼지 마시기 바랍니다."

안자는 머뭇거리며 자리를 피해 앉았다. 오왕이 다시 물었다.

"제가 듣기로 귀국 제齊나라 임금은 욕심이 많고 거만하며 야만스럽고 포악하다고 하던데, 그대는 이를 용납하심이 어찌 그리 대단하십니까?"

이 질문에 안자는 머뭇거리며 이렇게 대답하였다.

"제가 듣기로 미세한 일을 통하지 못하고 그렇다고 거친 일에도 능력이 없으면 반드시 노고하게 되고, 큰일도 못하고 작은 일도 할 줄 모르는 자는 가난을 벗어나지 못하며, 큰일에 사람 부릴 줄도 모르고 작은 일에도 사람을 끌어들이지 못하는 자는 반드시 곤핍해진다 하였습니다. 저는 바로 이러한 인물이기에 그에게 벼슬하고 있는 것입니다. 저 같은 자가 어찌 능히 밥이라도 얻어먹을 수 있는 인물쯤이라도 되겠습니까?"

안자가 나가자 왕은 웃으면서 이렇게 말하였다.

"아! 오늘 내 안자를 놀려 주려다가 오히려 벌거벗은 자가 옷자락 높이 올려 살이 조금 보인다고 비웃는 꼴이 되고 말았구나."

晏子使吳, 吳王曰:「寡人得寄僻陋蠻夷之鄕, 希見敎君子之行, 請私而無爲罪.」

晏子憱然辟位, 吳王曰:「吾聞齊君, 蓋賊以慢, 野以暴, 吾子容焉, 何其甚也?」

晏子遵循而對曰:「臣聞之: 微事不通, 麤事不能者, 必勞; 大事不得, 小事不爲者, 必貧; 大者不能致人, 小者不能至人之門者, 必困. 此臣之所以仕也. 如臣者, 豈能以道食人者哉!」

晏子出, 王笑曰:「嗟乎! 今日吾譏晏子, 猶倮而訾高撅者也.」

【高撅】 옷깃을 올려 부끄러운 모습.

参고 및 관련 자료

1. 《晏子春秋》 065(3-15) 및 091(4-11)과 관련이 있다.

2. 《說苑》 奉使篇

晏子使吳, 吳王曰:「寡人得寄僻陋蠻夷之鄕, 希見敎君子之行, 請私而毋爲罪!」

晏子憱然避位矣. 王曰:「吾聞齊君蓋賊以慢, 野以暴, 吾子容焉, 何其甚也?」晏子逡巡而對曰:「臣聞之, 微事不通, 麤事不能者必勞, 大事不得, 小事不爲者必貧; 大者不能致人, 小者不能至人之門者必困, 此臣之所以仕也. 如臣豈能以道食人者哉?」

晏子出. 王笑曰:「今日吾譏晏子也, 猶倮而訾高撅者.」

3. 張純一 校注本 注

「元刻注云: 此章與景公問天下之所以存亡, 魯君問何事回曲之君三章, 或事異而辭同, 或旨同而辭異, 故著於此篇. 純一案: 上文所擧, 卽問上十五章, 問下十二章.」

188(7-18) 司馬子期問有不干君不恤民取名者乎, 晏子對而不仁也

　　　　　사마자기가 임금에게 요구하지도 않고
　　　　　백성을 구휼하지도 않으면서
　　　　　이름을 날릴 수 있는가 라고 묻자,
　　　　　안자가 어진 행동이 아니라고 답함

사마자기司馬子期가 안자에게 물었다.

"선비 역시 임금에게 벼슬도 구하지 않고, 그렇다고 백성을 구휼하지도 않으며 한갓 하는 일없이 살면서 명성을 얻는 자가 있습니까?"

안자는 이렇게 대답하였다.

"내가 듣기로 능히 윗사람을 부유하게 하고 백성에게도 이익을 줄 수 있는 능력이 있으면서 이를 실천에 옮기지 않는 것을 불인不仁이라 한다 하였습니다. 불인하면서 이름을 드날린다는 것에 대해서는 나는 아직 들어본 적이 없습니다."

司馬子期問晏子曰:「士亦有不干君, 不恤民, 徒居無爲, 而取名者乎?」

晏子對曰:「嬰聞之: 能足以贍上益民而不爲者, 謂之不仁. 不仁而取名者, 嬰未得聞之也.」

【司馬子期】楚나라 平王의 公子 結. 字는 子期.

【不干君】'干'은 '求'이다. 雙聲互訓이다.

참고 및 관련 자료

1. 《晏子春秋》 卷4 內篇 問下 100(4-20)과 관련이 있다.

2. 張氏本 注

「元刻注云: 此章與叔向問徒處之義章, 旨同而有詳略之異, 故著于此篇. 純一案: 徒處之義, 歸問下二十章.」

189(7-19) 高子問子事靈公莊公景公皆敬子, 晏子對以一心

고자가 그대는 영공·장공·경공을
모시면서 그들 모두가 그대를
공경하는 이유가 무엇인가를 묻자,
안자는 한마음이라고 대답함

고자高子가 안자에게 물었다.

"그대는 영공靈公·장공莊公·경공景公을 모셨소. 그런데 그들 모두 그대를 공경하였는데, 세 임금이 똑같은 한 마음이기 때문입니까? 아니면 선생께서 그에 맞게 세 가지 마음을 썼기 때문입니까?"

안자는 이렇게 설명하였다.

"훌륭하오! 그 질문이여. 임금을 섬기는 일이라면 제가 듣기로는 한 마음이면 가히 백 명의 임금을 섬길 수 있지만, 세 마음이면 하나의 임금도 섬길 수 없다 하더이다. 따라서 세 임금의 마음이 하나인 것도 아니고 저의 마음이 셋인 것도 아닙니다. 또 제가 영공을 섬길 때 있는 대로 다 말씀드려도 정치에 이것을 반영시킬 수가 없었습니다. 그래서 사지나 온전히 하여 임금을 따르는 자에 불과하였습니다. 장공에 이르러서는 무사武士를 진열시켜 놓고 용력勇力을 숭상하였으며, 괴팍한 일을 저지르기는 사악한 사람보다 심하였습니다. 내가 이를 금하게 해 줄 수가 없어 결국 물러나 초야에 살았던 것입니다. 제가 듣기로 자신의 말이 채납되지 않으면 그 봉록을 받지 않아야 하며, 그 일을 능히 처리하지 못하면, 그 일로 인해 일어난 난難에도 휩쓸리지 말아야 한다고 하였습니다. 내가 장공에게 한 행동이 바로 그런 것이었지요. 지금의 임금인 경공은 나라를 가벼이 보고, 즐거움은 중히 여기며, 백성에게는 각박하고, 자신을 돌보는 데는 후합니다. 거두어들이는 것도 양이 지나치고 명령도 그 임무가 너무 과중합니다. 이를 저도 능히 금지시키지 못하고 있습니다. 그러니 제가 어찌 온몸을 다 바쳐 임금을 모실 줄 아는 인물이겠습니까?"

高子問晏子曰:「子事靈公·莊公·景公, 皆敬子. 三君之心一耶? 夫子之心三也?」

晏子對曰:「善哉! 問. 事君, 嬰聞一心可以事百君, 三心不可以事一君. 故三君之心非一也, 而嬰之心非三心也. 且嬰之于靈公也, 盡復而不能立之政, 所謂僅全其四支以從其君者也. 及莊公陳武夫, 尚勇力, 欲辟勝于邪, 而嬰不能禁, 故退而野處. 嬰聞之: 言不用者, 不受其祿. 不治其事者, 不與其難, 吾于莊公行之矣. 今之君, 輕國而重樂, 薄于民而厚于養, 藉斂過量, 使令過任, 而嬰不能禁, 嬰庸知其能全身以事君乎?」

【高子】 高糾가 아닌가 한다.
【靈公】 春秋時代 齊나라 君主. 재위 28년(B.C.581~554).
【莊公】 齊나라 君主. 재위 6년(B.C.553~548).
【景公】 齊나라 君主. 재위 58년(B.C.547~490).

1. 《晏子春秋》 109(4-29)・200(8-3)・201(8-4)과 관련이 있다.

2. 《群書治要》에 본 장의 내용이 전재되어 있다.

3. 《孔叢子》 詰墨篇 ⟹ 109 참조.

4. 《藝文類聚》 卷20 人部(四) ⟹ 109 참조.

5. 張氏本 注

「元刻注云: 此章與梁丘據問事三君不同心, 孔子之齊不見晏子, 旨同而辭少異, 故著于此篇. 純一案: 問下二十九章, 外下三章四章旨同.」

190(7-20) 晏子再治東阿上計, 景公迎賀, 晏子辭

안자가 다시 동아를 다스려 공을 이루자,
경공이 맞이하여 축하함.
이에 안자는 사양함

안자가 동아東阿 땅을 다스린 지 3년, 경공이 안자를 소환하여 실적을 따지면서 이렇게 말하였다.

"내 그대 정도면 적임자라고 여겨 그대로 하여금 동아 땅을 다스리게 하였소. 그런데 지금 그대가 다스리자마자 혼란이 일어나고 있으니, 그대는 물러나 반성하시오. 과인은 장차 그대에게 큰 주벌誅罰을 내릴 것이오."

안자는 이렇게 대답하였다.

"신은 청컨대 방법을 달리하여 실행해 보겠습니다. 그리하여 다시 동아를 삼 년 다스려 보고 그래도 잘 다스려지지 않는다면 사형을 자청하겠습니다."

경공이 허락하였다. 이에 이듬해 다시 임금이 실적을 평가하게 되자, 경공은 안자를 맞이하여 이렇게 축하하였다.

"대단히 훌륭하오! 그대의 동아 땅 다스림이여."

안자는 이렇게 설명하였다.

"지난번 제가 동아를 다스릴 때에는 부탁이나 위촉도 거절하고 재물과 뇌물도 주고받지 못하게 하며 못에서 나는 물고기도 가난한 백성의 몫으로 정하였었습니다. 그렇게 되자 백성은 굶는 자가 없었습니다.

그럼에도 임금께서는 저에게 죄를 주셨습니다. 지금 저는 그 후 다시 동아를 다스림에는 부탁이나 청탁도 다 들어 주고, 뇌물도 받으며, 부렴賦斂도 무겁게 거두었습니다. 창고에는 조금만 남겨둔 채 좌우에게 편한 대로 나누어 주고 연못의 물고기는 권세 있는 집안의 몫으로 해 주었습니다. 이렇게 되자 백성 중에 굶는 자가 반이 넘고 있습니다. 임금께서는 이에 도리어 저를 맞으면서 축하하시니, 저는 어리석어 다시는 동아를 다스릴 수 없습니다. 원컨대 해골이나 보존하기 위해 어진 이라면 피하는 그런 길로 가겠습니다."

그리고 재배하고 곧 떠나 버렸다. 그러자 경공은 자리에서 내려와 사과하였다.

"그대는 억지로라도 다시 동아를 다스려 주시오. 동아는 그대의 동아 땅이오. 과인은 다시는 참견하지 않겠습니다."

晏子治東阿, 三年, 景公召而數之曰:「吾以子爲可. 而使子治東阿. 今子治而亂, 子退而自察也. 寡人將加大誅于子.」

晏子對曰:「臣請改道而行, 而治東阿, 三年不治, 臣請死之.」

景公許之.

于是明年上計, 景公迎而賀之曰:「甚善矣! 子之治東阿也.」

晏子對曰:「前臣之治東阿也, 屬託不行, 貨賂不至, 陂池之魚, 以利貧民. 當此之時, 民無飢者, 君反以罪臣. 今臣後之治東阿也, 屬託行, 貨賂至, 並重賦斂, 倉庫少內, 便事左右, 陂池之魚, 入于權家. 當此之時, 飢者過半矣, 君迺反迎而賀臣. 臣愚, 不能復治東阿, 願乞骸骨, 避賢者之路.」

再拜, 便辟.

景公迺下席而謝之曰:「子彊復治東阿, 東阿者, 子之東阿也, 寡人無復與焉.」

【東阿】晏子가 다스리던 땅. 지금의 山東省 西部.

【乞骸骨】고대 大臣이 辭職을 원할 때 쓰던 말. 해골을 온전히 하여 묻히겠다는 뜻.

1. 《晏子春秋》 114(5-4)의 중복이다.

2. 《說苑》 卷7 政理篇 214(7-30) ⇒ 114 참조.

3. 《子華子》 卷上 北宮子仕篇 ⇒ 114 참조.

4. 기타 관련 자료 역시 114를 참조할 것.

191(7-21) 太卜紿景公能動地, 晏子知其妄, 使卜自曉公
　　　　　태복이 능히 땅을 움직일 수 있다고
　　　　　경공을 속이자, 안자가 그 망녕됨을 알고
　　　　　태복으로 하여금 스스로 경공을 깨우치도록 시킴

경공이 태복太卜에게 물었다.

"그대의 도술 중에 어느 것이 능하오?"

태복은 이렇게 자신하였다.

"능히 땅을 움직일 수 있습니다."

경공은 안자를 불러 물어 보았다.

"과인이 태복에게 '너의 도술 중에 무엇이 가장 능한가'라 물었더니 '능히 땅을 움직일 수 있다'라 하더이다. 땅도 흔들어 움직일 수 있는 것입니까?"

안자는 묵연히 아무 대답도 하지 않고 나갔다. 그리고 태복을 보자 물었다.

"지난 번에 보니 구성鉤星이 사성四星과 심성心星 사이에 있던데, 그렇게 되면 땅이 흔들리는가?"

태복은 이렇게 대답하였다.

"그렇습니다."

안자는 이렇게 일러 주었다.

"내가 임금에게 이 사실을 말하면 아마 그대는 임금을 속였다는 죄로 죽음을 당하겠지. 그러나 내가 묵묵히 말을 아니하면 임금이 궁금해서 못 견녀 할거요. 그러니 그대가 직접 말하시오. 그러면 임금과 신하인 그대 모두 무사할 것이외다. 임금에게 충성을 다하는 자가 어찌 꼭 사람을 다치게까지 할 필요가 있으리오!"

안자가 나가자 태사는 급히 경공에게 달려갔다.

"제가 능히 땅을 움직일 수 있는 것이 아니고, 땅이 스스로 움직이게 되어 있는 것입니다."

진자양陳子陽이 이를 듣고 이렇게 평하였다.

"안자가 임금 앞에서 묵묵히 대답을 아니한 것은 태복을 죽지 않게 하기 위해서였고, 태복을 찾아가 만난 것은 임금이 계속 의혹을 가질까 해서 그런 것이다. 안자는 어진 사람이다. 위로는 충성을 다하고 아래로는 은혜를 베푸는 인물이라 할 수 있다."

景公問太卜曰:「汝之道何能?」

對曰:「臣能動地.」

公召晏子而告之, 曰:「寡人問太卜曰:『汝之道何能?』對曰:『能動地.』地可動乎?」

晏子默然不對, 出, 見太卜曰:「昔吾見鉤星在四心之間, 地其動乎?」

太卜曰:「然.」

晏子曰:「吾言之: 恐子之死也; 默然不對, 恐君之惶也. 子言, 君臣俱得焉. 忠于君者, 豈必傷人哉!」

晏子出, 太史走入見公, 曰:「臣非能動地, 地固將動也.」

陳子陽聞之, 曰:「晏子默而不對者, 不欲太卜之死也; 往見太卜者, 恐君之惶也. 晏子, 仁人也. 可謂忠上而惠下也.」

【太卜】占卜을 주관하는 관직.

【鉤星】《史記》天官書에 "兔, 一名鉤星, 出房心間地動. 房爲天駟"라 하였다.

【四星】天駟, 房星.

【心星】二十八宿의 하나. 鉤星이 四心 사이에 오면 지진이 일어난다고 한다.

【陳子陽】田子陽. 齊나라 臣下.

참고 및 관련 자료

1. 《晏子春秋》卷6 內篇 雜下 144(6-4) 참조.

2. 《淮南子》道應訓

景公謂太卜曰:「子之道何能?」對曰:「能動地.」晏子往見公, 公曰:「寡人問太卜曰: 『子之道何能?』對曰:『能動地.』地可動乎?」晏子黙然不對, 出見太卜曰:「昔吾見 句星在房心之間, 地其動乎?」太卜曰:「然.」晏子出, 太卜走往見公曰:「臣非能動地, 地固將動也.」田子陽聞之, 曰:「晏子黙然不對者, 不欲太卜之死; 往見太卜者, 恐公 之欺也. 晏子可謂忠於上, 而惠於下矣.」故老子曰:『方而不割, 廉而不劌.』

3. 《論衡》變虛篇

齊景公問太卜曰:「子之道何能?」對曰:「能動地.」晏子往見公, 公曰:「寡人問太卜 曰:『子道何能?』對曰:『能動地.』地固可動乎?」晏子嘿然不對. 出見太卜曰: 「昔吾見鉤星在房·心之間, 地其動乎?」太卜曰:「然.」晏子出, 太卜走見公(曰): 「臣非能動地, 地固將自動.」夫子韋言星徙, 猶太卜言地動也. 地固且自動, 太卜言 己能動之; 星固將自徙, 子韋言君能徙之. 使晏子不言鉤星在房·心(間), 則太卜之 姦對不覺. 宋無晏子之知臣, 故子韋之一言, 遂爲(售)其[欺]是(耳).

4. 《說苑》辨物篇

齊景公爲露寢之臺, 成而不通焉. 柏常騫曰:「爲臺甚急, 臺成, 君何爲不通焉?」公曰: 「然, 梟昔者鳴, 其聲無不爲也, 吾惡之甚, 是以不通焉.」柏常騫曰:「臣請禳而去之!」 公曰:「何具?」對曰:「築新室, 爲置白茅焉.」公使爲室, 成, 置白茅焉. 柏常騫夜用事, 明日問公:「今昔聞梟聲乎?」公曰:「一鳴而不復聞.」使人往視之, 梟當陛布翼伏地 而死. 公曰:「子之道若此其明也! 亦能益寡人壽乎?」對曰:「能」公曰:「能益幾何?」 對曰:「天子九 諸侯七 大夫五.」公曰:「亦有微兆之見乎?」對曰:「得壽, 地且動.」

公喜, 令百官趣具騫之所求. 柏常騫出, 遭晏子於塗, 拜馬前, 辭曰:「騫爲君禳熒而殺之, 君謂騫曰: 子之道若此其明也, 亦能益寡人壽乎? 騫曰能. 今且大祭, 爲君請壽, 故將往. 以聞.」晏子曰:「嘻, 亦善矣! 能爲君請壽也. 雖然, 吾聞之: 惟以政與德順乎神, 爲可以益壽. 今徒祭可以益壽乎? 然則福名有見乎?」對曰:「得壽地將動.」晏子曰:「騫, 昔吾見維星絶, 樞星散, 地其動. 汝以是乎?」柏常騫俯有間, 仰而對曰:「然.」晏子曰:「爲之無益, 不爲無損也. 薄賦斂, 無費民, 且令君知之!」

5. 張純一 校注本 注

「元刻注云: 此章與柏常騫禳熒死, 將爲公請壽, 晏子織其妄章, 旨同而辭異, 故著於此篇. 純一案: 論衡變虛篇, 亦用此文. 柏常騫請壽, 卽雜下四章.」

192(7-22) 有獻書譖晏子, 退耕, 而國不治, 復召晏子

안자를 참소하는 글이 나타나자,
안자는 물러나 농사를 지음.
나라가 다스려 지지 않자,
다시 안자를 부름

안자가 경공의 재상으로서 사람을 논해 보되 어진 이를 만나게 되면 이를 등용시켰는데, 임금의 욕구와 딱 맞는 것은 아니었다. 또 불선不善한 자를 보면 물러나게 하였는데, 임금이 아끼는 자라고 해서 피하지도 않았다. 스스로의 행동에는 사사로움이 없었고, 직언直言을 하되 꺼리는 것도 없었다. 이때 어떤 이가 임금에게 이런 투서를 올렸다.

"임금 앞에서 인사 문제를 옳지 않게 하는 것을 전專이라 하고, 임금 앞에서 거리낌 없이 마구 말하는 것을 이易라 합니다. 전이專易의 행동이 있는 한 군신 사이의 도는 폐지된 것입니다. 저는 안자가 충신인가 하는 데에 대해서 의심스럽습니다."

경공도 그렇다고 여겼다. 안자가 입조하자 경공은 불쾌히 여겼다. 이를 알아차린 안자는, 돌아와서 떠날 준비를 하고는 사람을 시켜 임금에게 이렇게 사직의 말을 전하게 하였다.

"저는 늙고 패덕하고 무능합니다. 한창 젊은이들과 똑같이 임금을 섬길 수 없습니다."

이렇게 사직하여 신하의 임무를 벗고 물러나 궁벽한 곳에 처하였다. 동쪽으로 바닷가로 나와 농사를 짓고 살았는데, 그 뜰에는 여곽藜藿이

자라나고 문 밖에는 가시덩굴이 덮일 지경이었다. 이렇게 7년이 지났을 때, 마침 연燕나라 노魯나라와의 사이에 분쟁이 일어나 이에 휩쓸린 백성은 혼란에 빠지고, 백성의 집안에는 저장된 식량조차 없게 되었다. 경공이 혼자서 나라를 다스렸지만 그 권위는 제후들에게 경시를 받았고, 자신의 권세는 고씨高氏나 국씨國氏보다 낮았다. 경공은 두려운 끝에 다시 안자를 불렀다. 안자가 돌아오자, 경공은 한꺼번에 7년치 봉록을 주었지만 안자는 이를 자기 집에 저장하지 않았다. 안자가 조정의 업무를 맡게 되자, 제후들은 그의 위세를 두려워하게 되었고, 고씨·국씨도 그의 정치에 복종하게 되었다. 연나라 노나라도 다시 공물을 바쳐왔고, 그 밖의 작은 나라들도 때맞추어 조공해 왔다. 이런 흥세興世는 안자가 죽고 나서 희미해지게 되었다.

晏子相景公, 其論人也, 見賢而進之, 不同君所欲; 見不善則廢之, 不辟君所愛; 行己而無私, 直言而無諱.

有納書者, 曰:「廢置不周于君前, 謂之專; 出言不諱于君前, 謂之易. 專易之行存, 則君臣之道廢矣. 吾不知晏子之爲忠臣也.」

公以爲然. 晏子入朝, 公色不說, 故晏子歸, 備載.

使人辭曰:「嬰故老悖無能, 毋敢服壯者事.」

辭而不爲臣, 退而窮處, 東耕海濱, 堂下生藜藋, 門外生荊棘.

七年, 燕魯分爭, 百姓惛亂, 而家無積. 公自治國, 權輕諸侯, 身弱高·國. 公恐, 復召晏子.

晏子至, 公一歸七年之祿, 而家無藏. 晏子立, 諸侯忌其威, 高國服其政, 燕魯貢職, 小國皆朝. 晏子沒而後衰.

【藜藿】심지 않고 제멋대로 자란 콩대. 또는 가난을 표시한다.

【高氏】齊나라 權臣.

【國氏】齊나라 權臣.

참고 및 관련 자료

1.《晏子春秋》卷5 內篇 雜上 115(5-5)와 관련이 있다.

2. 張氏本 注

「元刻注云: 此章與景公惡故人晏子退章, 旨同, 敍享少異, 故著于此篇. 純一案: 說見雜上五章.」

193(7-23) 晏子使高糾治家三年而未嘗弼過, 逐之

안자가 고규를 시켜 집안일을 다스리게 한 지 삼 년이 되도록 잘못을 보필함이 없자, 축출해 버림

안자가 고규高糾로 하여금 자신의 집안일을 처리해 주도록 맡겼었는데 3년 만에 그만 사직시키고 말았다. 다른 빈객이 안자에게 이렇게 간언하였다.

"고규가 선생을 섬긴 지 3년이 됩니다. 그런데 일찍이 아무런 작록爵祿도 준 적이 없으면서 축출해 버리시니 그의 죄가 무엇인지 감히 알고 싶습니다."

안자는 이렇게 설명하였다.

"만약 바르고 훌륭하여 완전한 사람이 있을 수 있다면 오직 성인聖人이 있을 따름이다. 나는 기울고 누추하고 모자란 사람이다. 그런 나를 왼쪽에서 돕고 오른쪽에서 돕는 사람이 사유四維를 바로 세워 주지 못한다면, 사유가 바르게 설 수가 없을 것이다. 이 고규라는 사람도 나를 섬기기를 3년, 한 번도 일찍이 나의 과실을 보필해 준 적이 없다. 나는 이 때문에 그를 사직시키는 것이다."

晏子使高糾 治家, 三年而辭焉.

儐者諫曰: 「高糾之事夫子三年, 曾無以爵祿, 而逐之, 敢請其罪.」

晏子曰:「若夫方立之人, 維聖人而已. 如嬰者, 反陋之人也.
若夫左嬰右嬰之人, 不擧四維, 四維將不正. 今此子事吾三年,
未嘗弼吾過也. 吾是以辭之.」

【高糾】晏子의 家臣. 《說苑》에는 '高繚'로 되어 있다.
【四維】禮義廉恥. 《管子》牧民篇에 "守國之度, 在飾四維. 四維不張. 國乃滅亡.
何謂四維. 一曰禮. 二曰義. 三曰廉. 四曰恥"라 하였다.

참고 및 관련 자료

1. 《晏子春秋》 138(5-28) · 139(5-29)와 관련이 있다.

2. 《說苑》 卷2 臣術篇 065(2-19)

高繚仕於晏子, 晏子逐之, 左右諫曰:「高繚之事夫子, 三年曾無以爵位, 而逐之,
其義可乎?」晏子曰:「嬰反陋之人也, 四維之然後能直, 今此子事吾三年, 未嘗弼吾過,
是以逐之也.」

3. 《北堂書鈔》 32에 본 장의 내용이 전재되어 있다.

4. 張氏本 注

「元刻注云: 此章與景公欲見高糾章, 旨同而辭少異, 故著于此篇. 純一案: 高糾事,
見雜上二十八章二十九章, 說苑臣術篇用此文.」

194(7-24) 景公稱桓公之封管仲, 益晏子邑, 辭不受

경공이 환공의 관중 봉한 것과 같이
안자의 봉읍을 더해 주려하자,
사양하며 받지 않음

경공이 안자에게 이런 제의를 하였다.

"지난날 우리 선군 환공桓公께서는 관중管仲에게 호狐·곡穀 두 땅을 주었소. 그에 속한 현縣이 열일곱이나 되었습니다. 이 사실을 비단에 쓰고 책策에 기록하여 여러 제후들에게 통지하면서 그 자손에게까지 이것이 상읍賞邑으로 이어지게 하였소. 과인은 선군의 큰 뜻을 욕되게 할 수 없소. 그래서 지금 선생에게 읍을 상으로 내려 자손에게까지 이어지게 하고 싶소."

안자는 이렇게 사양하였다.

"옛날 성왕聖王이 공을 논함에 어진 이에게 상을 내릴 때에는 어진 이는 상을 받고, 불초한 자는 쫓겨났습니다. 그리하여 덕으로 나가고 예를 수양하여 황음하거나 태만한 경우가 없었던 것입니다. 그런데 지금은 임금을 섬기면서 죄를 짓지 않는 것으로 만족히 여기고 있는 터에, 그 자손에게까지 그 이익을 누려야 한다는 것이 어찌 마땅한 일이겠습니까? 이 제齊나라에서 대부가 된 자로서 누구나 반드시 읍을 상으로 받아야 한다면, 제나라에 임금 된 자는 무엇으로 사직에 제사를 드릴 수 있으며, 무엇으로 제후와 선물을 주고받을 수 있겠습니까? 청컨대 사양합니다."

이리하여 끝까지 받지 않았다.

景公謂晏子曰:「昔吾先君桓公, 予管仲狐與穀, 其縣十七. 著之于帛, 申之以策, 通之諸侯, 以爲其子孫賞邑. 寡人不足以辱而先君, 今爲夫子賞邑, 通之子孫.」

晏子辭曰:「昔聖王論功而賞賢, 賢者得之, 不肖者失之, 御德修禮, 無有荒怠. 今事君而免于罪者, 其子孫奚宜與焉? 若爲齊國大夫者, 必有賞邑, 則齊君何以共其社稷, 與諸侯幣帛? 嬰請辭.」

遂不受.

【桓公】齊나라 桓公. 春秋五霸의 首長.
【管仲】管夷吾. 仲父. 桓公을 도와 패업을 이룬 名臣.
【狐】지명.
【穀】지명.

参고 및 관련 자료

1. 《晏子春秋》152(6-12)·159(6-19)·160(6-20)·166(6-26)·196(7-26)과 관련이 있다.

2. 張純一 校注本 注

「元刻注云: 此章與景公致千金而晏子固不受, 使田無宇致封邑晏子辭章, 旨悉同而辭少異, 故著于此篇. 純一案: 雜下十八章, 十九章, 二十章, 大旨並同.

195(7-25) 景公使梁丘據致千金之裘, 晏子固辭不受

경공이 양구거를 시켜 천 금의 갖옷을 주자, 안자가 굳이 사양하며 받지 않음

경공이 안자에게 호백구狐白裘라는 좋은 외투와 현표玄豹의 모자를 하사하였는데, 그 값이 천 금이나 되었다. 경공이 이를 양구거梁丘據를 통해 안자에게 전달하자, 안자는 사양하며 받지 않는 것이었다. 세 번씩이나 되돌려 보내자 경공은 이렇게 물었다.

"과인은 이와 똑같은 것이 둘씩이나 있어 그대가 입었으면 해서 드린 것입니다. 지금 선생께서 받지 않으시니 과인도 입지 않겠소. 그러나 창고에 넣고 거들떠보지도 않는 것이 어찌 몸에 입어 닳는 것보다 낫겠소?"

그러자 안자는 이렇게 말하였다.

"임금께서 저에게 남달리 후하게 내려주시면서 저로 하여금 백관百官의 정치를 이끌어 달라고 하고 있습니다. 그런데 위로는 임금께서 그 좋은 것을 입고, 아래로는 저도 그것을 입는다면 교화敎化가 이루어질 수 없는 것입니다."

이렇게 끝까지 고사하고 받지 않았다.

景公賜晏子狐之白裘, 玄豹之茈, 其賈千金, 使梁丘據致之.
晏子辭而不受, 三反.

公曰:「寡人有此二, 將欲服之, 今夫子不受, 寡人不敢服. 與其
閉藏之, 豈如弊之身乎?」

晏子曰:「君就賜, 使嬰修百官之政, 君服之上, 而使嬰服之于下,
不可以爲敎.」

固辭而不受.

【狐之白裘】狐白裘, 여우의 겨드랑이에 있는 흰털과 가죽으로 만든 썩 좋은
갖옷, 사치스러운 옷을 거론할 때 쓰는 말이다.

【玄豹】검은 표범 가죽.

【梁丘據】晏子와 동시대의 人物.

참고 및 관련 자료

1.《晏子春秋》卷6 內篇 雜下 165(6-25)와 관련이 있다.

2. 張氏本 注

「元刻注云: 此章與景公使梁丘據遺之車馬三返不受章, 旨同而事少異, 故著於此篇.

純一案: 雜下二十五章及下章旨並同.」

3. 기타 관련 자료는 165를 참조할 것.

196(7-26) 晏子衣鹿裘以朝, 景公嗟其貧, 晏子稱有飾

안자가 사슴 갖옷을 입고 조회에 나오자, 경공이 그의 가난함을 차탄함. 이에 안자가 옷은 꾸미는 것일 뿐이라 말함

안자가 경공의 재상이면서 포의에 사슴 갖옷을 입고 조회에 나오자 경공이 이렇게 자책하였다.

"선생 댁이 이렇게 가난하십니까? 옷이 어찌 이리도 초라합니까? 과인이 모르고 있었으니 이는 과인의 잘못입니다."

안자는 이렇게 대답하였다.

"제가 듣기로 대개 남이 하는 것을 살펴본 후 의식衣食을 결정하는 자는 그 맛을 탐내는 것이 그릇된 줄 모르는 자이며, 남이 하는 것을 본 이후에 행동하는 자는 사악하고 편벽된 것이 잘못된 것인 줄을 모르는 것이라 하더이다. 저는 불초합니다. 게다가 저의 가족들은 저보다 못났습니다. 그래서 저에게 의지하여 자신의 조상에게 제사 지내는 자가 5백 가구나 됩니다. 그런데 제가 이러한 포의나 사슴 갖옷 정도로 조회에 나올 수 있는 것만도 저에게는 대단한 꾸밈이라 아니할 수 있겠습니까?"

이렇게 두 번 절하고 사양하였다.

晏子相景公, 布衣鹿裘以朝.

公曰:「夫子之家, 若此其貧也? 是奚衣之惡也? 寡人不知, 是寡人之罪也.」

晏子對曰:「嬰聞之: 蓋顧人而後衣食者, 不以貪味爲非; 蓋顧人而後行者, 不以邪僻爲累. 嬰不肖, 嬰之族, 又不如嬰也, 待嬰以祀其先人者, 五百家. 嬰又得布衣鹿裘而朝, 于嬰不有飾乎?」

再拜而辭.

참고 및 관련 자료

1. 《晏子春秋》152(6-12)·159(6-19)·160(6-20)·166(6-26)·194(7-24)와 관련이 있다.

2. 張氏本 注

「元刻注云: 此章與陳無宇請浮晏子, 景公睹晏子之食而嗟其貧章, 旨同而辭少異, 故著于此篇. 純一案: 文見雜下十二章, 又二十六章. 盧云: 此章吳本缺.」

197(7-27) 仲尼稱晏子行補三君而不有, 果君子也
중니가 안자는 세 임금을 보필하면서도
스스로는 소유하지 않으니
과연 군자라고 칭함

중니仲尼가 이렇게 말하였다.

"영공靈公은 방종하였으나 안자가 이를 섬겨 올바르게 하였고, 장공莊公은 지나치게 과감하였으나 안자가 이를 섬겨 무武를 잘 펴는 임금으로 고쳐 주었다. 그런가 하면 경공은 사치를 좋아하였지만 안자가 이를 섬겨 공손하고 검소하게 고쳐 주었다. 이렇게 보면 안자는 과연 군자로다. 그러나 세 임금을 섬긴 재상으로서 그 선善이 아래로 백성에게까지는 통하지 못하였으니 이렇게 보면 안자도 별 것 아닌 인물이다."

안자는 이 말을 듣고 중니를 찾아갔다.

"제가 듣기로 군자께서 저를 기롱譏弄하셨다기에 그 때문에 찾아뵙는 것입니다. 저 같은 하찮은 인물이 어찌 도를 실행하는 값으로 밥을 먹는 인물이겠습니까? 저의 종족으로서 저의 힘을 빌어 조상에게 제사를 지내는 자가 수백 가구나 되며, 우리 제齊나라의 가난한 선비들 중에도 저를 기다려 불을 지필 수 있는 자들이 역시 수백 가구나 됩니다. 저는 이런 사람들을 위해 벼슬할 뿐이지 어찌 그 높은 도를 실행한다는 명목으로 밥을 먹는 사람이겠습니까?"

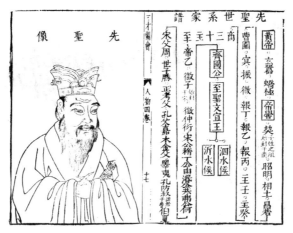

〈孔子家系圖와 孔子상〉《三才圖會》

안자가 나가자 중니는 이를 빈객의 예로서 보내 주며 찾아 준 데
대해 재배하였다. 그리고 돌아와 문하의 제자들에게 이렇게 명하였다.
"백성을 구휼하면서도 자랑하지 아니하고 세 임금을 보좌하고도
자기의 몫으로 여기지 않으니 안자는 과연 군자로다!"

仲尼曰:「靈公汗, 晏子事之以整齊; 莊公壯, 晏子事之以宣武;
景公奢, 晏子事之以恭儉; 晏子, 君子也. 相三君而善不通下,
晏子, 細人也.」

晏子聞之, 見仲尼曰:「嬰聞君子有譏于嬰, 是以來見. 如嬰者,
豈能以道食人者哉? 嬰之宗族, 待嬰而祀其先人者數百家, 與齊
國之簡士, 待嬰而擧火者數百家. 嬰爲此仕者也. 如嬰者, 豈能
以道食人者哉?」

晏子出, 仲尼送之以賓客之禮, 再拜其辱.

反, 命門弟子曰:「救民之姓而不夸, 行補三君而不有, 晏子, 果君子也!」

【仲尼】孔子.
【靈公】晏子가 섬겼던 君主. 前出.
【莊公】역시 晏子가 섬겼던 君主. 崔杼에게 시해당하였다.

참고 및 관련 자료

1. 《孔叢子》卷中 詰墨篇 ⇒ 109(4-29) 참조.

2. 《晏子春秋》092(4-12)・200(8-3)・201(8-4)과 관련이 있다.

3. 張氏本 注

「元刻注云: 此章與仲尼之齊不見晏子, 魯君問何事回曲之君章, 旨同而述辭少異, 故著於此篇. 純一案: 外下三章四章, 問下十二章, 旨並同.」

卷八. 外篇 不合經術者

경술經術의 내용과 합치되지 않는 것들

총18장 (198-215)

〈銅馬〉

중니가 경공을 만나자, 경공이 그를 봉하려 함에
안자가 가당치 않다고 반대함

중니仲尼, 孔子가 제齊나라에 가서 경공을 만나, 뵙자 경공은 즐거워 하면서 그에게 이계爾稽 땅을 봉해 주려고 안자에게 의견을 물었다. 그러나 안자는 이렇게 반대하였다.

"안 됩니다. 저들은 오만하면서 자신만이 옳다고 하는 이들로서, 아랫 사람을 교화시킬 수 없습니다. 또 백성을 느슨하게 하여 백성과 정치를 친밀하게 하지 못합니다. 그런가 하면 천명天命만 세워 놓고 일에는 게을러 직무를 맡길 수 없습니다. 게다가 장례에 너무 돈을 들여 백성과 나라를 파국으로 몰고 가며 상喪을 너무 오래 끌어 슬퍼하느라 세월을 허비하니 백성을 자식처럼 사랑할 수 없는 자들입니다. 안으로는 스스로 실행하기 힘든 것을 감추면서 밖으로는 그것을 드러내지 않는 것이 유자儒者입니다. 그래서 복장을 특이하게 하여 얼굴을 꾸미기에만 힘씁니다. 따라서 무리를 이끈다거나 백성을 길들일

孔子

수 없습니다. 훌륭한 현인들이 사라지자 주실周室이 쇠퇴해진 것입니다. 위의威儀만을 중시하자 백성의 행동은 천박해지기 시작하였고, 명성과 즐거움만 번드르르하게 꾸미자 세상의 덕은 점차 쇠미해지기 시작한 것입니다. 지금 공구(孔丘, 공자)는 명성과 꾸밈으로 세상을 사치스럽게 하며, 음악과 춤을 수식하여 무리를 모으고 등강登降의 예를 복잡하게 하여 의표儀表의 시범을 보이며, 추상趨翔의 예절에 힘써 무리에게 뽐내고 있습니다. 많이 배운다고 하면서 세상의 모범을 보이는 것도 아니며, 많이 생각한다고 하면서도 백성을 도와 주는 것도 아닙니다. 수명을 두 배로 늘린다고 해도 그들이 요구하는 교육을 다 배울 수 없고, 살아 있는 동안에도 그들이 요구하는 예를 다 실행해 볼 수도 없습니다. 아무리 재물을 쌓아도 그들이 말하는 즐거움을 다 채울 수 없습니다. 꾸미고 사술을 부리면서 세상의 임금들을 현혹시키고, 명성을 풍성히 하여 백성을 우매하게 만들고 있습니다. 그들의 도는 세상에 보일 수도 없는 것이며, 그들이 말하는 교화도 결코 백성을 인도할 수 있는 것이 아닙니다. 지금 그런 자에게 봉읍을 주어 우리 제나라의 풍습을 바꾸게 한다니, 이는 무리를 인도하고 백성을 안존安存시키는 도가 아닙니다."

경공은 이렇게 말하였다.

"좋소!"

그리고는 그에게 그저 후한 예물만 주고 봉지 하사의 일은 유보한 채, 그저 공경히 만나면서 그의 치도治道에 대해서는 묻지도 않았다.

仲尼之齊, 見景公. 景公說之, 欲封之以爾稽, 以告晏子.

晏子對曰:「不可. 彼浩裾自順, 不可以敎下; 好樂緩于民, 不可使親治; 立命而怠事, 不可使守職; 厚葬, 破民貧國, 久喪, 循哀費日, 不可使子民; 行之難者在內, 而儒者無其外, 故異于服, 勉于容, 不可以道衆, 而馴百姓. 自大賢之減, 周室之卑也, 威儀

加多, 而民行滋薄; 聲樂繁充, 而世德滋衰. 今孔丘盛聲樂以侈世,
飾弦歌鼓舞以聚徒, 繁登降之禮以示儀, 務趨翔之節以觀衆,
博學不可以儀世, 勞思不可以補民, 兼壽不能殫其教, 當年不
能究其禮, 積財不能贍其樂, 繁飾邪術以營世君, 盛爲聲樂以
淫愚民. 其道也, 不可以示世; 其教也, 不可以導民. 今欲封之,
以移齊國之俗, 非所以導衆存民也.」

公曰:「善!」

于是厚其禮, 留其封, 敬見而不問其道, 仲尼迺行.

【仲尼】 孔子, 孔丘.
【爾稽】 齊나라의 邑.《墨子》에는 '尼谿'로 실려 있다.
【周室】 당시의 종주국인 周나라.
【登降之禮】 오르내릴 때의 禮. 유가의 번잡한 형식을 뜻한다.
【趨翔之節】 '翔'은 '蹌'과 같다. 빠른 걸음에 새가 날개를 펴는 듯한 몸짓.
역시 유가의 예를 말한다.

참고 및 관련 자료

1. 본《晏子春秋》卷8 外篇은 不合經術者(經術의 기록과 합치되지 않는 기록들)
라 하여 따로 모은 것이다. 주로 역사적 사실과 다르거나 특히 유가의 입장과
다른 유가 비판의 기록이다. 따라서《吳本》에는 분리되지 아니하여 卷七에 합해져
있었으며 이 때문에 각 장의 일련번호는 二十八부터 四十五까지 이어져 있다.
張純一本에는 "凡十八章, 盧云: 吳本不分, 蘇云: 舊以此與上篇並合爲一卷,
意在合七略之數"라 하여 劉歆의《七略》처럼 七卷이라는 숫자에 의미를 두었다고
하였다.

2.《墨子》非儒篇(下)
孔某之齊見景公, 景公說, 欲封之以尼谿, 以告晏子, 晏子曰:「不可, 夫儒浩居而自

順者也. 不可以教下; 好樂而淫人, 不可使親治; 立命而怠事, 不可使守職; 宗喪循哀, 不可使慈民; 機服勉容, 不可使導衆. 孔某盛容修飾以蠱世, 弦歌鼓舞以聚徒, 繁登降之禮以示儀. 務趨翔之節以觀衆, 博學不可使議世, 勞思不可以補民. 累壽不能盡其學, 當年不能行其禮, 積財不能瞻其樂, 繁飾邪術, 以營世君. 盛爲聲樂, 以淫遇民, 其道不可以期世. 其學不可以導衆. 今君封之, 以利齊俗, 非所以導國先衆.」公曰:「于是厚其禮, 留其封, 敬見而不問其道.」孔某乃恚, 怒于景公與晏子. 乃樹鴟夷子皮, 于田常之門. 告南郭惠子以所欲爲, 歸于魯. 有頃, 間齊將伐魯, 告子貢曰:「賜乎! 擧大事, 於今之時矣.」乃遣子貢之齊, 因南郭惠子, 以見田常勸之伐吳, 以教高國鮑晏. 使毋得害田常之亂. 勸越伐吳三年之內, 齊吳破國之難, 伏屍以言術數, 孔某之誅也.

3. 《孔叢子》 詰墨篇

詰之曰: 卽如此言, 晏子爲非儒惡禮, 不欲崇喪遂哀也. 察傳記, 晏子之所行未有以異於儒焉. 又景公問所以爲政, 晏子答以禮云, 景公曰:「禮其可以治乎?」晏子曰:「禮於政與天地並. 此則未有以惡於禮也.」晏桓子卒, 晏嬰斬衰枕草苴絰帶, 杖菅菲食粥, 居於倚廬遂哀三年. 此又未有以異於儒也. 若能以口非之, 而躬行之晏子所弗爲.

4. 《鹽鐵論》 論誹篇

丞相史曰:「晏子有言. 儒者華於言而寡於實. 繁於樂而舒於民. 久喪以害生. 厚葬以傷業. 禮煩而難行. 道迂而難遵. 稱往古而言訾當世. 賤所見而貴所聞. 此人本枉以己爲拭. 此顏異所以誅黜. 而狄山死於匈奴也. 處其位而非其朝. 生乎世而訕其上. 終以被戮而喪其軀. 此獨誰爲負其累而蒙其殃乎?」

5. 《孔叢子》 詰墨篇 注

晏子曰: 孔子之齊見景公, 公悅之封之以尼谿. 晏子曰:「不可. 夫儒浩居而自順, 立命而怠事, 崇喪遂哀, 盛用繁禮. 其道不可以治國, 其學不可而導家.」公曰:「善.」

6. 張氏本 注

「據史記齊世家, 晏子先景公卒十年. 亡吳之歲, 在晏子卒後二十七年, 白公之亂, 在晏子卒後二十二年, 其說不能見信於後人, 故本書不趣, 專就儒家旨趣異於墨者而非之, 此知晏子當歸墨家. 墨子非儒之文, 凡本書所無者, 皆後人增成之. 元刻注云: 此並下五章, 皆毀詆孔子, 殊不合於此篇.」

199(8-2) 景公上路寢聞哭聲, 問梁丘據, 晏子對

경공이 노침에 올라 울음소리를 듣고
양구거에게 묻자, 안자가 대답함

경공이 노침路寢에 올랐다가 어떤 울음소리를 듣고 이상히 여겨 물었다.

"내 귀에 우는 소리 같은 것이 들리는데 어떤 사람이오?"

양구거梁丘據가 대답하였다.

"노魯나라 공구孔丘의 무리인 국어鞫語라는 사람입니다. 예악禮樂에 밝고 복상服喪에 대해 깊이 알지요. 그의 어머니가 죽자 후한 장례를 치르고 3년의 복상 중이며 그 곡소리가 심히 슬픈 것입니다."

경공은 이렇게 감탄하였다.

"그 어찌 훌륭한 일이 아닌가!"

그리고는 얼굴에 기쁜 모습까지 나타내는 것이었다. 안자가 이를 보고 이렇게 대꾸하였다.

"옛날의 성인이라고 해서 등강지례登降之禮를 세분하고 규구지절規矩之節을 제정하고 표철지수表綴之數를 행하여 백성을 교화해야 한다는 것을 몰랐던 것은 아닙니다. 다만 그것이 너무 심할 경우 사람을 번거롭게 하고 세월을 허비한다고 여겼기 때문에 예를 제정함에 평상시의 일에 과분하지 않게 한 것입니다. 또 그들이 간척干戚·종고鐘鼓·우슬竽瑟의 음악을 앙양하여 백성을 권면케 해야 한다는 것을 몰랐던 것이 아닙니다. 다만 재물을 허비하고 생산에 차질이 생긴다고 여겨 악樂을 제정할 때에 백성과 화목한 것 이상을 바라지 않았을 뿐입니다. 그런가 하면 능히 세세대대로 나라의 재물까지 모두 쏟아 부어서라도 죽은 이를 위해서는 울고 슬퍼하여 오래도록 추모해야 한다는 것을 몰랐던 것이 아닙니다. 그런데 그렇게 하지 않은 것은 그렇게 해 봤자 죽은 이에게 아무런 보탬이 되지 않을 뿐만 아니라 오히려 산 사람에게 해만 된다는 것을 알았기 때문입니다. 그런 까닭으로 백성을 그 길로 인도하지 않은 것입니다.

그런데 지금 사람을 품평하면서 예를 꾸미고 일을 번거롭게 하여 음악에 빠져 백성을 나쁜 길로 몰고 가며, 죽은 이를 추모하느라 산 사람이 해를 입게 하고 있으니, 이 세 가지는 바로 성왕聖王들이 금지 시켰던 것들이며, 어진 이는 하지도 않았던 일들입니다. 덕은 허물어 지고 풍속은 제멋대로 흐르고 있습니다. 따라서 그 세 가지 사악한 행동이 세상에 퍼져 나가고 있으니 시비是非와 현賢·불초不肖가 뒤섞인 상태입니다. 그런데도 임금께서는 망령되이 그 사악함을 보고 즐거워 하시다니 이는 호오好惡가 그 정도正道를 잃어 백성을 지도하기에 부족 합니다. 이 세 가지는 세상의 정치를 어그러뜨리는 것이요, 서로 섬기는 교화를 사라지게 하는 것입니다. 임금께서는 어찌 잘 살펴보지도 않고 그 소리만 듣고 얼굴에 즐거운 표정까지 지으십니까?"

景公上路寢, 聞哭聲, 曰:「吾若聞哭聲, 何爲者也?」

梁丘據對曰:「魯孔丘之徒鞠語者也. 明于禮樂, 審于服喪, 其母死, 葬埋甚厚, 服喪三年, 哭泣甚疾.」

公曰:「豈不可哉!」

而色說之.

晏子曰:「古者, 聖人, 非不知能繁登降之禮, 制規矩之節, 行表 綴之數, 以教民, 以爲煩人留日, 故制禮不羨于便事; 非不知能 揚干戚鐘鼓竽瑟以勸衆也. 以爲費財留工, 故制樂不羨于和民.

非不知能累世殫國以奉死, 哭泣處哀以持久也, 而不爲者, 知其無
補死者, 而深害生者, 故不以導民. 今品人, 飾禮煩事, 羡樂淫民,
崇死以害生, 三者, 聖王之所禁也. 賢人不用, 德毀俗流, 故三邪得
行于世. 是非賢不肖雜, 上妄說邪, 故好惡不足以導衆. 此三者,
路世之政, 單事之敎也, 公曷爲不察, 聲受而色說之?」

【路寢】임금의 正宮. 前出.
【梁丘據】晏子와 동시대의 人物.
【孔丘】孔子.
【鞠語】儒家를 신봉하던 孔子의 弟子. 皐魚가 아닌가 한다. 張氏本의 注에
　　"孫云: 疑卽皐魚"라 하였다.
【登降之禮】오르내릴 때의 몸가짐에 대한 예.
【規矩之節】남의 垂範이 되는 예의와 절도.
【表綴之數】남의 표준이 되는 행동.《大戴禮記》曾子制言에 "昔時, 伯夷叔齊,
　　死於溝澮之間, 言爲文章, 行爲表綴於天下"라 하였고 孔廣森의 注에 "表綴, 言爲
　　人準望也"라 하였다.
【干戚】방패와 도끼. 軍禮를 행할 때 추는 樂舞에 사용되는 儀器.
【鐘鼓】악기. 打樂器의 총칭.
* 張純一本 注에 "孫本作道. 王引曰: 作單者是也. 單讀爲癉, 毛傳曰: 癉, 病也.
　　路與單義相近也"라 하였다.

　　참고 및 관련 자료

1.《孔叢子》詰墨篇 注
墨子曰: 景公祭路寢聞哭聲, 問梁丘據, 對曰:「魯孔子之徒也. 其母死服喪三年,
哭泣甚哀. 公曰:「豈不可哉?」晏子曰:「古者, 聖人非不能也, 而不爲者知. 其無補
於死者, 而深害生事故也.」

200(8-3) 仲尼見景公, 景公曰先生奚不見寡人宰乎

중니가 경공을 만나자, 경공이 선생은 어찌하여 과인의 재상을 만나 보지 않는가를 물음

중니仲尼가 제齊나라에 이르러 경공을 만나자 경공이 물었다.

"선생께서는 어찌 과인의 재상은 만나 보려 하지 않습니까?"

중니는 이렇게 대답하였다.

"제가 듣기로 재상 안자는 세 임금을 섬기면서 모두 순탄하였습니다. 이는 그가 세 가지 마음으로 하였기 때문이라 여깁니다. 이 까닭으로 저는 그를 만나 볼 필요를 느끼지 않습니다."

중니가 나가자 경공은 이 말을 안자에게 전하였다. 안자는 이렇게 말하였다.

"그렇지 않습니다. 제가 세 가지 마음을 가진 것이 아니라 세 임금의 마음이 하나였던 까닭입니다. 즉 세 임금은 누구나 나라의 안녕을 위해 애쓰는 마음 하나였지요. 이 까닭으로 저의 길은 순탄하였던 것입니다. 제가 듣기로 옳은 것을 그르다 하고 그른 것을 옳다 하는 것, 이것이 곧 그른 것이라고 하였습니다. 중니는 틀림없이 이런 한 가지밖에 모르는 마음에 근거해서 그렇게 말하였을 것입니다."

仲尼游齊, 見景公.

景公曰:「先生奚不見寡人宰乎?」

仲尼對曰:「臣聞晏子, 事三君而得順焉, 是有三心, 所以不見也.」

仲尼出, 景公以其言告晏子, 晏子對曰:「不然! 非嬰爲三心, 三君爲一心故, 三君皆欲其國家之安, 是以嬰得順也. 嬰聞之: 是而非之, 非而是之, 猶非也. 孔丘必據處此一心矣.」

【仲尼】孔子. 孔丘.
【宰】구체적으로 晏子를 지칭한다.

참고 및 관련 자료

1. 《晏子春秋》109(4-29)·189(7-19)·201(8-4)와 관련이 있다.

2. 《孔叢子》卷中 詰墨篇 ⇒ 109 참조.

3. 張氏本 注

「此文疑本作孔丘必處一於此矣. 言以是爲非, 或以非爲是, 皆非眞也. 孔丘必處一於此矣. 孟子公孫丑下, 前日之不受是, 則前日之不受非也. 夫子必居一於此矣. 義與此同. 今本此上脫于字, 衍據字心字, 一又倒著此下, 義不可通. 此與下章並問下二十九章外上十九章旨同.」

201(8-4) 仲尼之齊見景公而不見晏子, 子貢致問

중니가 제나라에 가서 경공은 만나면서
안자를 만나지 않자, 자공이 물음

중니仲尼가 제齊나라에 가서 경공은 만나면서 안자는 만나지 않는 것이었다. 자공子貢이 여쭈었다.

"임금은 만나면서 그 임금의 정책을 집행하는 안자는 만나지 않으시니 그래도 되는 것입니까?"

중니는 이렇게 설명하였다.

"내 듣기로 안자는 세 임금을 섬기면서도 순탄하였다. 나는 그의 인물됨을 의심하고 있다."

안자가 이 말을 전해 듣고 이렇게 말하였다.

"나는 제나라의 보통 백성에 불과하다. 그 행동이 뛰어나지도 못하고, 나의 과실에 대해 알지도 못한다. 스스로 자립할 능력도 없다. 내 듣기로 사랑을 주면 사랑을 받게 되고, 사랑을 주지 않으면 미움을 받게 된다고 하였다. 비방과 칭찬은 같은 근원에서 생기며, 소리와 메아리는 서로가 응하게 되어 있다. 어떤 행동이 일어나면 그에 따른 것이 있게 마련이다. 내 듣기로 하나의 마음으로 세 임금을 섬기는 자는 순탄하지만, 세 마음으로 하나의 임금을 섬기는 자는 순탄할 수가 없다 하였다. 지금 나의 행동은 보지도 않고 그 순탄한 사실만을 비방하고 있구나. 내 듣건대 군자란 홀로 있을 때에는 그 그림자에게

조차 부끄러워할 일은 하지 않으며, 홀로 잘 때 그 혼백에게조차 부끄러워할 일은 하지 않는다 하였다. 그런데 사마환퇴司馬桓魋가 큰 나무 아래에 있던 공자를 죽이려고 그 나무를 자취까지 없애려 하였지만, 공자 자신은 그것이 부끄러운 일인 줄도 몰랐다. 그런가 하면 진陳·채蔡 사이에서 그토록 궁하였을 때에도 스스로는 능력이 없는 가난뱅이인 줄 몰랐다. 그러면서도 사람을 비방만 하였지 그 원인이 어디 있는지는 터득하지도 못하고 있다. 이는 마치 못가에만 살아 도끼의 쓰임새를 모르고, 산 속에만 살아 그물이 어디에 쓰이는지를 모르는 경우와 같다. 입으로 말은 뱉어 놓고 스스로 곤궁에 처한 줄을 모르고 있다. 내 처음에는 유가儒家를 보고서 귀한 공부를 하는 줄 여겼는데, 지금은 유가를 보면 의심부터 앞선다.”

한편 이번에는 중니가 이 말을 듣고 이렇게 말하였다.

“이런 말이 있지. 말이란 아무리 가까운 사람에게만 해도 멀리까지 가는 것을 그치게 할 수는 없고, 행동이란 자기 자신만 알게 한다고 해도 모든 사람의 눈을 가릴 수는 없다고. 내 남몰래 안자를 입에 올리되 남의 과실을 잘못된 말로 하였으니, 내 잘못도 거의 면할 길이 없도다. 그러나 내 듣기로 군자란 남에게 실수를 하는 것으로 오히려 친구 사이가 될 수 있고 그만 못한 자를 스승으로 삼을 수 있다고 하였다. 지금 내가 그 선생에게 실언을 하였더니 그 선생이 이를 지적해 주었다. 따라서 이는 나의 스승이다.”

그리고 재아宰我를 통해 사죄하였다. 그런 연후에 중니는 안자를 만났다.

仲尼之齊, 見景公而不見晏子.

子貢曰:「見君不見其從政者, 可乎?」

仲尼曰:「吾聞晏子事三君而順焉, 吾疑其爲人.」

晏子聞之, 曰:「嬰則齊之世民也, 不維其行, 不識其過, 不能
自立也. 嬰聞之: 有幸見愛, 無幸見惡, 誹譽爲類, 聲響相應,
見行而從之者也. 嬰聞之: 以一心事三君者, 所以順焉; 以三心
事一君者, 不順焉. 今未見嬰之行, 而非其順也. 嬰聞之: 君子
獨立不慚于影, 獨寢不慚于魂. 孔子拔樹削迹, 不自以爲辱; 身窮
陳蔡, 不自以爲約; 非人不得其故, 是猶澤人之非斤斧, 山人
之非網罟也. 出之其口, 不知其困也. 始吾望儒而貴之, 今吾望
儒而疑之.」

仲尼聞之曰:「語有之: 言發于爾, 不可止于遠也. 行存于身,
不可掩于衆也. 吾竊議晏子, 而不中夫人之過, 吾罪幾矣. 丘聞
君子過人以爲友, 不及人以爲師. 今丘失言于夫子, 夫子譏之,
是吾師也.」

因宰我而謝焉, 然仲尼見之.

【仲尼之齊】孔子가 齊나라에 간 일은《史記》孔子世家에 魯 昭公 25年의 일로
실려 있다.
【子貢】孔子의 弟子. 端木賜. 당돌한 질문을 잘하였던 인물이었다.
【司馬桓魋, 拔樹削迹】魯 哀公 3年에 孔子가 宋나라를 떠나 제자들과 큰 나무
아래에 있을 때 宋나라 大夫 司馬桓魋가 孔子의 무리를 미워하여 그 나무를
뽑아 죽이려고 하였다.《史記》孔子世家 및《論語》참조.《史記》孔子世家에
"孔子與弟子習禮大樹下, 宋司馬桓魋欲殺孔子, 拔其樹, 孔子去"라 하였다.
【陳·蔡】孔子가 陳나라와 蔡나라 사이에서 匡人에게 포위되어 7일간이나 굶주
렸던 사건.《史記》·《新序》·《說苑》등 참조.
【宰我】宰予, 子我. 春秋時代 魯나라 사람. 孔子의 弟子로서 十哲의 한 사람.
簡公의 臣下. 言語에 뛰어났다.

1. 《晏子春秋》109·189·200과 관련이 있다.

2. 《孔叢子》卷中 詰墨篇 注

墨子曰: 孔子見景公. 公曰:「先生素不見晏子乎?」對曰:「晏子事三君而得順焉.
足有三心, 所以不見也.」公告晏子. 晏子曰:「三君皆欲其國安, 是以嬰得順也. 聞君
子獨立不慙於影, 今孔子代樹削迹, 不自以爲辱. 身窮陳蔡, 不自以爲約. 始吾望
儒貴之, 今則疑之.」

202(8-5) 景公出田顧問晏子若人之衆有孔子乎

경공이 사냥을 나가 안자를 돌아보며
이 많은 무리 중에 공자가 있는가를 물음

경공이 사냥을 나갔다. 날씨가 추웠다. 그래서 불을 쬐고 있었다. 그러면서 안자를 돌아보며 이렇게 물었다.

"이처럼 많은 사람 중에 공자孔子가 섞여 있다면 금방 찾아낼 수 있겠소?"

안자는 이렇게 대답하였다.

"공자 같은 이라면 금방 드러나지요. 그러나 순舜임금 같은 분이라면 저는 그를 얼른 알아보고 찾아내기란 힘들 것입니다."

경공이 이상히 여겨 물었다.

"공자는 순임금에 미치지 못하오. 그런데 어찌 공자라면 알아볼 수 있고, 순임금이라면 찾아낼 수 없다고 하는 거요?"

안자의 대답은 이러하였다.

"그것이 바로 공자가 순임금에 미치지 못하는 이유 때문입니다. 공자는 한 가지 정도만 행할 수 있는 인물입니다. 그가 미미한 백성들 중에 있어도 그 지식을 지나치게 과장하는데, 하물며 군자의 무리 속에 있다면 어떠하겠습니까? 그러나 순임금은 미미한 백성들 틈에 끼어 있어도 스스로 다른 선비와 같이 행동하고, 군자의 무리 속에 있다 할지라도 그 군자들과 보조를 맞춥니다. 더 나아가 위로 성인聖人들과 같이 있다 해도 그 성인들의 숲 속에 묻혀 드러나 보이지 않습니다. 이것이 곧 공자가 순임금에게 미치지 못하는 점입니다."

景公出田, 寒, 故以爲渾, 猶顧而問晏子曰:「若人之衆, 則有孔子焉乎?」

晏子對曰:「有孔子焉; 則無有若舜焉. 則嬰不識.」

公曰:「孔子之不逮舜爲聞矣, 曷爲『有孔子焉; 則無有若舜焉, 則嬰不識?』」

晏子對曰:「是迺孔子之所以不逮舜. 孔子, 行一節者也, 處民之中, 其過之識; 況處君子之中乎? 舜者, 處民之中, 則自齊乎士; 處君子之中, 則齊乎君子; 上與聖人, 則固聖人之林也. 此迺孔子之所以不逮舜也.」

【故以爲渾】渾은 溫의 가차로 보고 있다.
【舜】古代의 聖人. 虞나라를 세운 始祖. 虞帝 舜.

203(8-6) 仲尼相魯, 景公患之, 晏子對以勿憂

중니가 노나라의 재상이 되자,
경공이 두려워함에
안자가 근심할 것 없다고 대답함

중니仲尼가 노魯나라 재상이 되자, 경공이 두려워하여 안자에게 물었다.

"이웃 나라에 성인이 있으면 그 상대 나라에 근심이 된다라 하였습니다. 지금 공자가 노나라의 재상이 되었으니 어찌하면 좋겠습니까?"

안자는 이렇게 대답하였다.

"임금께서는 걱정하지 않으셔도 됩니다. 저 노나라 임금은 나약한 군주입니다. 상대적으로 공자는 성스러운 재상입니다. 이때 임금께서 몰래 공자를 높여 주는 것입니다. 즉 우리 제나라에 재상 자리를 마련해 놓으십시오. 그러면 공자는 노나라 임금에게 자꾸 간언을 하다가 먹혀들지 않게 되면, 틀림없이 노나라에 대해서는 교만하게 보일 수밖에 없고, 그는 결국 우리 제나라에 마음을 두게 될 것입니다. 그 때 임금께서는 공자를 받아들이지 않는 것입니다. 그렇게

舜임금

舜임금《三才圖會》

되면 공자는 노나라에서도 끊어지고 우리 제나라에서도 임금의 도움이
없어져 결국 곤궁에 빠지고 말 것입니다."

　그로부터 일 년 뒤, 공자는 과연 노나라를 버리고 제나라로 왔다.
경공이 받아들이지 않자, 그는 진陳·채蔡 두 나라 사이에서 곤액에
빠지게 되었다.

　仲尼相魯, 景公患之, 謂晏子曰:「鄰國有聖人, 敵國之憂也.
今孔子相魯, 若何?」

　晏子對曰:「君其勿憂. 彼魯君, 弱主也; 孔子, 聖相也. 君不如
陰重孔子, 設以相齊. 孔子彊諫而不聽, 必驕魯而有齊, 君勿納也.
夫絶于魯, 無主于齊, 孔子困矣.」

　居期年, 孔子去魯之齊

1.《孔叢子》詰墨篇

詰之曰:「按如此辭, 則景公晏子畏孔子之聖也. 上乃云非聖賢之行, 上下相反. 若晏子悖可也, 否則不然矣.」

2.《孔叢子》詰墨篇

墨子曰:「孔子相魯, 齊景公患之. 謂晏子曰:『鄰有聖人, 國之憂也. 今孔子相魯, 爲之若何?』晏子對曰:『君其勿憂. 彼魯君弱主也, 弓子聖相也. 不如陰重孔子, 欲以相齊, 則必强諫魯君, 魯君勿不聽將適齊, 君勿受則孔子困矣.』」

3. 張氏本 注

「孫云: 孔叢詰墨用此文. 元刻注云: 此上五章皆毀詆孔子. 而此章復稱爲聖相, 說相齊以困孔子, 似非平仲之所宜, 故著於此篇.」

204(8-7) 景公問有臣有兄弟而彊足恃乎, 晏子對不足恃

경공이 신하와 형제가 있으면
충분히 믿을 수 있는가를 묻자,
안자는 충분히 믿을 수 있는 것은 아니라고 답함

"강한 신하를 두고 있다면 족히 믿을 만합니까?"
안자가 대답하였다.
"안심하기에 부족합니다."
경공이 다시 물었다.
안자는 똑같이 대답하였다.
"그러면 강한 형제를 두고 있다면 믿고 안심할 수 있습니까?"
"역시 믿을 만하지 못합니다."
경공은 분연히 얼굴을 붉히며 물었다.
"그럼 지금 내가 무엇을 믿을 수 있소?"
그제야 안자는 이렇게 설명하였다.
"아무리 자기 신하가 훌륭한들 탕湯만한 이가 있겠으며, 아무리 형제가
잘해 준들 걸桀과 같은 형제가 있겠습니까? 그런데도 탕은 그 임금인
걸을 죽여 없앴고, 걸은 그 형을 죽여 버렸습니다. 그러니 어찌 사람을
미덥다고만 하였다가 멸망이 없다고 할 수 있겠습니까?"

「有臣而彊, 足恃乎?」
晏子對曰:「不足恃.」

「有兄弟而彊, 足恃乎?」

晏子對曰:「不足恃.」

公忿然作色曰:「吾今有恃乎?」

晏子對曰:「有臣而彊, 無甚如湯; 有兄弟而彊, 無甚如桀.
湯有, 弒其君; 桀有, 亡其兄. 豈以人爲足恃, 可以無亡也?」

【湯】湯은 桀의 신하였지만 桀이 포악하게 굴자 그를 없애 버렸다.

【桀】桀에게는 자신을 보좌해 줄 형제가 있었지만 그들을 죽이고 더욱 포악해
 졌다. 그러나 張氏本에는 "無考, 二句義不可曉"라 하였다.

참고 및 관련 자료

1. 張氏本 注

「元刻注云: 此章景公問臣並兄弟之强, 而晏子對以湯桀, 無以垂訓, 故著於此篇.
此章下舊有與字. 俞云: 此與字似不當有, 寫者依他篇增之, 而不知其非. 純一今據刪.
盧云: 吳勉學本缺此與下六章. 元刻本, 沈啓南本, 吳懷保本, 皆有.」

205(8-8) 景公遊牛山少樂, 請晏子一願
경공이 우산에서 놀다가 즐거워지자,
안자에게 하나의 원하는 바를 말해 보도록 청함

경공이 우산牛山에 놀이 갔다가 분위기가 익자 이렇게 말하였다.
"청컨대 안자께서 소원 하나를 말해 보시지요."
안자는 이렇게 사양하였다.
"아닙니다. 제가 원하는 게 뭐 있겠습니까?"
경공이 다시 말하였다.
"그래도 한 가지 소원을 말해 보시오."
안자는 그제야 이렇게 말하였다.
"저는 임금께서 저에게 두려워할 대상이 되시고, 아내에게는 돌아갈 곳이 있는 대상이 되며, 아들은 가히 남겨 줄 대상이 되었으면 하고 바랍니다."
경공이 말하였다.
"훌륭하오! 안자의 소원이여. 다시 하나 더 말해 주십시오."
안자는 다시 이렇게 말하였다.
"저는 원하기를 임금께서 명철해지고, 아내는 재주가 있으며, 집은 가난하지 않고 좋은 이웃이 계속 되기를 원합니다. 임금이 명석하면 날마다 저의 행동이 순탄하고, 아내가 재주가 있으면 저로 하여금 항상 잊지 않게 하며, 집이 가난하지 않으면 친구 사이에 서운함을 주는 일이 없게 되며, 훌륭한 이웃이 있으면 날마다 군자들을 뵙게 되는 것입니다. 이것이 저의 소원입니다."

경공은 다시 만족하였다.

"훌륭하오! 안자의 소원이여. 다시 하나 더 말해 주십시오."

안자는 다시 이렇게 말하였다.

"저는 임금이 있어 가히 보좌할 수 있고, 아내가 있어 가히 부릴 수 있으며, 자식이 있어 화도 내어 볼 수 있으니 이대로가 좋습니다."

경공은 이렇게 감탄하였다.

"훌륭하오! 안자의 바람이여."

景公遊于牛山, 少樂, 公曰:「請晏子一願.」

晏子對曰:「不, 嬰何願?」

公曰:「晏子一願.」

對曰:「臣願有君而見畏, 有妻而見歸, 有子而可遺.」

公曰:「善乎! 晏子之願也. 載一願.」

晏子對曰:「臣願有君而明, 有妻而材, 家不貧, 有良鄰. 有君而明, 日順嬰之行; 有妻而材, 則使嬰不忘; 家不貧, 則不慍朋友所識; 有良鄰, 則日見君子. 嬰之願也.」

公曰:「善乎! 晏子之願也. 載一願.」

晏子對曰:「臣願有君而可輔, 有妻而可去, 有子而可怒.」

公曰:「善乎! 晏子之願也.」

【牛山】齊나라 경내에 있는 산 이름.

1. 張氏本 注

「元刻注云: 此章載晏子之願如此. 無以垂訓, 故著於此篇. 純一案: 元刻載譌載,
從盧校改. 盧本缺此章.」

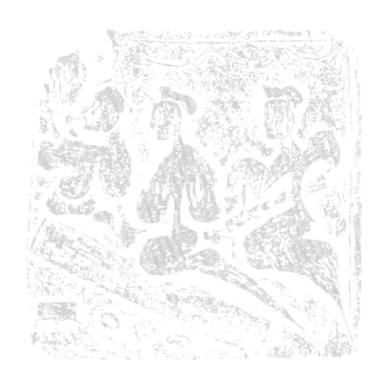

206(8-9) 景公爲大鐘, 晏子與仲尼柏常騫知將毀

경공이 큰 종을 만들자,
안자와 공자·백상건이
장차 무너질 것이라고 말함

경공이 커다란 종鐘을 만들어 장차 이를 걸어 두려 하였다. 그런데 안자와 중니·백상건 세 사람이 입조하여 모두 이렇게 말하는 것이었다.

"종이 장차 무너질 것입니다."

두드려 보니 과연 깨어지고 마는 것이었다. 경공이 세 사람을 불러 물어 보았다. 먼저 안자가 이렇게 대답하였다.

"종이 이렇게 큰 데 선군先君들께 제사도 지내지 않고 잔치부터 벌이려 하니 이는 예에 어긋납니다. 그래서 종이 장차 깨어질 것이라고 한 것입니다."

다음으로 중니는 이렇게 설명하였다.

"종이 이토록 큰데 달아매어 놓고 두드리면 그 기氣가 아래를 휘돌아 위는 약해지게 됩니다. 이 까닭으로 종이 무너질 것이라 한 것입니다."

끝으로 백상건은 이렇게 말하였다.

"지금은 경신庚申년에 뇌일雷日입니다. 소리는 우레보다 큰 것이 없습니다. 그래서 종이 깨어질 것이라고 말한 것입니다."

景公爲大鐘, 將縣之. 晏子·仲尼·柏常騫, 三人朝, 俱曰:
「鐘將毀.」

衝之, 果毁. 公召三子者而問之.

晏子對曰:「鐘大, 不祀先君而以燕, 非禮, 是以曰鐘將毁.」

仲尼曰:「鐘大而縣下, 衝之, 其氣下回而上薄, 是以曰鐘將毁.」

柏常騫曰:「今庚申, 雷日也. 音莫勝於雷, 是以曰鐘將毁也.」

【不祀先君】張氏本 注에는 "此以神道說敎"라 하였다.

【氣下回而上薄】《初學記》에는 "其氣不得上, 薄"이라 하였다.

【雷日】張氏本 注에는 "此陰陽家言, 殊不足信"이라 하였다.

참고 및 관련 자료

1. 《晏子春秋》 卷2 內篇 諫下 036(2-11)과 관련이 있다.

2. 《初學記》 16에 본 장의 내용이 전재되어 있다.

3. 《太平御覽》 575에 본 장의 내용이 인용되어 있다.

4. 張氏本 注

「元刻注云: 此章與景公爲泰呂成, 將燕饗, 晏子諫章, 旨同而尤近怪, 故著於此篇. 純一案: 元刻成讌臣, 據明本改, 盧校同. 景公爲泰呂成, 卽諫下十二章. 盧云: 吳本缺此章.」

207(8-10) 田無宇非晏子有老妻, 晏子對以去老謂之亂

전무우가 안자의 처가 늙었는 데도
일을 시키는 것을 비난하자,
안자는 늙은이를 저버리는 것을
난이라 한다고 대답함

전무우田無宇가 보았더니 안자는 혼자 집안에 서 있고, 어떤 부인이
집에서 나오고 있었는데 머리카락은 희고, 옷은 치포緇布로 짠 것으로
이구裡裘조차 없는 것이었다. 전무우는 이 모습을 보고 놀려 이렇게
물었다.

"지금 집안에서 나오는 이가 누구입니까?"

안자가 이렇게 대꾸하였다.

"나의 집사람이오."

전무우가 다시 물었다.

"귀하의 직위는 중경中卿에 해당하고 식읍의 토지는 70만이나 되는데
어찌 늙은 아내를 그대로 데리고 살고 있소?"

안자는 이렇게 대답하였다.

"내 듣기로 늙었다고 내보내는 것을 난亂이라 하고, 어린 여자를
맞아들이는 것을 음淫이라 한다고 하였소. 무릇 색을 보고 의를 잊으
면서, 부귀에 빠져 윤리를 잃는 것을 역도逆道라 한다 하였소. 내가
어찌 음란淫亂한 행동에 윤리를 돌아보지 아니하여, 옛날의 도에 역행
하는 짓을 할 수 있겠소?"

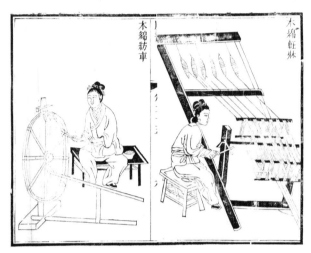

〈木棉紝床圖〉《農書》

　田無宇見晏子獨立于閨內, 有婦人出於室者, 髮班白, 衣緇布之衣, 而無裏裘.

　田無宇譏之曰:「出於室何爲者也?」

　晏子曰:「嬰之家也.」

　無宇曰:「位爲中卿, 食田七十萬, 何以老妻爲?」

　對曰:「嬰聞之: 去老者, 謂之亂; 納少者, 謂之淫. 且夫見色而忘義, 處富貴而失倫, 謂之逆道. 嬰可以有淫亂之行, 不顧于倫, 逆古之道乎?」

【田無宇】田桓子. 陳桓子.

【緇布】성긴 베.

【裏裘】속에 입는 갖옷.

1. 《韓詩外傳》卷9

晏子之妻使人布衣紵表. 田無宇譏之曰:「出於室, 何爲者也?」晏子曰:「家臣也.」
田無宇曰:「位爲中卿, 食田七十萬, 何用是人爲畜之?」晏子曰:「弃老取少, 謂之瞽;
貴而忘賤, 謂之亂; 見色而說, 謂之逆. 吾豈以逆亂瞽之道哉!」

2. 《晏子春秋》卷6 內篇 雜下 164(6-24)와 관련이 있다.

3. 張氏本 注

「元刻注云: 此章與景公以晏子妻老欲納愛女, 旨同而事異. 陳無宇雖至凡品, 亦未
應以是誚晏子. 說非晏子者. 將絏其說, 見棄妻乎. 無以垂訓. 故著于此篇. 純一案:
景公欲納愛女, 卽雜下卄四章. 盧云: 吳本缺此章.」

208(8-11) 工女欲入身于晏子, 晏子辭不受

베 짜는 여자가 안자에게 의탁하고자 함에, 안자가 사양하며 받지 않음

어떤 여공工女이 있어 안자의 집에 의탁하겠다고 찾아와서 이렇게 말하는 것이었다.

"비첩은 동곽東郭의 촌사람입니다. 원컨대 이 집에 몸을 맡겨 아래에 진열되는 사람의 숫자에 채워 주셨으면 합니다."

안자는 이렇게 말하였다.

"지금 이 일이 있고 나서야 내 스스로가 불초한 인물임을 알게 되었구나. 옛날의 위정자는 사농공상士農工商이 각각 구분되어 살도록 하였고, 남녀를 유별시켜 서로 통하지 못하게 하였다. 그래서 선비는 사악한 행동을 하지 못하였고, 여자는 음란한 일을 하지 않도록 한 것이다. 그런데 지금 나는 나라의 부탁을 받아 백성을 다스리고 있는데, 여자가 달려와 내게 의탁하려 하니 나는 틀림없이 색을 좋아하고 행동에 염치가 없는 자로 보였기에 그럴 것이다."

그리고는 끝내 만나 보지도 않았다.

有工女, 託于晏子之家者, 曰:「婢妾, 東郭之野人也. 願得入身, 比數于下陳焉.」

晏子曰:「乃今而後自知吾不肖也. 古之爲政者, 士農工商異居,
男女有別而不通. 故士無邪行, 女無淫事. 今僕託國主民, 而女
欲犇僕, 僕必色見而行無廉也.」

遂不見.

【東郭】地名, 혹은 齊나라 동쪽의 성곽 지역.
【野人】비루한 천민. 자신을 낮추어 부르는 말.

　참고 및 관련 자료

1.《晏子春秋》27・28・179와 관련이 있다.

2.《太平御覽》426에 본 장의 내용이 전재되어 있다.

3. 張氏本 注

「元刻注云: 此章與犯傷槐之令者女求入晏子家, 事同而辭略. 且無因而至, 故著於
此篇. 純一案: 犯槐者女事, 見諫下二章. 盧云: 吳本缺此章.」

209(8-12) 景公欲誅羽人, 晏子以爲法不宜殺

경공이 우인을 죽이려 하자,
안자가 법으로도 죽일 수 없다고 함

경공은 모습이 아주 훌륭한 미남이었다. 그런데 어떤 우인羽人이 경공을 이상한 눈빛으로 훔쳐보는 것이었다. 경공이 좌우에게 물었다.

"물어 보시오. 저 자가 어찌하여 과인을 저렇게 훔쳐보고 있는지?"

그러자 그 우인은 이렇게 대답하였다.

"말씀을 드려도 죽음을 당할 것이요, 말하지 않아도 죽을 것입니다. 몰래 생각건대 임금이 너무 잘 생겨서 바라본 것입니다."

경공이 이렇게 명령하였다.

"나를 색의 대상으로 보는가? 죽여 버려라!"

안자가 이를 알고, 때도 아닌데 들어가 경공을 알현하였다.

"제가 듣건대 임금께서 우인의 일로 화가 나셨다면서요."

경공이 말하였다.

"그렇소! 과인을 색의 대상으로 보기에 그 때문에 장차 죽여 버릴 참이었소."

안자는 이렇게 말렸다.

"제가 듣기로 남의 요구를 거절하는 것은 도가 아니며, 사랑한다는데 이를 미워하는 것은 상서로운 것이 아니라 하였습니다. 비록 우인이 임금을 색의 대상으로 여겼지만, 법으로 보아도 죽이기까지 할 일은 아닙니다."

경공은 이렇게 말하였다.

"징그럽소. 만약 그자로 하여금 깨끗이 목욕을 하게 한다면 내 장차 그로 하여금 내 등을 한번 껴안아 보게는 해 주겠소."

景公蓋姣, 有羽人視景公僭者.

公謂左右曰: 「問之, 何視寡人之僭也?」

羽人對曰: 「言亦死, 而不言亦死. 竊姣公也.」

公曰: 「合色寡人也?. 殺之!」

晏子不時而入見, 曰: 「蓋聞君有所怒羽人.」

公曰: 「然! 色寡人, 故將殺之.」

晏子對曰: 「嬰聞拒欲不道, 惡愛不祥, 雖使色君, 於法不宜殺也.」

公曰: 「惡然乎! 若使沐浴, 寡人將使抱背.」

【羽人】官名.《周禮》羽人에 "下士二人, 屬地官司徒"라 하였다.

참고 및 관련 자료

1. 張氏本 注

「元刻注云: 此章不典, 無以垂訓, 故著于此篇. 純一案: 此當刪. 盧云: 吳本缺此章.」

210(8-13) 景公謂晏子東海之中有水而赤, 晏子詳對

경공이 안자에게 동해에 어떤 곳의 물이
붉은 이유를 묻자, 안자가 거짓으로 설명함

경공이 안자에게 물었다.

"동해東海 가운데 어느 곳은 물 색깔이 붉고, 그 속에는 빨간 대추나무가 하나 있어 꽃만 피고 열매는 맺지 않는다고 하던데 어찌된 것입니까?"

안자가 대답하였다.

"옛날 진秦 목공繆公이 용주龍舟를 타고 천하를 다스릴 때에 노란 보자기에다가 찐 대추를 싸서는 동해까지 가서 그것을 던졌답니다. 그 누런 보자기 때문에 꽃만 피고 열매는 맺지 못하는 것입니다."

경공이 물었다.

"내가 거짓말로 꾸며서 물은 것인데 그대는 어찌 그렇게 대답하오?"

그러자 안자는 이렇게 대답하였다.

"제가 듣기로 거짓말로 묻는 말에는 역시 거짓말로 대답해야 한다고 하더이다."

景公謂晏子曰:「東海之中, 有水而赤, 其中有棗, 華而不實, 何也?」

晏子對曰:「昔者, 秦繆公, 乘龍舟而理天下, 以黃布裹烝棗, 至東海而捐其布, 彼黃布, 故水赤; 烝棗, 故華而不實.」

公曰:「吾詳問子, 何爲對?」

晏子對曰:「嬰聞之: 詳問者亦詳對之也.」

【詳】 '佯'과 같다. 거짓, 혹은 속여서 말함을 뜻한다.

【東海】 齊나라의 동쪽 바다. 黃海.

【秦 繆公】 春秋五霸의 하나. 穆公으로도 쓴다. 재위 39년(B.C.659~621).

【龍舟】 龍의 모습으로 만든 배. 龍船.

참고 및 관련 자료

1.《太平御覽》820·965에 본 장의 내용이 전재되어 있다.

2.《藝文類聚》卷85 布帛部 布

晏子曰: 景公謂晏子曰:「東海中有水而赤, 有棗華而不實, 何也?」晏子曰:「昔秦繆公乘龍理天下, 以黃帝布裹蒸棗, 至海而投其棗布, 故水赤; 蒸棗, 故華而不實.」公曰:「吾佯問子.」對曰:「嬰聞佯問者, 亦佯對之.」

3.《藝文類聚》卷87 菓部(下) 棗

晏子曰: 景公謂晏子曰:「東海之中, 有水而赤. 其中有棗, 華而不實. 何也?」晏子曰:「昔者, 秦繆公乘龍理天下, 以黃布裹蒸棗, 至海而投其布, 故水赤; 蒸棗, 故華而不實.」公曰:「吾佯問子耳.」對曰:「嬰聞之: 佯問者, 亦佯對.」

4.《文選》卷56 陸佐公〈新刻漏銘〉注

晏子春秋: 齊景公謂晏子曰:「東海之中有水赤, 其中有棗, 華而不實. 何也?」晏子曰:「昔者, 秦穆公乘舟理天下, 黃布裹蒸棗, 至海而掇其布, 破黃布, 故水赤; 蒸棗, 故華不實.」公曰:「吾佯問子.」對曰:「嬰聞佯問者, 佯對也.」

5. 張氏本 注

「元刻注云: 此並下一章, 語類俳而義無所取, 故著於此篇. 孫云: 已上七章. 據沈啓南本, 吳懷保本, 增入. 盧云: 吳本缺此章.」

211(8-14) 景公問天下有極大極細, 晏子對

경공이 천하에 지극히 큰 것과
지극히 작은 것을 묻자,
안자가 대답함

경공이 안자에게 물었다.

"천하에 지극히 큰 물건이 있습니까?"

안자는 이렇게 대답하였다.

"있지요. 북명北溟에 붕鵬이라는 새가 있는데, 다리는 뜬구름을 헤엄치고 등은 창천을 늠지르고 있으며 꼬리는 하늘 사이에 늘어뜨려져 있습니다. 북해를 뛰어 건너 부리를 꼬며 목과 꼬리는 천지를 덮고 있습니다. 그렇지만 흐느적흐느적하는 육핵六翮은 도대체 어디에 있는지 알 수조차 없습니다."

경공이 다시 물었다.

"그러면 천하에 지극히 작은 물건은 어떻습니까?"

안자는 다시 이렇게 설명하였다.

"있지요. 동해東海 가운데 벌레가 있는데 모기의 눈꺼풀에 집을 짓고 삽니다. 그 눈꺼풀에서 젖을 먹이기도 하고 날기도 하지만, 모기는 그 때문에 놀라지도 않습니다. 저는 그 벌레의 이름은 모르오나 동해에서 고기잡이를 하는 자들은 이를 초명焦冥이라 부른다 합니다."

景公問晏子曰:「天下有極大物乎?」

晏子對曰:「有. 北溟有鵬, 足游浮雲, 背凌蒼天, 尾倔天間, 躍啄北海, 頸尾咳于天地. 然而潝潝乎不知六翮之所在.」

公曰:「天下有極細者乎?」

晏子對曰:「有. 東海有蟲, 巢于蟁睫, 再乳再飛, 而蟁不爲驚. 臣嬰不知其名, 而東海漁者, 命曰『焦冥』.」

【北溟】 북쪽의 큰 바다. 중국의 고대인들은 상상으로 북쪽 끝을 바다라고 보았다.《莊子》에 설정된 북쪽 바다.
【六翮】 날개를 저을 수 있는 날갯죽지의 근육.
【焦冥】 작은 벌레. 焦螟.

╭─ 참고 및 관련 자료 ─╮

1.《太平御覽》927·951에 본 장의 내용이 전재되어 있다.

2.《藝文類聚》卷97 蟲豸部 蚊

晏子曰: 景公謂晏子曰:「天下有極小乎?」對曰:「有蟲巢於蚊睫, 再乳而飛蟁不爲驚. 名曰焦螟.」

3.《列子》湯問篇

江浦之間, 生麼蟲, 其名曰焦螟, 羣飛而集於蚊睫, 弗相觸也. 栖宿去來, 蚊弗覺也.

4.《莊子》逍遙遊篇

湯問棘曰:「上下四方有極乎?」棘曰:「無極之外, 復無極也. 窮髮之北有冥海者, 天池也. 有魚焉, 其廣數千里, 未有知其修者, 其名爲鯤. 有鳥焉, 其名爲鵬, 背若太山, 翼若垂天之雲, 摶扶搖羊角而上者九萬里, 絶雲氣, 負靑天, 然後圖南, 且適南冥也. 斥鴳笑之曰:『彼且奚適也? 我騰躍而上, 不過數仞而下, 翱翔蓬蒿之間, 此亦飛之至也. 而彼且奚適也?』」此小大之辯也.

5. 《**文選**》卷12 張茂先 鷦鷯賦 注

晏子春秋: 景公曰:「天下有極細者乎?」對曰:「有東海有蟲, 巢於蚊睫, 再飛而蚊不爲驚. 臣不知其名, 而東海有通者命曰鷦螟.」

6. 《**文選**》卷35 張景陽 七命 注

晏子春秋: 景公問於晏子曰:「天下有極細乎?」對曰:「東海有蟲, 名曰焦螟, 巢於蚊睫, 飛乳去來, 而蚊不覺.」

212(8-15) 莊公圖莒, 國人擾, 紿以晏子在, 迺止

　　장공이 거 땅을 치려 하자, 백성들이 소요함.
　　이에 거짓으로 안자가 아직 건재하다고 하자,
　　조용해짐

장공莊公이 문을 걸어잠그고 거莒 땅을 점령할 계획을 세우고 있었다.

　백성들은 이를 난이 일어난 줄 잘못 알고, 모두가 긴 창을 잡고 구려衢閭에 모여들었다. 장공이 수휴상睢休相을 불러 물었다.

　"과인이 문을 걸어잠그고 거나라를 칠 준비를 하고 있는데, 나라 백성들은 난이 일어난 줄 알고, 무기를 들고 구려에 서 있다니 어찌 된 일이오?"

　수휴상은 이렇게 대답하였다.

　"진실로 난이 일어나지 않았는데도 백성들이 난이 난 줄 잘못 알고 있다면, 나라 안에 믿을 만한 말을 해 주는 자가 없기 때문입니다. 청컨대 나라에 영을 내려 안자가 아직 그대로 건재하고 있다고 해 보십시오."

　경공은 이렇게 말하였다.

　"좋다!"

　그리고는 나라에 이렇게 영을 내렸다.

　"누가 나라에 난이 생겼다고 하는가? 안자가 아직 건재하다."

　그런 연후에야 모두들 병기를 거두고 돌아가는 것이었다.

군자는 이렇게 평하였다.

"무릇 행동은 성심껏 하지 않으면 안 된다. 안자가 건재하다고 하자, 백성들의 마음이 편안해졌다 하였으니, 이는 하루에 이루어질 수 있는 일이 아니다. 지난날에 보여 준 바가 있으므로 해서 뒷사람에게 믿음을 보여 줄 수 있는 것이다. 이렇게 보면 안자는 남의 신하 자리에 서 있으면서도 만민의 마음을 안정시킨 사람이로다."

莊公闖門而圖莒, 國人以爲有亂也, 皆操長兵而立于衢閭.

公召睢休相, 而問曰:「寡人闖門而圖莒, 國人以爲有亂, 皆操長兵而立于衢閭, 奈何?」

休相對曰:「誠無亂, 而國人以爲有, 則仁人不存. 請令于國, 言晏子之在也.」

公曰:「諾!」

以令于國:『孰謂國有亂者? 晏子在焉!』

然後皆散兵而歸.

君子曰:「夫行不可不務也. 晏子存而民心安, 此非一日之所爲也. 有所以見于前信于後者. 是以晏子立人臣之位, 而安萬民之心.」

【莊公】晏子가 모셨던 君主. 崔杼에게 시해 당하였다.
【莒】小國名. 지금의 山東省에 있었다.
【衢閭】거리의 閭門.
【睢休相】人名.

참고 및 관련 자료

1. 張氏本 注

「元刻注云: 此章特以晏子而絀國人, 故著於此篇.」

213(8-16) 晏子死, 景公馳往哭哀畢而去

안자가 죽자,
경공이 달려가 그 울음을 다한 후 떠남

경공이 치菑 땅에 놀이를 나가 있다가, 안자가 죽었다는 비보를 접하게 되었다. 경공은 치여侈輿에 올라 번장繁駔을 몰았다. 그리고 자기 생각에 너무 느리다고 여기면 수레에서 내려 뛰었고, 수레만큼 빨리 뛰지 못한다고 여기면 다시 수레에 올랐다. 국도에 닿는 동안 이렇게 네 번이나 수레에 내리고 오르고 한 것이었다. 그리고는 울면서 찾아가 다다르자, 시신에 엎어져 부르짖었다.

"그대 선생께서 밤낮으로 과인을 책해 주시면서 한 치의 빠뜨림도 없었소. 과인은 그런데도 이렇게 음일하고 제대로 못하여 백성에게 많은 원망의 죄를 짓게 되었소. 오늘 하늘이 우리 제나라에 화를 내리셨군요. 그런데 과인에게 내리지 않고 선생께 내렸으니, 이 제나라의 사직이 위태롭게 되고 말았습니다. 백성은 장차 이를 누구에게 고한단 말이오?"

景公游于菑, 聞晏子死, 公乘侈輿服繁駔驅之. 自以爲遲, 下車而趨; 知不若車之遬, 則又乘. 比至于國者, 四下而趨, 行哭而往.

至, 伏尸而號, 曰:「子大夫日夜責寡人, 不遺尺寸, 寡人猶且淫佚而不收, 怨罪重積于百姓. 今天降禍于齊, 不加于寡人, 而加于夫子. 齊國之社稷危矣! 百姓將誰告夫?」

【蒥】다른 기록에는 臨淄로 실려 있으며 혹은 蔞로도 실려 있다. 淄水로 보았다.

【侈輿】侈를 趨로 보아 '급히 수레를 타고 가다'의 설명어로 여기기도 한다.

【繁駔】駿馬의 이름. 혹은 가장 잘 달리는 말을 골라 급히 달림을 말한다고도 하며 또는 말에 애도의 뜻으로 장식한 것이라고 한다.

참고 및 관련 자료

1.《說苑》君道篇

齊景公游於蔞, 聞晏子卒, 公乘輿素服, 驛而驅之, 自以爲遲, 下車而趨, 知不若車之速, 則又乘, 比至於國者四下而趨, 行哭而往矣, 至伏屍而號曰:「子大夫日夜責寡人, 不遺尺寸, 寡人猶且淫洗而不收, 怨罪重積於百姓. 今天降禍於齊國, 不加寡人而加夫子, 齊國之社稷危矣, 百姓將誰告矣?」

2.《韓非子》外儲說左上

齊景公遊少海, 傳騎從中來謁曰:「嬰疾甚, 且死, 恐公後之.」景公遽起, 傳騎又至. 景公曰:「趨駕煩且之乘, 使騶子韓樞御之.」行數百步, 以騶爲不疾, 奪轡代之御; 可數百步, 以馬爲不進, 盡釋車而走. 以煩且之良而騶子韓樞之巧, 而以爲不如下走也.

3.《太平御覽》 487·549에 본 장의 내용이 전재되어 있다.

4.《文選》卷58 王仲寶 褚淵碑 注

晏子曰: 齊景公遊於蒥. 晏子死. 公繁駔而馳, 自以爲遲, 下車而趍, 知不如車之駃, 則又乘之, 比至國四下. 而趍至則伏尸而哭曰:「百姓誰復告我惡邪?」

5.《文選》卷59 沈休文 齊故安陸昭王碑 注

晏子曰: 齊景公遊於淄. 晏子死. 公繁駔而馳, 自以爲遲, 下車而趨, 知不如車之駃, 則又乘之, 比至國四下. 而趨至, 則伏尸而哭:「百姓誰復告我惡邪?」

6.《群書治要》에 본 장의 내용이 전재되어 있다.

7. 張氏本 注

「元刻注云: 此並下二章. 皆晏子沒後景公追懷之言. 故著于此篇. 蘇云: 治要此下接晏子沒後十有七年云云. 載此在雜下篇.」

214(8-17) 晏子死, 景公哭之稱莫復陳告吾過
안자가 죽고 나자, 경공이
더 이상 나의 잘못을 말해 줄 자가 없다고 말함

안자가 죽자, 경공은 옥을 들고 이를 안자의 시신에 올려놓고 곡을 하였고, 그로 인해 옷깃이 눈물에 젖었다. 이를 보고 장자章子가 말렸다.

"예에 맞지 않습니다."

그러자 경공은 이렇게 말하였다.

"예는 무슨 예요? 옛날 나와 우리 선생이 함께 공부公阜에 올랐을 때, 하루에도 세 번씩이나 나의 말을 거부하여 나를 고쳐 주었었소. 지금 누가 과연 그렇게 해 줄 수 있겠소? 내가 이러한 선생을 잃게 되면 나도 끝난 것인데, 무슨 예를 차린단 말이오?"

그리고 곡하기를 마치고 나서 있는 애절함을 다 풀어 놓고서야 자리를 떴다.

晏子死, 景公操玉加于晏子屍上, 而哭之, 涕沾襟.

章子諫曰:「非禮也.」

公曰:「安用禮乎? 昔者, 吾與夫子游于公阜之上, 一日而三不聽寡人, 今其孰能然乎? 吾失夫子則亡, 何禮之有?」

免而哭, 哀盡而去.

【章子】弦章. 景公의 신하.

【公阜】地名. [前出]

참고 및 관련 자료

1.《太平御覽》549에 본 장의 내용이 전재되어 있다.

215(8-18) 晏子沒, 左右諛, 弦章諫, 景公賜之魚

안자가 죽고 나서 좌우가
아첨을 일삼아 현장이 이를 간하자,
경공이 고기를 하사함

안자가 죽고 나서 17년이 지난 후였다. 경공이 여러 대부들과 활을 쏘면서 술자리를 같이하게 되었는데, 경공이 순서에 따라 활을 쏘아 그 과녁을 맞히어 뚫게 되었다. 당상에 있던 자들이 모두 "와!" 하고 소리를 질러 마치 한 입에서 나오는 것 같았다. 그런데 경공은 오히려 얼굴빛을 찡그리며 크게 탄식하는 것이었다. 그리고 활과 화살을 던져 버렸다. 그 때 현장弦章이 들어오자 경공은 이렇게 말하였다.

"현장! 내가 안자를 잃고 난 지 이미 17년이나 되었소. 그런데 그 동안 나의 잘못을 지적해 준 경우를 들어 본 적이 없소. 내 지금 활을 쏘아 과녁을 맞히어 뚫게 되었더니 훌륭하다고 소리지르는 소리가 마치 한 사람의 입에서 나오는 것처럼 아부가 심하였소."

현장은 이렇게 대답하였다.

"이는 여러 신하들이 불초한 탓입니다. 그들의 지혜로운 임금일지라도 훌륭하지 못한 점이 있다는 것을 알기에 부족하고, 그들의 용기는 임금의 안색을 범하기에 부족합니다. 그러나 한 가지는 있습니다. 제가 듣건대 임금께서 무엇을 좋아하는가에 따라 신하들은 그것을 따르게 되어 있다고 하였습니다. 또 임금이 무엇을 즐겨 먹는가에 따라 신하들은 그것을 먹게 되어 있습니다. 무릇 자벌레가 노란 잎을 먹으면 그 몸

색깔이 노랗게 되고 푸른 것을 먹으면 그 몸도 파랗게 됩니다. 그렇다면 혹시 임금께서 아첨하는 자의 말을 좋아하는 것은 아닙니까?"

경공은 이렇게 말하였다.

"훌륭하오! 오늘 그대의 말은 그대가 임금이고 내가 신하가 되는 꼴이구려."

그때 마침 바닷가 사람이 물고기를 바쳐왔다. 경공은 그 중 오십 수레 몫을 현장에게 상으로 내렸다. 현장은 이를 되돌려 주었다. 그런데 저마다 그 물고기를 상으로 받아 싣고 가는 수레가 길을 메우는 것이었다. 그러자 수레 모는 자의 손을 어루만지며 이렇게 말하였다.

"방금 임금에게 훌륭하다고 소리지른 자들은 모두가 이 물고기를 얻고 싶었던 자들이다. 지난날 안자는 상을 사양하고 임금을 바로잡았다. 그래서 임금의 과실도 감추어질 수가 없었다. 지금 여러 신하들은 아첨으로 이익을 구하고 있으니, 그 때문에 과녁을 뚫었다고 소리지르기를 한 사람 입에서 나오듯하였던 것이다. 지금 임금을 보좌하였던 자들은 저 무리 속에서는 드러나 보이지도 않는다. 내가 만약 그 물고기를 받았다면 이는 안자의 의에 반대되는 일이며, 동시에 아첨하는 신하들의 욕심을 똑같이 따르는 것이 되고 만다."

그리고는 물고기를 사양하고 받지 않았다.

군자는 이렇게 평하였다.

"현장의 청렴은 안자가 남겨 준 행동이로다."

晏子沒十有七年, 景公飮諸大夫酒. 公射, 出質. 堂上唱『善!』若出一口. 公作色太息, 播弓矢.

弦章入, 公曰:「章! 自吾失晏子, 于今十有七年, 未嘗聞吾不善. 今射出質, 而唱善者, 若出一口.」

弦章對曰:「此諸臣之不肖也. 知不足以知君之不善, 勇不足以犯君之顏色. 然而有一焉, 臣聞之: 君好之, 則臣服之. 君嗜之, 則臣食之. 夫尺蠖食黃, 則其身黃; 食蒼, 則其身蒼. 君其猶有諂人言乎?」

公曰:「善! 今日之言, 章爲君, 我爲臣.」

是時, 海人入魚, 公以五十乘賜弦章.

章歸, 魚乘塞途, 撫其御之手曰:「曩之唱善者, 皆欲若魚者也. 昔者, 晏子辭賞以正君, 故過失不掩; 今諸臣諂諛以干利, 故出質而唱善. 如出一口. 今所輔于君, 未見于衆, 而受若魚, 是反晏子之義, 而順諂諛之欲也.」

固辭魚不受.

君子曰:「弦章之廉, 乃晏子之遺行也.」

【晏子沒十有七年】《史記》齊世家에 의하면 景公 48년(B.C.500)에 晏子가 죽었으며, 그로부터 10년 후(B.C.510)에 景公도 죽었다. 따라서 여기서의 연도는 맞지 않는다.

【出質】활쏘기에서 과녁을 맞히어 그 과녁을 뚫기까지 함.

【弦章】景公의 臣下.

【章歸】여러 주석본에 '현장이 돌아가다'로 풀이하였으나, 전체의 내용으로 보아 '사양하고 되돌려 주다'로 보아야 할 것이다.

【而受若魚】'吾若受魚'의 오기이다. '내가 만약 물고기를 받는다면'의 뜻이다.

참고 및 관련 자료

1. 이는 銀雀山 漢墓에서 출토된 竹簡과 차이가 있다. 이를 전재하면 다음과 같다.

晏子沒十有七年, 公飲諸大夫酒. 公射, 出質, 堂上昌(唱)□□□□, 公組(作)色大

(太)息, 蕃(播)弓矢. 弦章入, 公曰:「章! 自吾失□□, 于今十有七年, 未嘗聞吾不善. 今射出質, 昌善者若出一口.」弦章合(答)曰:「此諸臣之不宵(肖)也. 智不足以智(知)君之不善, 勇不足以犯君之顔, 此諸臣之不宵也. 然而有一焉, 臣聞尺蠖食黃其身黃, 食青其身青, 君其有食乎諸人之言與?」公曰:「善.」弦章出. 自海入魚五十乘以賜弦章. 章歸魚乘塞□□, □□之手曰:「襄(曩)之昌善者, 皆欲若魚者也. 昔者, 晏子辭賞以正君, 故過不襄(掩). 今諸臣諂諛以弋利, 故出質而昌善若出一口. 今所以輔君未見于□□□□□□晏子之義, 而順諂諛之欲也. 故辭而不受.」公曰:「弦章之廉, 晏子之□…….」

2.《說苑》君道篇

晏子沒十有七年, 景公飲諸大夫酒, 公射出質, 堂上唱善, 若出一口, 公作色太息, 播弓矢. 弦章入, 公曰:「章, 自吾失晏子, 於今十有七年, 未嘗聞吾過不善, 今射出質而唱善者, 若出一口.」弦章對曰:「此諸臣之不肖也, 知不足知君之善, 勇不足以犯君之顔色. 然而有一焉, 臣聞之: 君好之, 則臣服之; 君嗜之, 則臣食之. 夫尺蠖食黃, 則其身黃, 食蒼則其身蒼; 君其猶有陷人言乎?」公曰:「善. 今日之言, 章爲君, 我爲臣」是時海人入魚, 公以五十乘賜弦章歸, 魚乘塞塗, 撫其御之手, 曰:「曩之唱善者, 皆欲若魚者也. 昔者晏子辭賞以正君, 故過失不掩, 今諸臣諂諛以干利, 故出質而唱善如出一口, 今所輔於君, 未見於衆而受若魚, 是反晏子之義而順諂諛之欲也, 固辭魚不受.」君子曰:「弦章之廉, 乃晏子之遺行也.」

3.《藝文類聚》卷97 蟲豸部 尺蠖

晏子曰: 弦章謂景公曰:「尺蠖食黃卽身黃, 食蒼卽身蒼.」

4.《太平御覽》426・935・948에 본 장의 내용이 전재되어 있다.

5.《群書治要》에 본 장의 내용이 전재되어 있다.

6.《吳本》에는 누락되어 있다.

부 록

畫像石(漢) 〈龍戱圖〉 山東 沂南 출토

부록

1. 敍·跋 등 기록 자료

1. 敍·跋 등 기록 자료

1) 《史記》卷62 管晏列傳(晏子) ·················· 漢, 司馬遷

晏平仲嬰者, 萊之夷維人也. 事齊靈公·莊公·景公, 以節儉力行重於齊.
旣相齊, 食不重肉, 妾不衣帛. 其在朝, 君語及之, 卽危言; 語不及之, 卽危行.
國有道, 卽順命; 無道, 卽衡命. 以此三世顯名於諸侯.

越石父賢, 在縲紲中. 晏子出, 遭之塗, 解左驂贖之, 載歸. 弗謝, 入閨.
久之, 越石父請絕. 晏子戄然, 攝衣冠謝曰:「嬰雖不仁, 免子於戹, 何子求
絕之速也?」石父曰:「不然. 吾聞君子詘於不知己而信於知己者. 方吾在
縲紲中, 彼不知我也. 夫子旣已感寤而贖我, 是知己; 知己而無禮, 固不如
在縲紲之中.」晏子於是延入爲上客.

晏子爲齊相, 出, 其御之妻從門閒而闚其夫. 其夫爲相御, 擁大蓋, 策駟馬,
意氣揚揚, 甚自得也. 旣而歸, 其妻請去. 夫問其故, 妻曰:「晏子長不滿六尺,
身相齊國, 名顯諸侯. 今者妾觀其出, 志念深矣, 常有以自下者. 今子長
八尺, 乃爲人僕御, 然子之意自以爲足, 妾是以求去也.」其後夫自抑損.
晏子怪而問之, 御以實對, 晏子薦以爲大夫.

太史公曰: 吾讀管氏〈牧民〉·〈山高〉·〈乘馬〉·〈輕重〉·〈九府〉, 及
《晏子春秋》, 詳哉其言之也. 旣見其著書, 欲觀其行事, 故次其傳. 至其書,
世多有之, 是以不論, 論其軼事.

管仲世所謂賢臣, 然孔子小之. 豈以爲周道衰微, 桓公旣賢, 而不勉之
至王, 乃稱霸哉? 語曰:『將順其美, 匡救其惡, 故上下能相親也.』豈管仲
之謂乎?

方晏子伏莊公尸哭之, 成禮然後去, 豈所謂『見義不爲無勇』者邪? 至其諫說, 犯君之顔, 此所謂『進思盡忠, 退思補過』者哉! 假令晏子而在, 余雖爲之執鞭, 所忻慕焉.

2) 〈晏子敍錄〉 ·· 劉向

護左都水使者光綠大夫臣向言: 所校中書晏子十一篇, 臣向謹與長社者尉臣參校讎, 太史書五篇, 臣向書一篇, 參書十三篇, 凡中外書三十篇, 爲八百三十八章, 除復重二十二篇六百三十八章, 定著八篇二百一十五章, 外書無有三十六章. 中書無有七十一章, 中外皆有以相定, 中書以「夭」爲「芳」, 「又」爲「備」. 「先」爲「牛」, 「章」爲「長」, 如此類者多, 謹頗略糈, 皆已定以殺靑, 書可繕寫.

晏子名嬰, 諡平仲, 萊人. 萊者, 今東萊地也. 晏子博聞彊記, 通於古今, 事齊靈公・莊公・景公, 以節儉力行, 盡忠極諫道齊, 國君得以正行, 百姓得以附親, 不用則退耕于野, 用則必不詘義; 不可脅以邪, 白刃雖交胸, 終不受崔杼之劫, 諫齊君懸而至, 順而刻, 及使諸侯, 莫能詘其辭, 其博通如此, 蓋次管仲. 內能親親, 外能厚賢, 居相國之位. 受萬鍾之祿. 故親戚待其祿而衣食五百餘家, 處士待而舉火者亦甚衆. 晏子衣苴布之衣, 麋鹿之裘, 駕敝車疲馬, 盡以祿給親戚朋友, 齊人以此重之. 晏子蓋短. 其書六篇, 皆忠諫其君, 文章可觀, 義理可法, 皆合六經之義, 又有復重, 文辭頗異, 不敢遺失, 復列以爲一篇, 又有頗不合經術, 似非晏子言, 疑後世辯士所爲者, 故亦不敢失, 復以爲一篇, 凡八篇, 其六篇可常置旁御觀, 謹第錄, 臣向昧死上.

3) 《辯晏子春秋》柳宗元集 卷四 議辯(四部刊要本, 集部, 別集類)

司馬遷讀《晏子春秋》, 高之, 而莫如其所以爲書. 或曰晏子爲之, 而人接焉: 或曰晏子之後爲之, 皆非也. 吾疑其墨子之徒有齊人者爲之.

墨好儉. 晏子以儉名於世, 故墨子之徒尊著其事, 以增高爲己術者. 且其旨多尚同・兼愛・非樂・節用・非厚葬久喪者, 是皆出墨子. 又非孔子, 好言鬼事, 非儒・明鬼, 又出墨子. 其言問棗及古冶子等, 尤怪誕; 又往主言墨子聞其道而稱之, 此甚顯白者. 自劉向・歆・班彪・固父子, 皆錄之儒家中. 甚矣! 數子之不詳也. 蓋非齊人不能具其事, 非墨子之徒, 則其言不若是. 後之錄諸子書者, 宜列之墨家, 非晏子爲墨也. 爲是書者, 墨之道也.

4) 《崇文總目》‥‥‥‥‥‥‥‥ 宋, 王堯臣 등, 卷二四 儒家類

《晏子春秋》十二卷, 晏嬰撰原釋. 晏子八篇今亡, 此書後人採嬰行事爲之, 以爲嬰撰則非也. 侗按:《玉海》引崇文目同.《隋志》・《舊唐志》・《唐志》竝七卷, 今本八卷.

5) 《郡齋讀書志》‥‥‥‥‥‥‥‥ 宋, 晁公武, 墨子類(卷第十一)

右齊晏嬰也. 嬰相景公, 此書著其行事及諫諍之言. 昔司馬遷讀而高之, 而莫知其所以爲書. 或曰晏子爲之而人接焉, 或曰晏子之後爲之. 唐柳宗元謂遷之言不然, 以爲『墨子之徒有齊人者爲之. 墨好儉, 晏子以儉名於世, 故墨子之徒尊著其事, 以增高爲己術者. 且其旨多尚同・兼愛・非樂・

節用·非厚葬久喪·非儒·明鬼, 皆出墨子. 又往往言墨子聞其道而稱之, 此甚顯白. 自向·歆·彪·固皆錄之儒家, 非是, 後宜列之墨家.』今從宗元之說.

6)《文獻通考》卷212 經籍 39 墨家 ·············· 元, 馬端臨

龜氏曰: 齊晏嬰也, 嬰相景公, 此書著其行事及諫諍之言.

陳氏曰:《漢志》八篇, 但曰《晏子》,《隋唐》七卷, 始號《晏子春秋》, 今卷數不同, 未知果本書否.

柳氏辯《晏子春秋》曰:「司馬遷讀《晏子春秋》, 高之而莫知其所以爲書, 或曰晏子爲之, 而人接焉. 或曰: 晏子之後爲之, 皆非也. 吾疑其墨子之徒有齊人者爲之, 墨好儉. 晏子以儉名於世, 故墨子之徒尊著其事, 以增高爲已術者. 且其旨多尚同·兼愛·非樂·節用·非厚葬久喪者, 是背出墨子, 又非孔子. 好言鬼事非儒明鬼, 又出墨子其言, 問棗及古冶子等, 尤怪誕; 又往往言墨子聞其道而稱之. 此甚顯白者. 自劉向·歆·班彪·固父子, 皆錄之儒家中, 甚矣! 數子之不詳也. 蓋非齊人不能具其事, 非墨子之徒則其言不若是. 後之錄諸子書者, 宜列之墨家, 非晏子爲墨也, 爲是書者墨之道也.」

《崇文總目》《晏子》八篇, 今亡. 此書, 蓋後人採嬰行事爲之, 以爲嬰撰則非也.

7)《四庫全書》堤要 ································· 清, 紀昀

臣等謹案:《晏子春秋》八卷, 舊本題齊晏嬰撰, 晁公武《讀書志》, 嬰相景公. 此書著其行事及諫諍之言.《崇文總目》謂後人採嬰行事, 爲之, 非嬰

所撰. 然則是書所記, 乃唐人魏徵諫錄李綱論事集之流, 特失其編次者之姓名耳. 題爲嬰者, 依託也. 其中如王士禎《池北偶談》所摘齊景公圍人一事, 鄙倍荒唐, 殆同戲劇, 則妄入. 又有所竄入非原本矣. 劉向・班固俱列之儒家中, 惟柳宗元以爲墨子之徒, 有齊人者爲之其旨, 多尚同・兼愛・非厚葬久喪者. 又往往言墨子聞其道而稱之. 薛季宣《浪語集》又以爲《孔叢子》詰墨諸條. 今皆見《晏子》書中, 則嬰之學, 實出于墨, 蓋嬰雖略在墨翟前, 而史角之魯, 實在惠公之時. 見《呂氏春秋》仲春記當染篇, 固嬰能先宗其說也. 其書自《史記》管晏列傳已稱爲《晏子春秋》, 故劉知幾《史通》稱晏子虞卽呂氏・陸賈, 其書篇第本無年月而亦謂之春秋, 然《漢志》惟作《晏子》, 《隋志》乃名《春秋》, 蓋二名兼行也. 《漢志》・《隋志》皆作八篇, 至陳氏・晁氏《書目》乃皆作十二卷, 蓋篇帙已多有更改矣. 此爲明李氏綿沙閣刻本, 內篇分諫上・諫下・問上・問下・雜上・雜下, 六篇, 外篇上下二篇, 與《漢志》八篇之數相合. 若世所傳烏程閔氏刻本, 以一事而內篇外篇, 復見所記大同小異者, 悉移而來註內篇下, 殊爲變亂無緒. 今故仍從此本著錄, 庶幾猶略近古焉.

乾隆四十五年(1780)十一月荼校上.

總暴官紀昀能陸錫熊孫士毅.

總校官陸費墀.

8) 《四庫全書總目》史部 13,
　　傳記類《晏子春秋八卷》編修 勵守謙家藏本

舊本題齊晏嬰撰, 晁公武《讀書志》. 嬰相景公, 此書著其行事及諫諍之言. 《崇文總目》謂後人採嬰行事爲之, 非嬰所撰. 然則是書所記, 乃唐人魏徵諫錄, 李絳論事集之流. 特失其編次者之姓名耳. 題爲嬰者, 依託也. 其中如王士禎《池北偶談》所摘齊景公圍人一事, 鄙倍荒唐, 時同戲劇,則安人又有所竄入, 非原本矣. 劉向·班固俱列之儒家中, 惟柳宗元以爲墨子之徒, 有齊人者爲之. 其旨多尙兼愛·非厚葬久喪者, 又往往言墨子聞其道而稱之. 薛季宣《浪語集》, 又以《孔叢子》詰墨諸條, 今皆見《晏子》書中. 則嬰之學, 實出於墨, 蓋嬰雖略在墨翟前, 而史角止魯, 實在惠公之時, 見《呂氏春秋》仲春記當染篇. 故嬰能先宗其說也. 其《書自》《史記》管晏列傳, 已稱《晏子春秋》. 故劉知幾《史通》稱晏子虞卿·呂氏·陸賈, 其書篇第本無年月, 而亦謂之《春秋》. 然《漢志》惟作《晏子》, 《隋志》乃名《春秋》, 蓋二名兼行也. 《漢志》·《隋志》皆作八篇. 至陳氏·晁氏《書目》乃皆作十二卷. 蓋篇帙已多有更改矣. 此爲明李氏綿沙閣刻本. 內篇分諫上·諫下·問上·問下·雜上·雜下, 六篇. 外篇分上下二篇. 與《漢志》八篇之數相合, 若世所傳烏程閔氏刻本, 以一事而內篇外篇複見, 所記大同小異者. 悉移而夾註內篇下. 殊爲變亂無緒, 今故仍從此本著錄. 庶幾猶略近古焉.

案《晏子》一書, 由後人摭其軼事爲之. 雖無傳之名, 實傳記之祖也. 舊列子部, 今移入於此.

9)〈晏子春秋序〉 ·· 清, 孫星衍

《晏子》八篇見藝文志, 後人以篇爲卷, 又合雜上下二篇爲一, 則爲七卷. 見《七略》, 及《隋唐志》. 宋時析爲十四卷, 見《崇文總目》. 實是劉向校本, 非僞書也. 其書與周秦漢人所述不同者: 問下景公問晏子轉附朝舞, 《管子》作桓公問管子, 昭公問莫三人而迷, 《韓非》作哀公. 諫上景公遊於麥邱, 《韓詩外傳》·《新序》俱作桓公. 問上景公問晏子治國何患. 患社鼠. 《韓非》·《說苑》俱作桓公問管中. 問下柏常騫去周之齊見晏子, 《家語》作問於孔子. 此如春秋三傳, 傳聞異辭, 若是僞書, 必采錄諸家, 何得有異? 唐宋已來. 傳注家多引晏子, 問上云內則蔽善惡於君上, 外則賣權重於百姓. 《藝文

類聚》作出則賣重寒熱, 入則矯謁奴利, 一作出則賣寒熱, 入則比周; 雜下繁組馳之,《文選注》作擊驛以馳,《韓非》作煩且; 諫下接一搏狷. 而再搏乳虎,《後漢書》注作持楯而再搏猛虎; 問上仲尼居處惰倦,《意林》作居陋巷; 諫上天之降殃, 固於富彊, 爲善不用, 出政不行,《太平御覽》作當彊爲善. 此皆唐宋人傳寫之誤, 若是僞書, 必采錄傳注, 何得有異? 且晏子文與經史不同者數事: 詩載驂載駟. 君子所屆. 箋訓屆爲極, 諫上則作誡, 以箴駕八非制, 則當以誡愼之義爲長. 諫上景公遊於公阜, 言古而無死, 及據與我和. 日暮四面望睹彗星, 云夫子一日面三責我, 雜下又云昔者吾與夫子遊於公邑之上, 一日而三不聽寡人, 是爲一時之事,《左傳》則以古而無死據與我和之言在魯昭二十年, 其齊有彗星降在魯昭二十六年者, 蓋緣陳氏有施之事, 追遡災祥及之耳. 此事本不見《春秋經》, 然則彗星見實在昭二十年·齊景之二十六年.《史記》十二諸侯年表誤在魯昭二十六年, 齊景之三十二年, 非也. 問下越石父反裘負薪息於塗側曰:「吾爲人臣僕於中牟, 見使將歸.」《呂氏春秋》及《新序》則云「齊人累之」. 亦言以負累作僕, 實非嬰罪,《史記》則誤云「越石父在縲絏中」, 又非也. 他若引《詩》「武王豈不仕」, 仕作事. 引《左傳》「蘊利生孽」, 蘊作怨;「國之諸市」作「國都之市」, 皆足證發經義, 是以服虔·鄭康成·郭璞注書多引之. 書中與《管》·《列》·《墨》·《荀》·《孟》·《韓非》·《呂覽》·《淮南》·《孔叢》·《鹽鐵論》·《韓詩外傳》·《說苑》·《新序》·《列女傳》·《風俗通》諸書, 文辭互異, 足資參訂者甚多. 晏子文最古質,《玉海》引《崇文總目》十四卷, 或以爲後人采嬰行事爲書, 故卷帙頗多於前志, 蓋佞言矣. 晏子名《春秋》, 見于《史遷》·《孔叢子》·《順說》及《風俗通》, 疑其文出于齊之《春秋》, 卽《墨子》明鬼篇所引, 嬰死, 其賓客哀之, 集其行事成書. 雖無年月, 尙仍舊名. 虞卿·陸賈等襲之, 書成在戰國之世, 凡稱子書, 多非自著, 無足怪者. 儒書莫先於晏子, 今《荀子》有楊倞注,《孟子》有趙岐注, 唯《晏子》古無注本, 劉向分內外篇, 亂其次弟, 意尙嫌之, 世俗所傳本, 則皆明人所刋, 或以外篇爲細字附著內篇各章, 或剛未詆毀仲尼及問棗諸章,訛謬甚矣. 惟萬曆乙酉沈啓南校梓本尙爲宗善. 自《初學記》·《文選註》·《藝文類聚》·《後漢書注》·《太平御覽》諸書所引皆具於篇, 末章所缺, 又適据太平御覽補足, 旣得諸本是正文字 恐或疑其臆見, 又爲音義於後, 明有依據. 定爲八篇, 以從《漢志》, 爲七卷, 以從《七略》, 雖不能復舊觀, 以爲勝俗本遠矣. 善乎劉向之言:「其書六篇, 皆忠諫其君, 文章可觀, 義理可法, 皆合六經之義.」是以前代入之儒家. 柳宗元文人無學, 謂墨氏之徒爲之.《郡齋讀書志》·《文獻通考》承其誤, 可謂無識. 晏子尙儉, 禮所謂國奢則示之以儉, 其居晏桓子之喪, 盡禮亦與墨異.《孔叢》云:「察傳記晏子之所行, 未有以異於儒焉.」儒之道甚大, 孔子言:「儒行有過失可微辨, 而不可面數.」故公伯寮愬子路而同列聖門; 晏子尼谿之阻, 何害爲儒? 且古人書, 外篇半由依托, 又劉向所謂疑後世辨士所爲者, 惡得以此病晏子!

乾隆五十三年(1788)歲在戊申十月晦日書.

10)〈晏子春秋校注敍〉 .... 淸, 張純一

周季百家之書, 有自箸者, 有非自箸者,《晏子》書非晏子自作也. 蓋晏子歿後, 傳其學者, 采綴晏子之言行而爲之也. 計孔子之偁九, 其最惜曰:「雖事惰君. 能使垂衣裳朝諸侯.」曰:「不出尊俎之間, 折衝千里之外.」曰:「救民之生而不夸, 行輔三君而不有, 晏子果君子也.」吾今乃知晏子時, 知晏子者孔子一人而已. 墨子之偁二: 其最惜曰:「爲人者重, 自爲者輕.」吾今乃知晏子後, 知晏子者墨子一人而已. 綜核晏子之行, 合儒者十三四, 合墨者十六七. 如曰:「先民而後身, 薄身而厚民.」是其儉也, 勤也, 兼愛也. 固晏子之主惜也. 夫儒非不尙儉, 未若墨以儉爲極; 儒非不尙勤, 未若墨勤生之亟; 儒非不兼愛, 未若墨兼愛之力. 此儒墨之辯也. 然儒家囊括萬理, 允執厥中, 與墨異趣也. 晏子儒而墨, 如止莊公伐晉, 止景公伐魯伐宋, 是爲非攻, 曰:「男不羣樂以妨事, 女不羣樂以妨功.」是謂非樂; 曰:「不遁

於哀, 恐其崇死以害生.」是謂節葬; 曰:「粒食之民, 一意同欲.」是謂尙同. 曰:「稱事之大小, 權利之輕重.」是謂大取; 曰:「舉賢以臨國, 官能以救民.」是謂尙賢; 曰:「獨立不漸於影, 獨寢不漸於魂, 行之難者在內.」是謂修身. 皆其墨行之彰彰者, 又必墾闢田疇, 而足鹽桑蓁牧, 使老弱有養, 鰥寡有室, 其爲人也多矣. 其取財也. 權有無, 均貧富, 不以養嗜欲, 所謂事必因於民者矣. 政尙相利, 教尙相愛, 罔非兼以正別, 況乎博聞强記, 捷給善辯, 前有尹佚, 後有墨翟, 其揆一也? 《劉略》·《班志》, 列之儒家. 柳子厚以爲不詳, 謂宜列之墨家. 《郡齋讀書志》·《文獻通考》承之. 是已, 法言云:「墨晏儉而廢禮.」張湛云:「晏嬰, 墨者也.」均可證. 晏子生爲貴冑, 而務刻上饒下, 重民爲治, 進賢退不肖, 不染世祿之習, 故能以其君顯, 純臣也. 其學蓋原於墨儒, 兼通名法農道, 尼父兄事之, 《史遷》願爲之執鞭, 有以夫吾服膺晏子書久矣. 竊歎其忘己濟物, 不矜不伐, 駸駸有大禹之風覃思積年, 錄爲校注八卷. 俾有志斯學者研尋云爾.

中華民國十月. 九年歲在庚午(1870)六月漢陽張純一敍.

墨晏尙儉, 儉在心不在物所以不感於外也. 尙勤, 常行而不休, 所謂道, 在爲人也. 本儉無爲而勤無不爲是之謂能盡其性以盡人物之性, 呂氏春秋知度篇云:「治道之要, 存乎知性命旨.」或言乎! 墨晏有焉. 純一又記.

11) 〈晏子春秋校注題辭〉 ····························· 民國, 陳敦復

巍巍晏子, 三代之英, 抗晞神禹, 勤儉矜追, 蹤尹佚博辯, 靡爭行難, 在內治要性, 存僅以君顯, 匪願所乘, 耻躬不逮, 弗以學鳴, 纂茲經術, 功莫與京, 名曰春秋. 迥軼虞卿.

先後知者, 唯孔與墨, 孔譽以敬兄, 事毋忒. 墨契以愛, 亟偁兼德, 救民不夸, 補君是力, 自爲者輕, 爲人者急. 齊未殫用, 時未閬澤, 厥爲天民, 政教垂則, 等之諸子. 于焉太息?

秦漢以還, 學張空幟, 陵夷洎今, 萬象狡肆, 物蔽智盲, 刓心逞喙, 覶言大同, 種姓迫礙, 佟求善. 群生靈鱥, 頷敬罔克, 躋愛無所寄. 我思孔墨, 覬得其次, 茫茫六合, 德音誰嗣!

漢陽張子, 古處夙敦, 閔亂孔憮, 垂老彌懃, 會通儒墨, 汲汲求仁. 庶幾晏子, 洞見本原, 舊注輯校. 奧義專宣, 秕穢迅埽, 精一允傳, 斯學不弘, 斯土難安, 睠懷名也. 繹此卮言.

民國第一乙亥(1935)季夏旣望蘄春陳敦復敬撰.

12) 〈晏子春秋校注凡例〉 ·························· 張純一 校注本

《晏子春秋》, 孫氏淵如, 有明沈啓南本, 吳懷保本, 黃之宷本. 盧氏抱經, 有吳勉學本, 李從先本, 黃氏元同, 有凌澄初本, 竝梁處素孫頤谷二校本, 孫盧二氏, 後見元刻本, 均加勘補, 孫以元刻贈吳氏山尊, 山尊屬顧氏澗賓校而刻之. 每卷首皆有總目, 又各標題於其章, 悉復劉子政之舊, 誠善本也. 然元刻間有謁脫, 不及孫校本者. 今湖北局刻卽元本, 浙江局刻卽孫本, 二本並偶最善, 是篇以元本爲主, 輔以孫本. 參考孫盧黃藏諸本, 竝江南圖書館藏明活字本, 料簡短長. 凡一字可疑者, 必反復審校, 誼求其安而後已.

考訂書. 如孫淵如《音義》, 盧抱經《羣書拾補》, 一工懷祖伯申《讀書雜志》, 洪筠《軒讀書叢錄》, 俞蔭甫《諸子平議》, 黃元同《校勘》, 孫仲容《札迻》, 劉申叔《補釋》, 蘇輿校, 皆有功於晏子者, 是篇盡量采集, 惟原文過敏, 或二家重見者, 則斟酌節省. 至諸書詮證, 於晏子, 趣間有未徹, 或不切要者, 槪不輯錄, 然有誼涉兩可, 未能質定, 且此非彼是, 理須互證而明者, 仍竝掇之, 以資宣究.

諸家校讐. 所引《孟子》·《荀子》·《呂覽》·《淮南》·《群書治要》, 及《太平御覽》諸書, 竝《文選》·《後漢書等》注, 是篇校及, 莫不搜檢原書,詳加尋討. 確足以正訛補脫者, 則據以補正, 義可竝存及反證者, 均錄入注, 用備研覈. 否則從略, 庶免穴瞉, 至諸家引書, 不無簡略差異. 今以不敢掠美, 及取文便故, 字句間時有增訂, 冀便閱者復案用, 竟先民之志耳.

《晏子》書箸自二千四百年前, 今讀其書, 有要鋼二. 如義爲儀本字, 敂爲對叚字, 而通作能,「也」讀爲「邪」之類, 非詳究《爾雅》‧《說文》等書, 及古書聲類通轉之法, 則古字古義不能明辨也. 如齊歸田氏事, 見《左傳》; 桓公管仲事, 見《管子》; 乃至《墨子》‧《列子》, 往往文同義合.《說苑》‧《新序》, 引用尤夥. 非窮探周秦兩漢書, 無以供參稽也.

《晏子》向無注本, 今以其文章可觀, 義理可法, 允宜推行於世. 除甄錄舊注外, 間附己意, 自惟學識譾陋, 閫奧罕窺. 雖寒暑兩更, 稿經五易, 恐誤解漏義, 所在多有, 幸世碩儒, 匡其不逮.

余友黃君虛齋與余論學, 攻錯窮眞, 相視莫逆, 審覽是篇一過. 斧藻文字, 補綴勝義, 有稽商之益, 旣, 質之陳君匪石, 亦加諟正. 此詩所以重嚶求也.

13) 〈晏子春秋校釋序言〉 ‧‧‧‧‧‧‧‧‧‧‧‧‧‧‧‧‧‧‧‧‧‧‧‧‧‧‧‧‧‧‧‧‧‧‧‧‧ 駢宇騫

簡本《晏子》的篇章分合與今本也不盡相同, 如簡本第十章, 今本析爲「內篇問上」之『景公問忠臣之行何如晏子對以不與君行邪第二十』和『景公問佞人之事君何如晏子對愚君所信也第二十一』兩章; 簡本第十一章, 今本析爲「內篇問下」之『叔向問意孰爲高行孰爲厚晏子對以愛民樂民第二十二』和『叔向問嗇吝愛之于行何如晏子對以嗇者君子之道第二十三』兩章. 劉向《晏子》敍錄云:「定著八篇二百十五章」, 今本亦八篇二百十五章, 簡本《晏子》僅存十六章, 疑當係節選本.

‧‧‧‧‧‧簡本《晏子》出土于西漢武帝時期的墓葬中, 六朝之說不攻自破, 而且說明西漢初年, 在當時比校僻遠的臨沂地區已有《晏子》一書的流傳,足証《史記》記載當時『世多有之』是可信的. 在印刷術尚未發明的西漢時期, 書籍的傳授多靠簡帛的抄寫與口授, 抄書難, 流傳更難, 從成書到得以流傳都需要相當長的時間, 再傳到文化不太發送的僻遠山區, 在時間上則會更長一些. 從《史記》的記載和簡本《晏子》的重新問世, 足以說明《晏子春秋》的成書年代最晚不會晚于秦統一六國, 從書中的內容及書中的語言用字來看, 很可能還會更早一些.

임동석(苗浦 林東錫)

慶北 榮州 上苗에서 출생. 忠北 丹陽 德尙골에서 성장. 丹陽初中 졸업. 京東高 서울
敎大 國際大 建國大 대학원 졸업. 雨田 辛鎬烈 선생에게 漢學 배움. 臺灣 國立臺灣師
範大學 國文硏究所(大學院) 博士班 졸업. 中華民國 國家文學博士(1983). 建國大學校
敎授. 文科大學長 역임. 成均館大 延世大 高麗大 外國語大 서울대 등 大學院 강의.
韓國中國言語學會 中國語文學硏究會 韓國中語中文學會 會長 역임. 저서에《朝鮮譯
學考》(中文)《中國學術槪論》《中韓對比語文論》. 편역서에《수레를 밀기 위해 내린
사람들》《栗谷先生詩文選》. 역서에《漢語音韻學講義》《廣開土王碑硏究》《東北民族
源流》《龍鳳文化源流》《論語心得》〈漢語雙聲疊韻硏究〉등 학술 논문 50여 편.

임동석중국사상100

안자춘추 晏子春秋

編者未詳 / 林東錫 譯註
1판 1쇄 발행/2009년 12월 12일
3쇄 발행/2016년 10월 1일
발행인 고정일
발행처 동서문화사
창업 1956. 12. 12. 등록 16-3799
서울중구다산로12길6(신당동,4층) ☎546-0331~3 (FAX)545-0331
www.dongsuhbook.com
잘못 만들어진 책은 바꾸어 드립니다.

*

*
사업자등록번호 211-87-75330
ISBN 978-89-497-0602-3 04080
ISBN 978-89-497-0542-2 (세트)